国家职业技能等级评价教材

互联网营销师

（技师/二级）（高级技师/一级）

中国轻工企业投资发展协会　编著

主　编　师　帅

副主编　张　华　李　琦　贾雅敬

参　编　丁其元　倪旭康　曾　君　周　坤　李炳昊
钱文韬　王鸿翔　张丽华　周彦庆　李　杨
张金亮　郭　瑞　孙伟妮

中国轻工业出版社

图书在版编目（CIP）数据

互联网营销师：技师 / 二级　高级技师 / 一级 / 中国轻工企业投资发展协会编著. —北京：中国轻工业出版社，2024.8

国家职业技能等级评价教材

ISBN 978-7-5184-4614-8

Ⅰ. ①互…　Ⅱ. ①中…　Ⅲ. ①网络营销—职业技能—鉴定—教材　Ⅳ. ①F713.365.2

中国国家版本馆CIP数据核字（2023）第215318号

责任编辑：李金慧　　　责任终审：高惠京

设计制作：锋尚设计　　责任校对：朱燕春　　责任监印：张　可

出版发行：中国轻工业出版社（北京鲁谷东街5号，邮编：100040）

印　　刷：三河市国英印务有限公司

经　　销：各地新华书店

版　　次：2024年8月第1版第1次印刷

开　　本：787×1092　1/16　印张：14.75

字　　数：360千字

书　　号：ISBN 978-7-5184-4614-8　定价：68.00元

邮购电话：010-85119873

发行电话：010-85119832　010-85119912

网　　址：http://www.chlip.com.cn

Email：club@chlip.com.cn

如发现图书残缺请与我社邮购联系调换

230313J4X101ZBW

教材编审委员会

互联网营销师国家职业技能等级评价教材

总 序

为加快建立劳动者终身职业技能培训制度，大力贯彻落实职业技能提升行动，推进行业技能人才评价制度改革，进一步规范行业培训管理，提高培训质量。依据中国就业培训技术指导中心《关于印发国家职业技能标准制定工作计划的通知》(中就培函〔2020〕24号)、中国轻工业联合会《关于落实〈国家职业技能标准制定工作计划(2020—2022年)〉的通知》(中轻联工艺发〔2020年〕1号)等文件的要求，中国轻工企业投资发展协会在组织有关专家主笔制定《互联网营销师国家职业技能标准(2021年版)》(以下简称《标准》)工作的基础上，同步编写了《互联网营销师国家职业技能等级评价教材》(以下简称《等级教材》)。

互联网营销师等级教材对照《标准》编写，内容上突出职业能力优先的编写原则，结构上按照职业功能模块分级编写。该等级教材共包括《互联网营销师(通用知识)》《互联网营销师(初级工/五级)》《互联网营销师(中级工/四级)》《互联网营销师(高级工/三级)》《互联网营销师(技师/二级)(高级技师/一级)》，共5本。《互联网营销师(通用知识)》是各级别互联网营销师均需掌握的基础知识，其他各级别教材内容为各级别互联网营销师应掌握的本级别理论知识和操作技能。

本教材是互联网营销师等级教材中的一本，是职业技能等级评价推荐教材，也是职业技能等级评价题库开发的重要依据，适用于互联网营销师职业技能等级评价培训和中短期职业技能培训。

互联网营销师等级教材在编写过程中得到了中国轻工业联合会的指

导，以及中国轻工业联合会轻工业职业能力评价中心、大国匠心（北京）科技有限公司、匠心引力（北京）科技有限公司、中国新高教集团有限公司、云南工商学院、贵州工商职业学院、洛阳科技职业学院、北京零度创意文化中心、北京豌豆尖文化科技有限责任公司、北京开拓明天科技股份有限公司、长沙三赞文化传媒有限公司、中思智数教育科技有限公司、成都锦城学院直播商学院、快手金视商商学院、杭州鲲鹏宇翅文化传媒有限公司、深圳市玺承文化传播有限公司、深圳市大鹅科技有限公司、北京领训教育咨询有限公司等单位的大力支持与协助，在此一并表示衷心感谢。

中国轻工企业投资发展协会

2022年3月15日

前 言

“互联网营销师”是新时代的产物，随着信息技术的发展与网络应用的发展普及，互联网营销在未来是每个企业和个人都需要了解和掌握的技能，2021年移动互联网发生了巨大的变化，主要表现在以下几个方面。

市场格局：整体市场增长趋于稳定，数字化发展继续全面渗透；从行业、玩家到应用，头部依然保持较强增长势头。流量渠道：生活服务行业占据BAT小程序平台较大页面布局，各大玩家除小程序外也在尝试终端平台和生态体系突破。用户群体：年轻年长用户比例均有提升，需求差异化的同时带来市场细分机遇；用户城际分布趋稳，下沉市场依然拥有较大的深入发展空间。数字营销：互联网广告市场维稳增长，短视频和电商广告投放增速显著；用户互联网黏性加深，流量入口多元化，品牌积极布局内容营销。智能终端：国产终端保持市场强势增长，用户忠诚度越发稳固；下沉市场的深入发展以及用户的不断增长成为重要推动因素。

移动互联网相较于传统渠道，依然处于高速发展的趋势，但是随着行业的成熟，对于行业人才的要求会越来越高，人才缺口也会越来越大。在产品层面，消费者对于价格的敏感度在下降，追求的性价比不是低价而是产品的品质，产品的竞争是品质好坏和供应链强弱的竞争。在渠道层面，随着流量碎片化与时间碎片化的加剧，单一的平台，单一的店铺账号，单一的IP很难覆盖和触达目标消费者，多账号多平台布局势在必行。在营销层面，牢记内容为王，目前各个平台并不缺内容，缺的是优质、高价值的内容，一定要从粉丝出发，了解他们的需求和喜好，然后去持续输出有价值的内容，追求“品效合一”的基础就是真正给粉丝提供价值，满足粉丝“越来越挑剔”的需求。

行业人才参差不齐的状况慢慢会得到改善，接下来是标准化和正规化的团队运作模式。优秀的选品员，能对市场进行预判，建立自有供应链渠道，并且建立健康的供应商队伍；优秀的直播销售员，能深入了解目标粉丝的需求，制订行之有效的直播计划，并且能针对性地提升直播的关键数据；优秀的视频创推员，能快速孵化视频账号、建立账号矩阵，根据数据和目标制订视频推广计划，协助团队完成销售目标；优秀的平台管理员能根据自身行业和团队的情况搭建营销与直播场景，对风险进行有效评估并制定对应的预案，及时准确的数据分析给团队的复盘与计划提供数据支撑，搭建强大的售后服务体系与标准。

本书（技师/二级）将从“产品评估管理”“品牌运营管理”“视频策划与制作”“产品确定及规划”“直播营销”“视频创推”“团队管理”“职业培训与指导”这些板块给大家讲解关于互联网营销师的基础知识和专业知识，主要适用于想考取互联网营销师资格证的相关人士，可作为专业教材使用。本书（高级技师/一级）将从“选品策划”“直播销售”“视频创推”“产品确定及规划”“团队管理”“培训与指导”等板块给大家讲解关于互联网营销师的基础知识和专业知识，旨在提升高级技师/一级的知识、技能、素养，而且能建立、培养和复制优秀的团队，并且能给初级工/五级、中级工/四级、高级工/三级、技师/二级提供培训指导，带领团队更好地开展工作、完成目标。互联网变化较快，行业的规则与玩法更新极快，所以本书在许多细节上还有进一步完善的空间，编著团队欢迎热心的读者提出宝贵的意见。同时，本书引用了一些专家学者及相关人士的观点，在此对他们表示衷心的感谢和崇高的敬意。

编者

目　录

技师 / 二级

第一篇　专业基础知识

第 1 章　产品评估管理

1.1　产品评估……4
1.1.1　产品热度分析……4
1.1.2　认知产品评估……11
1.2　产品生命周期……14

第 2 章　品牌运营管理

2.1　个人品牌……20
2.1.1　个人品牌的定义……20
2.1.2　个人品牌价值……20
2.1.3　如何打造个人 IP……20
2.1.4　个人品牌塑造方案七要素……23
2.2　直播运营……27
2.2.1　直播运营思维……27
2.2.2　主题活动策划……28
2.2.3　直播人员管理……29
2.2.4　直播销售执行……29
2.2.5　销售数据分析……30

第 3 章　视频策划与制作

3.1　视频制作策划……33
3.1.1　认知脚本策划……33
3.1.2　视频策划涉及的三大要素……33
3.1.3　视频脚本策划的必要工作……34
3.1.4　脚本策划之创作流程……35

3.2 成本预算控制 …… 35
3.2.1 什么是视频预算 …… 36
3.2.2 视频预算的分类 …… 36
3.2.3 视频成本控制 …… 36

3.3 筹拍运营分工组织 …… 38
3.3.1 组织类别 …… 38
3.3.2 职责细分 …… 38

3.4 后期制作管理 …… 40
3.4.1 后期制作的步骤 …… 40
3.4.2 剪辑 …… 41
3.4.3 制作声音 …… 41

第二篇 专业知识

第 4 章 产品确定及规划

4.1 产品分析 …… 46
4.1.1 产品检验方法 …… 46
4.1.2 产品跟踪方法 …… 50
4.1.3 产品分析方法 …… 53
4.1.4 产品分析报告 …… 56
4.1.5 产品分析案例鉴赏 …… 57

4.2 选品策划 …… 59
4.2.1 产品评估方案 …… 59
4.2.2 产品评估报告 …… 61

第 5 章 直播营销

5.1 营销策划 …… 64
5.1.1 直播间搭建技巧 …… 64
5.1.2 品牌塑造方法 …… 68

5.2 直播规划 …… 71
5.2.1 确定直播主题 …… 71
5.2.2 直播目标设定与检验 …… 72
5.2.3 直播流程操作步骤 …… 73

5.2.4 直播策略运用 …… 74
5.2.5 直播效果评估 …… 76

第 6 章 视频创推

6.1 视频编撰 …… 80
6.1.1 视频创作规划设计方法 …… 80
6.1.2 视频制作技巧 …… 80

6.2 视频推广 …… 84
6.2.1 话题制造的技巧 …… 84
6.2.2 投放效果分析方法 …… 85
6.2.3 投放方法及预算制定 …… 86

第 7 章 团队管理

7.1 团队架构设置 …… 89
7.1.1 团队界定与组织目标 …… 89
7.1.2 营销团队的组织架构形式 …… 90
7.1.3 职能定位与职责划分 …… 91
7.1.4 管理矛盾与面临挑战 …… 92

7.2 团队组织建设 …… 94
7.2.1 领导艺术与沟通技巧 …… 94
7.2.2 冲突管理与精神塑造 …… 95
7.2.3 考核标准设计方法 …… 97
7.2.4 评价体系建立方法 …… 99

第 8 章 职业培训与指导

8.1 培训 …… 102
8.1.1 培训分类与目标设定 …… 102
8.1.2 体系建设与设计要点 …… 104
8.1.3 培训教学与组织技巧 …… 107

8.2 指导 …… 109
8.2.1 技能指导主要目的 …… 109
8.2.2 技能指导内容规范 …… 109
8.2.3 技能指导实施步骤 …… 111
8.2.4 技能指导考评标准 …… 114

高级技师／一级

第一篇　专业基础知识

第1章　选品策划

1.1　营销产品概述……118
1.1.1　营销产品的含义……118
1.1.2　营销产品的特征……118
1.2　热销产品概述……119
1.2.1　热销产品的含义……119
1.2.2　热销产品的预判……119
1.3　复购率……120
1.3.1　产品购买率的含义……120
1.3.2　产品复购率的含义……120
1.4　产品质量信息数据库……121
1.4.1　产品质量的含义……121
1.4.2　产品质量信息的含义……122
1.4.3　产品质量信息数据库……122
1.5　产品供应链和产品开发……123
1.5.1　产品供应链含义……123
1.5.2　企业产品开发……123

第2章　直播销售

2.1　多媒介传播概述……126
2.1.1　多媒介含义……126
2.1.2　多媒介传播的含义……127
2.2　营销效果监控……127
2.2.1　营销效果的含义……127
2.2.2　营销效果的监控与优化……127
2.3　直播相关概念释义……128
2.3.1　直播概念界定……128
2.3.2　直播用户概念……128

第3章　视频创推

3.1　视频内容……131

3.1.1 视频矩阵释义……131
3.1.2 视频账号孵化……131

3.2 视频创推……131
3.2.1 视频创推含义……131
3.2.2 视频数据……131

第二篇 专业知识

第4章 产品确定及规划

4.1 产品分析……136
4.1.1 热销产品概述……136
4.1.2 热销产品预判……137
4.1.3 产品复购率的计算……138
4.1.4 产品质量信息数据库的建立……139

4.2 选品策划……141
4.2.1 供应链渠道……141
4.2.2 企业产品开发……144
4.2.3 产品供应链的建立实务……146

第5章 直播销售

5.1 营销计划的制订……150
5.1.1 媒介传播概述……150
5.1.2 营销效果监控与优化方案的设计……152

5.2 直播规划……156
5.2.1 直播用户运营概述……156
5.2.2 产品购买率概述……160

第6章 视频创推

6.1 视频内容……164
6.1.1 视频矩阵……164
6.1.2 视频账号……165

6.2 视频推广……167
6.2.1 视频推广概述……167
6.2.2 视频数据变化监控……171

第 7 章 团队管理

7.1 团队架构……174
7.1.1 团队架构的设置……174
7.1.2 团队分工……178
7.1.3 团队建构与分工的综合实践案例分析……181
7.2 团队文化建设……183
7.2.1 团队文化理念建设……183
7.2.2 团队管理标准规范建立实务……187

第 8 章 培训指导

8.1 组织培训工作开展要求与技巧……195
8.2 指导……202
8.2.1 组织培训、效果评估考核……202
8.2.2 技师培训工作开展指导……217

参考文献……222

技师／二级

第一篇
专业基础知识

第 1 章

产品评估管理

知识目标

1. 理解什么是产品评估以及产品生命周期
2. 熟悉产品热度分析、产品评估的关键点以及产品生命周期的理论与阶段特征
3. 掌握产品热度的具体分析方法、评估指标以及产品生命周期的判断方法和阶段战略

技能目标

1. 运用产品热度分析方法掌握爆款产品的算法推荐逻辑
2. 掌握产品不同阶段的经营战略，将产品的利润最大化

职业素养

1. 拥有恪尽职守、勇于创新、钻研业务的职业道德
2. 具备持之以恒、严控质量、信誉为本的职业精神

1.1 产品评估

1.1.1 产品热度分析

（1）产品热度

打造一个行业内的爆款已经非常不容易，想要长期占据和引领该领域更是难上加难。产品热度，是指在一定时间内被客户持续关注购买，或通过用户的点赞、评论、分享等行为能决定的热度，也就是“能荐度”，“能荐度”越高就能被越多的用户看到。

①保持热度——选择优质产品。判断一个产品是否优质，主要可以从产品的功能特点、产品品质、产品的独特性和可拓展性以及供应商质量几个方面去分析。

a．产品的功能特点：在行业范围内，如果你的产品有突出的功能和特点，那么这个产品就已经有了成为爆款产品的特质，在打造爆款的过程中可以给予竞品最大的冲击力。但是，所谓的突出功能和特点是需要细致分析和判断的，需要你花更多的时间和精力去验证，要深入分析买家是否真的可以接受这些功能和特点并愿意为之买单；如果有条件的话，建议在产品上架前，选择一些之前有联系的买家做一下市场调查，并为产品上架后的真实测评拟定有意向的客户。

b．产品品质：产品品质的好坏直接的反馈就是买家评论、复购率、退换货比例、售后服务比重等。优质的产品会带来好的买家评论，众多好的买家评论又会带来更多的客户，优质的产品会增加买家黏性，从而增加复购率，这些因素都会让平台给予产品更多的站内曝光机会，从而成为爆款也是水到渠成；并且退换货比例小、售后服务比重低这些都会大大提升整体利润率，从而更好地为后期产品的站内和站外推广以及产品拓展创新夯实资金积累。反之，若产品品质无法保障，前期爬得越高，后期跌得越重，爆发后的负面评论和大量退换货情况会给产品销售带来致命打击，轻则销量滑铁卢，导致库存大量积压；重则平台责令禁售整改。

c．产品的独特性和可拓展性：互联网营销师都知道，当他们费尽心力地打造出一个爆款后，带来的不仅仅是销量的激增，还有竞品或者仿品的激增。产品的独特性不仅可以在前期让产品能更好地被运作成为爆款，并且还在一定程度上提高了竞品或者仿品激增的门槛，为自己赢得更多的时间和销量，同时再结合产品的可拓展性，在短期内可以不断地推出换代产品或者延伸产品系列，从而进一步抓住客户，保持产品热度和市场份额。

d．供应商质量：挑选供应商不必执着于规模大小，而应更注重专业性和专注度。如果供应商可以提供有突出特点的优质产品、有保障的交货时效、有竞争力的价格，那么就会为打造爆款产品奠定扎实的基础。如果供应商还具备较强的专业性、有产品外观或者技术的专利、有深耕行业技术并不断推出新产品的特质，这样就会为互联网营销师打造爆款并保持热度保驾护航。因为，打造爆款产品的互联网营销师都希望：这个产品不仅要好卖，而且要只有他们自己可以卖。

②保持热度——价格优势。这里指的价格优势可以分两个方向去分析和解读：一是产品成本低从而销售单价比竞品有优势；二是产品整体升级后的销售价格比竞品略高，但是性价比有优势，这两个方向都可以理解为有价格优势。

a．产品成本低从而销售单价比竞品有优势。比如，时下互联网热销的防护用品，如果是制造商或背靠优质的供应商，产品品质好且成本控制到位，那么在推广和打造爆款产品时，就价格来说就是一个突出的优势。

b．产品整体升级后的销售价格比竞品略高，但是性价比有优势。比如，简易的户外安防产品的销售量在一段时期内提升，它的作用是当有人或车辆进入防护区域时开启报警提醒。传统的户外探测产品是用一次性电池供电，缺点就是需要频繁更换电池。那么在此基础上推出的太阳能供电的户外探测器，从根本上就解决了频繁更换电池的问题，所以，即使单价相比传统探测器要略高一些，但是用户最终还是会买单，因为产品的整体升级确实给用户带来了极大的便利。

许多互联网营销师打造的爆款利润值都很低，因为他们的策略是通过低价爆款产品吸引客户，然后再带动店铺其他产品的销售，从而达到实际的盈利目的，比如厨具用品或母婴类产品，但这种方式不适用于所有卖家。更推荐商家们去运作性价比有优势的升级产品，保证一定的利润，从而再反过来通过站内和站外的推广去促进产品销售，从而能保持爆款的热度。

③保持热度——因势利导的运营和推广。“酒香不怕巷子深”在现如今的商业模式下已经水土不服了，尤其是在互联网营销平台上。

介绍产品的文案和展示图片不仅要直接戳中买家需求，还要在不违规的原则下形象直白地突出自己产品优于竞品的卖点，并大肆渲染。这就要求互联网营销师不仅要吃透自己的产品，还要深入了解竞品。

另外，平台内的推广要及时跟进。关键词搜索推广要精细化打理，促销活动尽可能地参加，尽全力保持产品在站内有稳定的流量和热度，力争产品的链接出现在关键词搜索的首页。在推广前期还要借助一些服务公司或者联系老用户去进行产品测评，从而让其他买家对产品有更直观的判断，进而提高转化率。

在爆款打造成功后，还要时刻关注产品链接的曝光率和转化率，在不同的数据形式下跟进不同的站内推广和促销；同时还要进行站外的一些必要推广，从而整体上推动产品链接的绩效不断向上攀升。重点积累和分析客户的真实反馈，关注竞品的发展动态，从而规划新产品的开发和生产，抢占先机。

不同的平台，不同的产品系列，它们的运作方式会略有不同，但是打造爆款的基本原则是一致的，就是选择优质产品、有价格优势和因势利导的运营推广。细节决定成败，在基本原则下，更重要的是把握其中的各个环节，尽全力让自己的每一步都走得扎实，这样才能走得更远。

（2）分析工具

优质的内容是新媒体运营的核心，而数据分析可以帮助互联网营销师解决很多问题，比如定方向、降成本、节开支等。值得互联网营销师关注的数据就是各大自媒体平台的数据，它们是新媒体平台中极具参考性的数据。

必备的新媒体数据分析工具有以下几个。

①新榜。以日、周、月、年为周期，按24大分类，权威发布以微信为代表的中国各自媒体平台最真实、最具价值的运营榜单，方便用户了解新媒体整体发展情况，为用户提供有效的参考导向，如图1–1所示。

图1–1　新榜数据分析平台

②清博大数据。中国新媒体大数据权威平台，拥有清博指数、清博舆情、营广公品等多个核心产品。提供微信、微博、头条号等新媒体排行榜，广告交易、舆情报告、数据咨询等讯息，如图1–2所示。

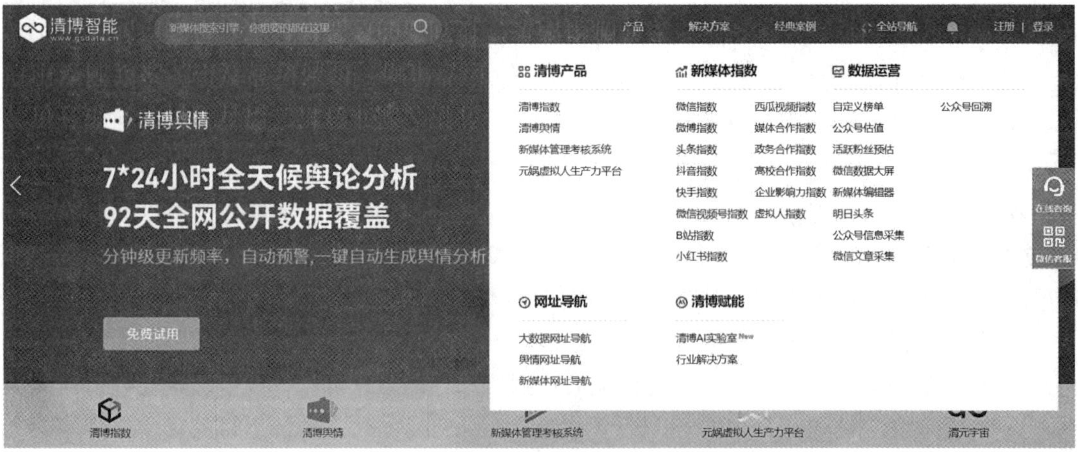

图1–2　清博数据分析平台

③神策数据。多维度数据运用实时分析、事件分析、漏斗分析、留存分析、分布分析等8大分析模型，轻松满足数据分析需求。及时调整运营策略，提高运营效果。深度洞察用户行为，深入了解用户是从哪里来，又在哪里消失，找到新的产品增长点，推动产品优化迭代与提升运营效果，自定义多维度分析场景，是可自主部署的数据分析平台，如图1–3所示。

图1–3　神策数据分析平台

④GrowingIO。它最大的特点是可以实时采集用户行为数据，可视化实时出图。拥有国内颗粒度更细致的用户行为洞察系统，帮助运营人员灵活定制推广方案。同时企业无须在网站或App中埋点，即可获取并分析全面、实时的用户行为数据，以优化产品体验，实现精益化运营，用数据驱动用户和营收的增长，如图1–4所示。

图1–4　GrowingIO数据分析平台

⑤西瓜数据。专业的微信公众号大数据服务商，收集380万公众号数据，4亿篇公众号发文记录并提供广告价值预估和地区行业热门公众号排行。分钟级阅读量监控，全网竞品搜索监控，是公众号运营及广告投放效果监控首选的大数据工具，如图1–5所示。

图1–5　西瓜数据分析平台

⑥飞瓜数据。这是一款短视频及直播数据查询、运营及广告投放效果监控的专业工具，提供短视频达人查询等数据服务，并提供多维度的抖音、快手达人榜单排名、电商数据、直播推广等实用功能，如图1–6所示。

图1–6　飞瓜数据分析平台

⑦艾瑞网。一家专注于网络媒体、电子商务、网络游戏、无线增值等新经济领域，深入研究和了解消费者行为，并为网络行业及传统行业客户提供市场调查研究和战略咨询服务的专业市场调研机构，如图1–7所示。

图1–7　艾瑞网数据分析平台

⑧百度指数。以网民的百度检测行为数据为基础，提供最新的市场需求监测、竞争分析、人群洞察、广告投放的系统化数据服务平台，如图1–8所示。

图1-8　百度指数数据分析平台

⑨易撰。它包含了近20款主流自媒体平台数据，并根据数据来源及类型详细地做了分类，不仅可以详细了解到行业发展数据，还可以利用它的8大核心功能，查询到丰富的内容创作素材，图文、视频素材等，此外还有文章查重、爆文标题助手、视频批量下载、去水印等十分实用的小工具，如图1-9所示。

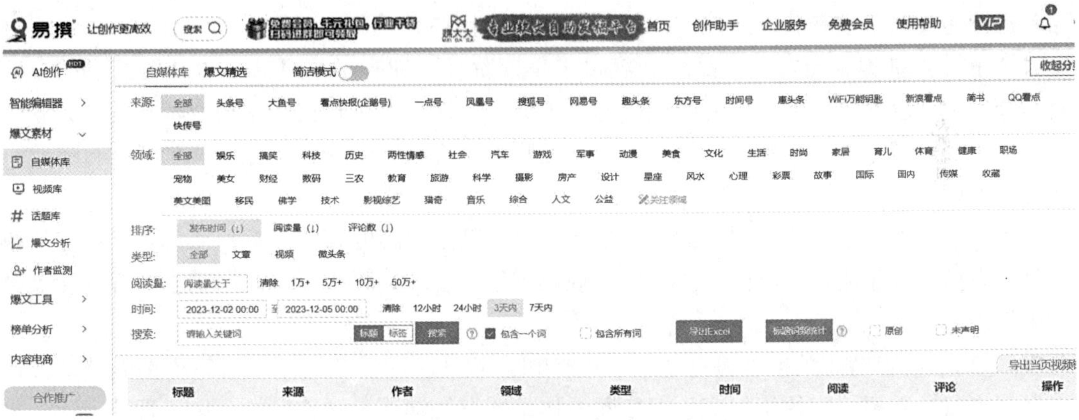

图1-9　易撰数据分析平台

（3）分析方法

①算法的发展阶段。今日头条的走红带动了“个性化推荐”概念的发展，自此之后，内容型的产品、个性化算法就逐渐从卖点变为标配。伴随着“机器学习”“大数据”之类的热词及其概念的产生，产品的档次瞬间提高了很多。而各种推荐算法绝不仅仅是研发自己的任务，而是必须深入到算法内部，参与算法的设计，以及结合内容对算法不断“调教”，才能让产品的推荐算法不断完善，最终与自己的内容双剑合璧，发挥出最大效果。

个性化推荐不是产品首次发布时就能进行的，无论是基于用户行为的个性化，还是基于内容相似度的个性化，都建立在大量的用户数和内容的基础上。产品发布之初，一般两方的数据都有残缺，因此，个性化推荐也无法开展。所以，在产品发展的初期，推荐内容一般采用更加聚合的“热度算法”，顾名思义就是把热点的内容优先推荐给用户。虽然无法做到基于兴趣和习惯为每一个用户做到精准化的推荐，但能覆盖到大部分的内容需求，而且启动成本比个性化推荐算法低很多。

因此，对于内容型产品，推荐在发布初期用热度算法实现冷启动，积累了一定量级以后，才能逐渐开展个性化推荐算法。

②热度算法。需要了解的是，热度算法也是需要不断优化和完善的，基本原理如下：

新闻热度分=初始热度分+用户交互产生的热度分-随时间衰减的热度分

新闻入库后，系统为之赋予一个初始热度值，该新闻就进入了推荐列表进行排序；随着新闻不断被用户点击阅读、收藏、分享等，这些用户行为被视作新闻提升热度的助手，系统需要为每一条新闻赋予热度值；同时，新闻是有较强时效性的内容，因此新闻发布之后，热度必须随着新闻的陈旧而衰减。

新闻的热度就在这些算法的综合作用下不断变化，推荐列表的排序也就不断变化。

很多新闻会给用户“赞”“踩”或“不再推荐此类”的选项，这些功能不仅适用于个性化推荐，对热度算法也有一定的作用。

新闻的推送会造成大量的网页打开，在计算热度的时候需要排除掉相关的影响。类似于这样的因素，都会对热度算法产生影响，因此热度算法上线后，依然需要不断地“调教”。建议把所有的调整指标做成可配项，例如初始热度分、行为事件分、衰减因子等，从而让产品和运营能实时调整和验证效果，达到推广的最佳状态。

③个性化推荐。当内容产品顺利度过了早期阶段，拥有了几万甚至十几万级别的日活时，会发现热度算法导致用户的阅读内容过于集中，而个性化和长尾化的内容却鲜有人看，所以这时候开展个性化推荐，让用户不仅能读到大家都喜欢的内容，也能读到只有自己感兴趣的内容就显得十分重要。

个性化推荐一般有两种通用的解决方案：一是基于内容的相关推荐；二是基于用户的协同过滤。由于基于用户的协同过滤对用户规模有较高要求，因此更多使用基于内容的相关推荐来切入。

a．基于内容的相关推荐。这里引入一个概念叫“新闻特征向量”来标识新闻的属性，以及用来对比新闻之间的相似度。把新闻看作是所有关键词（标签）的合集，理论上，如果两个新闻的关键词越类似，那这两个新闻是相关内容的可能性更高。新闻特征向量是由新闻包含的所有关键词决定的。得到新闻特征向量的第一步，是要对新闻内容进行关键词级别的拆分。

除了个性化推荐，基于内容的相关推荐性算法能精准地给出一篇新闻的相关推荐列表，对相关阅读的实现非常有意义。此外，标签系统对新闻分类的实现和提升分类准确性也有重要的意义。

b．基于用户的协同过滤。当产品拥有了大量的活跃用户，这时候会开始不满足于现有的算法。虽然基于内容的相关推荐已经很精准了，但总是少了那么一点惊喜。因为所有给用户的内容都是基于他们的阅读习惯推荐的，没能给用户“不期而遇”的感觉。

于是，这时要开始着手做基于用户的协同过滤了。基于用户的协同过滤推荐算法，简单来讲就是依据用户A的阅读喜好，为A找到与他兴趣接近的群体，所谓“人以群分”，然后把这个群体里其他人喜欢的，但是A没有阅读过的内容推荐给A。比如，用户是一个足球迷，系统找到与该用户类似的其他用户都是足球的重度爱好者，但与此同时，这些“足球群体”中有一部分人有看NBA新闻的习惯，系统就可能会给该用户推荐NBA内容，很可能该用户对NBA也感兴趣，这样用户在后台的兴趣图谱就更完善了。

相比于基于内容的相关推荐算法，基于用户的协同过滤同样优缺点明显。优点主要在于对分词等算法的精确度无太大要求，推荐都是基于用户的行为数据去不断学习和完善；同时能发现用户的潜在阅读兴趣，能“制造惊喜”。而缺点则是启动门槛高，用户量不够时几乎无法开展，并且学习量不够时推荐结果较差。

1.1.2　认知产品评估

（1）产品评估机会

①评估产品机会——确定待解决的问题。市场给予新产品诸多机会，即使成熟的市场也不例外，因为市场环境充满变数：竞争对手不断被淘汰，新技术、新创意不断涌现。产品经理必须用他灵敏的“嗅觉”，从纷至沓来的机遇中迅速评估、挑选出有市场潜力且可行的创意，过滤那些没有价值或时机不成熟的想法。

正常情况下，业务人员会撰写一份论证产品可行性的市场需求文档，描述待解决的问题。但多数公司绕过市场需求文档，回避评估产品机会。想到一个点子，就直接进行产品设计和开发，结果可想而知。

评估产品机会是产品经理的重要职责，评估产品机会的目的在于：淘汰“馊主意”、避免浪费时间和金钱；挑选合适的产品机会，团结团队、理解产品、整合资源。

评估产品机会，产品经理需要回答以下十个问题：

a．产品要解决什么问题？（产品价值/产品定位）

b．为谁解决这个问题？（目标市场/用户）

c．成功机会有多大？（市场规模）

d．怎样判断产品成功与否？（度量指标或收益指标）

e．有哪些同类产品？（竞争格局/竞品分析）

f．为什么我们最适合做这个产品？（竞争优势）

g．时机合适吗？（市场时机）

h．如何把产品推向市场？（营销组合策略）

i．成功的必要条件是什么？（解决方案要满足的条件）

j．根据以上问题，给出评估结论。（继续或放弃）

产品评估的任务就是挑选合适的产品机会，然后向用户提供实用的解决方案。产品经理负责评估各种创意，在公司投入宝贵的时间和金钱之前，淘汰不合适的创意，找出对公司有利的机会。

产品的机会评估结果出来后，需要呈报给公司高管，与高管讨论，决定是否开发此产品。

②制定产品原则——确定什么最重要。产品原则是对团队信仰和价值观的总结，用来指

导产品团队做出正确的决策和取舍。它体现了团队的目标和愿景，是产品战略的重要组成部分。

制定产品原则意味着决定什么重要、什么不重要，哪些原则是根本的、战略的，哪些原则是临时的、战术性的。产品原则不是产品功能的清单，不依赖于任何单独的产品，它是整个产品的战略指南，是公司的价值宣言。

举个例子，某电影网站的产品原则是相信社区用户的影评比专业人士的影评更有价值。如果某家制片厂希望借助网站发表评论，产品团队就可以根据这条规则决定是否采纳。产品原则是否公开因公司而异。

制定产品原则时需要注意以下几个问题。

a．避免过于空泛，失去指导意义。

b．不可将设计原则误当成产品原则，举个例子：为方便用户完成某操作，这属于设计原则，为什么这么设计，并不是产品原则。

c．需要按照产品原则的重要性进行排序，如易用性—响应速度—功能—成本—安全性—用户隐私。

如果所在的团队还没有制定清晰的、有关产品理念的产品原则，应该把大家召集起来，花点时间讨论分析，确定团队最看重的价值理念。

产品原则的显著作用：解决意见冲突。

每当团队内出现严重的意见分歧，并非大家对事实的认定有争议，而是对目标和目标的优先级有不同的理解。只有先统一产品目标和目标优先级的认识，大家才能在此共识上进一步讨论各种方案的合理性和可行性。

为了鼓励创新，改善讨论结果，同时减少外界干扰，在做产品决策前，应该先确定决策要解决什么问题，让大家在以下几个要点上达成共识：

a．究竟要解决什么问题?

b．要为哪些人物角色解决这个问题?

c．产品要达到什么目标?

d．每项目标的优先级是什么?

激烈的会议争论会影响大家的斗志和工作效率，如果出现这种情况，请先回顾产品目标和目标优先级，确保大家达成共识。

③产品人物角色——理解目标用户。人物角色又称用户特征记录，是指通过与用户沟通交流，确定典型的目标用户类型，在理解各类目标用户特征的基础上建立的人物原型。

作为产品管理的工具，人物角色的主要用途如下。

a．人物角色可以用来筛选重要的产品功能。假设目标用户是“张三”，就该添加对“张三”重要的功能。如果某项功能只是针对“李四”的，就该被淘汰。人物角色既有助于决定谁是目标用户，也有助于决定谁不是目标用户，两者同样重要。面面俱到的产品往往一无是处，使用人物角色可以避免这种错误。

b．产品团队往往把自己的需求当成用户需求，使用人物角色可以避免犯这种错误。

c．许多产品的用户类型往往不止一种。使用人物角色有助于对用户类型的优先级进行排序，识别需要重点考虑用户体验的地方。

有了人物角色，可以方便地向产品团队描述产品的目标用户是谁、他们怎么使用产品，他们关心产品哪些方面。

和产品原则一样，人物角色可以帮助团队成员达成共识。

（2）第三方评估检测

①产品评审团的工作目标。成立产品评审团的目的是决定产品战略方向，从宏观上监督公司产品的研发流程，合理地配置资源。产品评审团不制定公司的商业战略，而是在给定的商业战略的条件下，提出与之相匹配的产品战略，产品评审团的决策直接影响企业的运营。

②产品评审团的成员组成。产品评审团由公司各个部门的管理者组成，虽然各个公司的情况不同，但通常都包含以下人员：

首席执行官/首席运营官/部门总经理；

产品管理总监/副总监；

用户体验设计总监/副总监；

市场总监/副总监；

开发总监/副总监；

网站运营总监/副总监；

客户服务总监/副总监。

③产品评审团的职责。产品评审团并不是设计和开发团队，它的职责是监督产品研发流程，根据产品研发的4个重要阶段来评审产品，制定关键决策：

a．评审产品战略和产品路线图，启动评估产品机会的工作，即选择值得投入精力的产品，请产品经理开始评估产品机会；

b．根据评估产品机会的结果，决定是否开始定义产品的解决方案；

c．评审产品原型、用户测试结果、成本估算明细，决定是否开发产品；

d．评审最终产品、产品质量、发布计划、社会效应，决定是否发布产品。

④注意事项：

a．小公司的产品评审团通常负责评审公司所有的产品；大公司可能需要根据业务单位的大小，设立若干评审团；

b．产品评审团不负责评审对产品细节的更新或修正；

c．产品评审团不负责具体的产品设计工作；

d．由于产品解决方案尚未形成，不可凭直觉估算产品的成本，至多只能估计大致的项目规模，应该仔细估算开发时间和成本，让公司上下做好准备；

e．尽量避免产品评审团讨论具体执行策略；

f．产品评审团开会的频率取决于具体产品的进度；

g．产品评审团还应该回顾、分析产品上市后的表现，反思之前的决策的经验教训和今后应该如何调整。每次评审会议，最好由产品经理向产品评审团汇报产品的进度情况。产品经理最好逐一向产品评审团做简要汇报，及时解决存在的疑问，避免在会议中措手不及。

如果公司制定产品决策效率太低，应该考虑组织产品评审团。产品评审团可以替代以往各种冗长的决策会议，大大缩短决策时间，制定明智、及时、透明的产品决策。

（3）产品评估报告

一个产品投入市场之前都需要经过所谓的“商业评估”，特别是之前没有任何竞品进行过市场验证和用户习惯培养。商业评估需要收集信息。信息的主要来源是潜在目标用户群体的需求和反馈，对于任何一个产品来说，目标用户群都是可以被细分的。

对产品功能和复杂度的不同要求，大概可以分为三类：

①主流用户。大部分精力花费在产品的核心功能点上，对于附加功能和其他复杂性功能缺乏耐心。

②专家型用户。具有较专业的产品素养，对功能的深度和广度都有较高的要求。

③傻瓜型用户。使用部分核心功能，基本不会接触附加功能和深度功能。

这三类中，主流用户群体占比最大，而专家型和傻瓜型用户只占一小部分。从逻辑上来说，对主流用户的需求和反馈应当给予最大的决策权重，但现实却是，人们往往会被专家型用户的意见左右，从而做出一款并不被主流市场喜爱的产品。

人们经常会看到一款产品完全按照市场的预期和反馈来设计，但进入市场后，销量低迷、口碑一般，最终沦落为一款平庸的产品甚至退出市场，而前期看似漏洞百出的产品评估和预期差强人意的产品却迅速抢占市场成为爆款。

如果想要满足主流用户的需求，那设计依据的权重就应最大化分配给主流用户，专家型用户的需求只能当作辅助性参考。

当然，这并不意味着完全忽视专家型用户的需求，在产品生命周期的成熟期，就可以依据专家型用户的需求，针对现有的功能，对产品进行深度优化，但依然要照顾主流用户的体验。

1.2 产品生命周期

（1）生命周期理论

产品生命周期（Product Life Cycle），也称“商品生命周期”，是指产品从准备进入市场开始到被淘汰退出市场为止的全部运动过程，是由需求与技术的生产周期所决定。它是产品或商品在市场运动中的经济寿命，也指在市场流通过程中，由于消费者的需求变化以及影响市场的其他因素所造成的商品由盛转衰的周期。产品生命周期主要是由消费者的消费方式、消费水平、消费结构和消费心理的变化所决定，一般分为介绍期、成长期、成熟期、衰退期四个阶段。

产品生命周期理论的研究主要经历以下几个时期。

①市场营销学定义的产品生命周期为：介绍期、成长期、成熟期、衰退期。这个已经不

能概括产品生命周期的全过程，就像人的生命周期也绝对不会是从出生着地到死亡的过程。因此，把这个四个阶段定义为产品市场生命周期。

②随着产品生命周期管理软件（Product Lifecycle Management，PLM）的兴起，产品生命周期开始包含需求收集、概念确定、产品设计、产品上市和产品市场生命周期管理，就像人的生命周期把父母前期的准备和孕育的过程、分娩的过程也定义到人的生命周期中一样。

③近现代很多优秀的企业觉得上述两种生命周期并不能完全地概括产品生命周期，所以，在基于产品管理概念的基础上，把产品生命周期概括为：产品战略、产品市场、产品需求、产品规划、产品开发、产品上市、产品退市生命周期管理7个部分。

（2）阶段特征

①产品生命周期阶段。典型的产品生命周期一般可分为四个阶段，即介绍期、成长期、成熟期和衰退期。

a．介绍期。新产品投入市场，便进入介绍阶段。此时，顾客对产品还不了解，只有少数追求新奇的顾客可能购买，销售量很低。为了扩展销路，需要大量的促销费用，对产品进行宣传。在这一阶段，由于技术方面的原因，产品不能大批量生产，因而成本高，销售额增长缓慢，企业不但得不到利润，反而可能亏损。产品质量也有待进一步完善。

b．成长期。这时顾客对产品已经熟悉，大量的新顾客开始购买，市场逐步扩大。产品大批量生产，生产成本相对降低，企业的销售额迅速上升，利润也迅速增长。竞争者看到有利可图，将纷纷进入市场参与竞争，使同类产品供给量增加，价格随之下降，企业利润增长速度逐步减慢，最后达到生命周期利润的最高点。

c．成熟期。市场需求趋向饱和，潜在顾客已经很少，销售额增长缓慢直至下降，标志着产品进入成熟期。这一阶段，竞争逐渐加剧、产品售价降低、促销费用增加、企业利润下降。

d．衰退期。随着科学技术的发展，新产品或新的替代品出现，将使顾客的消费习惯发生改变，转向选择其他产品，从而使原来产品的销售额和利润额迅速下降。于是，产品进入衰退期。具体产品生命周期阶段如图1-10所示。

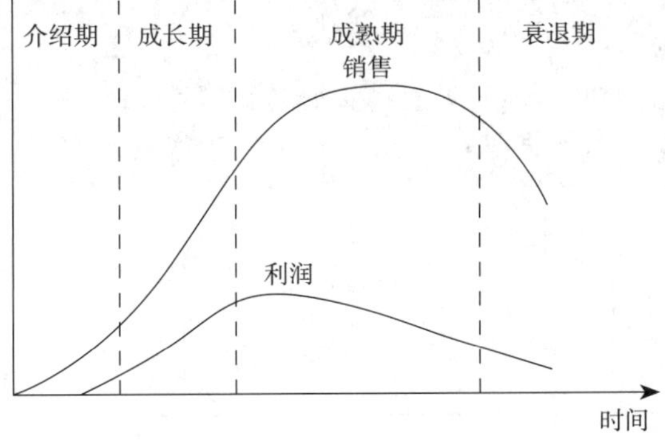

图1-10　产品生命周期阶段

②产品种类、形式、品牌的生命周期。产品种类是指具有相同功能及用途的所有产品集合。产品形式是指同一种类产品中，辅助功能、用途或实体销售有差别的不同产品，而产品品牌则是指企业生产与销售的特定产品。产品种类的生命周期要比产品形式、产品品牌长，有些产品种类生命周期中的成熟期可能无限延续。产品形式一般表现出上述比较典型的生命周期过程，即从介绍期开始，经过成长期、成熟期，最后走向衰退期。至于品牌产品的生命周期，一般是不规则的，它受到市场环境及企业市场营销决策、品牌知名度等影响。品牌知名度高的，其生命周期就长，反之亦然。

（3）产品生命周期的判断方法

在了解了各个阶段的产品特征后，作为产品营销人员还需要学会判断产品当前所处的生命周期在哪一个阶段，从而为产品制定不同的营销策略。

①曲线判断法，是指做出产品销售量和利润随时间变化的曲线，然后将该曲线与典型产品市场生命线相比较，可以判断这种产品处于市场周期的哪一阶段。

②类比判断法，是指参照类似产品市场生命周期曲线划分企业产品市场生命周期的各个阶段。

③经验判断法，是一种定性分析和定量分析相结合的预测方法。它是根据企业各层次有关人员的经验来判断和确定销售预测数的一种方法。一般在缺乏历史资料的情况下，依靠有关人员的经验和对市场形势发展的直觉判断进行预测。

④销售量增长率法，即以产品销售量的年增长率来划分产品的生命周期的各阶段。

若增长率不稳定，则产品处于介绍期；若增长率>10%，则产品处于成长期；若0.1%<增长率<10%，则产品处于成熟期；若增长率为负数，即销售量逐年下降，则产品处于衰退期。

⑤比率增长判断法，是指以销售增长率的变化率来判断产品处于市场周期的哪一阶段。

（4）产品生命周期各阶段的策略

典型的产品生命周期的四个阶段呈现出不同的市场特征，企业的营销策略也就以各阶段的特征为基础来制定和实施，如表1–1所示。

表1–1　产品生命周期各阶段的策略

阶段	特征					策略									
	销售额	利润	现金流量	顾客	竞争者	策略重心	营销支出	营销重点	营销目的	展现方式	价格	产品	广告推广	营销及追踪	流转策略
介绍期	低	易变动	负数	创新使用者	稀少	扩张市场	高	产品知晓	提高产品知名度及产品试用率	选择性的频道	成本加成法策略	基本型为主	争取早期购买者，建立产品知名度、信任度	大量促销及产品试用	新品上新区

续表

阶段	特征					策略									
	销售额	利润	现金流量	顾客	竞争者	策略重心	营销支出	营销重点	营销目的	展现方式	价格	产品	广告推广	营销及追踪	流转策略
成长期	快速增长	顶峰	适度	大多数人	渐多	渗透市场	高（百分比下降）	品牌偏好	追求最大市场占有率	密集式	渗透性价格策略	改进品，增加产品种类及服务保障	大量营销	利用消费者需求增加	限时抢购区
成熟期	缓慢增长	下降	高	大多数人	最多	保持市场占有率	下降	品牌忠诚度	追求最大利润及保持市场占有率	更加密集式	竞争性价格策略	差异化，多样化的产品及品牌	建立品牌差异化利润	鼓励改变带动相关关联产品	团购区
衰退期	衰退	低或负数	低	落后者	渐少	提高生产率	低	选择性	减少支出及增加利润回收率	排除不适合、效率差的频道	降价策略	维持品牌忠诚度	维持品牌忠诚度	将支出降至最低	清仓区

①产品介绍期市场营销策略。介绍期的特征是产品销量少、促销费用高、制造成本高、销售利润很低甚至为负值。根据这一阶段的特点，企业应努力做到：投入市场的产品要有针对性；进入市场的时机要合适；设法把销售力量直接投向最有可能的购买者，使市场尽快接受该产品，以缩短介绍期，更快地进入成长期。

②产品成长期市场营销策略。新产品经过介绍期以后，消费者对该产品已经熟悉，消费习惯也已形成，销售量迅速增长，这种新产品就进入了成长期。进入成长期以后，老顾客重复购买，并且带来了新顾客，销售量激增，企业利润迅速增长，在这一阶段利润达到高峰。随着销售量的增大，企业生产规模也逐步扩大，产品成本逐步降低，新的竞争者会投入竞争。随着竞争的加剧，新的产品特性开始出现，产品市场开始细分，分销渠道增加。企业为维持市场的继续成长，需要保持或稍微增加促销费用，但由于销量增加，平均促销费用有所下降。

③产品成熟期市场营销策略。进入成熟期以后，产品的销售量增长缓慢，逐步达到最高峰，然后缓慢下降；产品的销售利润也从成长期的最高点开始下降；市场竞争非常激烈，各种品牌、各种款式的同类产品不断出现。

对成熟期的产品，宜采取主动出击的策略，使成熟期延长，或使产品生命周期出现再循环。为此，可以采取以下3种策略。

a．市场调整。这种策略不是要调整产品本身，而是发现产品的新用途、寻求新的用户或改变推销方式等，以使产品销售量得以扩大。

b．产品调整。这种策略是通过产品自身的调整来满足顾客的不同需要，吸引有不同需求的顾客。整体产品概念的任何一层次的调整都可视为产品再推出。

c．市场营销组合调整。即通过对产品、定价、渠道、促销四个市场营销组合因素加以综合调整，刺激销售量的回升。常用的方法包括降价、提高促销水平、扩展分销渠道和提高服务质量等。

④产品衰退期市场营销策略。衰退期的主要特点是：产品销售量急剧下降；企业从这种产品中获得的利润很低甚至为零；大量的竞争者退出市场；消费者的消费习惯已发生改变等。面对处于衰退期的产品，企业需要进行认真的研究分析，决定采取什么策略，在什么时间退出市场。通常有以下几种策略可供选择。

a．继续策略。继续沿用过去的策略，仍按照原来的细分市场，使用相同的分销渠道、定价及促销方式，直到这种产品完全退出市场为止。

b．集中策略。把企业能力和资源集中在最有利的细分市场和分销渠道上，从中获取利润。

c．收缩策略。抛弃无希望的顾客群体，大幅度降低促销水平，尽量减少促销费用。

d．放弃策略。对于衰退比较迅速的产品，应该当机立断，放弃经营。可以采取完全放弃的形式，如把产品完全转移出去或立即停止生产；也可以采取逐步放弃的方式，使其所占用的资源逐步转向其他的产品。

第 2 章 品牌运营管理

知识目标

1. 理解什么是个人品牌以及直播运营
2. 熟悉个人品牌的定义及价值，直播运营的思维、主题活动策划、人员管理

技能目标

1. 运用打造个人 IP 的定位、渠道、内容、迭代、变现等相关知识学会如何打造个人 IP
2. 掌握直播运营的整体链路，策划合适的直播主题，搭建适配的直播间场景，高效管理直播团队人员，对直播销售进行有效执行和分析

职业素养

1. 拥有遵纪守法、严控质量、服务热情的职业道德
2. 具备及时反馈、坚守原则、弘扬正气的职业精神

2.1 个人品牌

2.1.1 个人品牌的定义

个人品牌是指个人拥有的外在形象和内在涵养所传递的独特、鲜明、确定、易被感知的信息集合体。它是能够展现足以引起群体消费认知或消费模式改变的力量，具有整体性、长期性、稳定性的特性。

2.1.2 个人品牌价值

个人品牌价值由个人价值观念、个人思维模式、个人行为习惯、个人使命宣言、个人专业技能、个人生活经历、个人生活常识、个人性格特征、个人外在形象等构成。

2.1.3 如何打造个人IP

（1）定位（明确目标）

每一个从业者都应该对所选择的岗位，服务的对象，渠道，产品，有一个精准的定位。一旦有了清晰的定位，在当下的市场环境中，有各式各样的统计技术实现数据统计及分类，它们能有效地帮助从业者进行市场细分，进而识别目标客户，市场细分步骤如表2–1所示。

表2–1　市场细分步骤

步骤	描述
基于需要的细分	根据顾客在解决特定消费问题时所遵循的相似的需要和利益，将顾客划分为不同的细分市场
细分市场的识别	对每一个基于需求的细分市场，判断哪些人口统计特征、生活方式和使用行为使得这个市场与众不同和利于识别（可操作）
细分市场的吸引力	使用预先确定的细分市场吸引力规则，例如市场增长率，竞争强度和市场可入性判断每个细分市场的总体吸引力
细分市场的盈利性	市场的盈利性
细分市场的定位	针对每一个细分市场，根据该细分市场独特的顾客需要和特征创造一个价值主张和产品价格定位策略
细分市场的检验考验	创造细分市场的分镜头脚本，来检验每个细分市场定位战略的吸引力
营销组合战略	扩展细分市场战略以及包含营销组合的所有产品，价格、促销和地点

当从业者试图用顾客所需的所有产品来服务所有顾客群体时会发现，只有头部主播才可以使用覆盖整个市场的策略。一般而言，差异化市场定位明显比无差异化市场定位能创造更多的销售额。

原则上，每一个细分市场都有望获利，所以，明确自己的定位之后，即可进入IP打造环节。

IP（Intellectual Property），一般情况下翻译为“网络之间互连的协议”，还译为“知识产权”，上述翻译是狭义的解释，广义上的IP还包含概念IP、内容IP和人物IP，它们都具有知识产权的属性。不同的人对IP的理解不尽相同，明星、网红是IP，动漫游戏形象是IP，一个标签、一个图形、一个品牌也可以是IP。

（2）渠道（平台卡位）

不同的渠道有不同的目标用户、核心品类及各自的特点，下面列举部分平台。

淘宝直播

目标用户：三四线城市女性。

热门品类：服装、美妆、母婴，全品类都涉及。

特点：有广阔的粉丝流量基础和大量带货达人。

京东直播

目标用户：20岁～中老年用户。

热门品类：电子产品、生鲜、生活用品。

特点：具有完整的供应链体系，能够实现货运直达，并且在电子产品上的用户信任度较高。

快手直播

目标用户：30岁以上中老年群体。

热门品类：生鲜、生活用品。

特点：兼具带货属性，具有一定的粉丝基础。快手的成交，可以实现淘宝链接转换，或者直接自营成交。

抖音直播

目标用户：一二线城市的年轻男女。

热门品类：美妆、精致品，电子产品。

特点：向创意、美妆、精致类靠拢。

小红书

目标用户：一二线城市精致，且具有一定消费能力的女性。

热门品类：美妆、护肤、零食、母婴等生活用品。

特点：因为其自身有较为全面的商品平台，并且是以“种草”为主题，因此种类固定。

现在各行业逐步开启“直播+”模式，每个行业也有各自的主流平台，如表2–2所示。

表2-2 直播平台分类

按功能分	直播平台名称
游戏直播	斗鱼、虎牙
互联网营销直播	淘宝、快手、抖音
娱乐直播	抖音、陌陌、花椒
短视频+直播	抖音、快手、微信视频号
教学/商业直播	钉钉、企业微信、知乎直播

（3）直播内容（价值输出）

随着网络直播的发展，直播平台逐渐成为价值输出的重要阵地。作为新兴的传播媒介，各类直播平台会触达大量用户。

直播平台要为其呈现的内容负责，要向用户传递正确的价值取向。从弘扬社会主义核心价值观的角度来看，呈现正能量内容，就能让用户多看到生活中的真善美，就能为用户增添向上向善的精神力量，就是平台重视社会效益的体现。

（4）迭代（不断进化）

随着移动互联网技术的普及，视听媒介演化出越来越丰富的形态，直播就是其中之一。在电视时代，直播依赖于直播电视卫星等尖端设备。但随着互联网技术的发展，直播技术门槛已在逐渐降低。进入网络直播时代以后，直播这一行为越来越普遍，用户规模也逐渐扩大。

回溯近年来网络直播行业的发展，可以将其大致分为3个阶段，如表2–3所示。

表2–3 网络直播行业的发展

网络直播发展阶段	特点
2008—2015年 直播1.0时代：秀场直播互动	平台：秀场直播，语音直播间是一大特色，用户主要通过电脑进行收听、互动 内容：演唱、聊天为主要内容
2016—2018年 直播2.0时代：丰富的垂直内容	平台：移动直播，主播用手机等便携设备，用户主要通过手机等移动设备观看 内容：游戏、体育、社交、音乐等垂直内容演化
2019年至今 直播3.0时代：直播与传统行业全面融合	平台：传统行业利用直播技术进行转型 内容：直播互联网营销、演出直播、教育直播、新闻直播等

注：来源于《直播社会价值白皮书》，北京字节跳动文创产业研究中心。

（5）变现（持续发展）

为了实现可持续发展和直播变现，随着直播产业的发展，直播变现模式逐渐清晰。主流变现方式包括流量广告、直播带货及内容付费。

①流量广告。目前，最普遍的变现方式还是广告插入的形式，流量广告变现其主要的优缺点如下。

优点：收益以流量为基础，产品的流量越大，广告的收益也越高。

缺点：流量广告的变现需要考虑广告质量、广告主品牌、受众契合度等，并且广告的反馈具有滞后性。

②直播带货。直播带货的方式是基于对流量的更深一级的应用，为自己的粉丝提供他们需要的实惠商品，本质上就是一次大型的拼团现场。

优点：可以加强和粉丝之间的联系，对于流量大的直播，其收益要高于广告变现。

缺点：比较看重直播主播的渠道能力和选品的能力，不能持久地稳定化。

③内容付费。相对广告变现，其实短视频、直播类的产品更加适合的是对内容收费从而实现盈利。

优点：内容付费的人群较为稳定，用户的留存和黏性更高，有利于产生正向循环。

缺点：付费直播对内容质量要求较高，有好内容才可有效地留住粉丝，并且持续靠内容盈利，故“门槛”要求更高。

2.1.4 个人品牌塑造方案七要素

（1）人设

大家知道个人品牌就是个人在目标用户心目中的印象和口碑，如果进行高度抽象以后就是一个标签和符号。因此，个人品牌的人设就是要人们找到自己在某个特定领域中的标签和符号，让他们服务的目标群体，一提到这个领域就会想到特定群体。在塑造个人品牌人设上可以从以下几个方面进行。

①认知自我。明确自己的优势和劣势，找到自己的核心价值，在这个过程中可以根据核心资源“我是谁，我拥有什么”来确定，比如他是一名咨询顾问和培训讲师，熟悉各类商业模型，拥有商业洞察和解决问题的能力，以及多年的营销传播经验，那么这就是他的核心资源。

②做好定位。有了清晰的自我认知后，人们就知道了自己想做什么、能做什么，但这只是树立人设的第一步，若想将人设立住，还需要进行定位。在个人品牌定位上也可以借鉴几何中定位一个点的方式，找到特定的维度来给个人品牌定位。可以综合认知自我的几个方面找到个人优势、个人兴趣爱好里关注的领域，或者自己从事的职业以及目标用户三个维度进行定位，三个维度交叉的点就是各自的定位。

③锁定标签。明确了定位之后还需要将定位传达给目标用户群体，这就需要人们提取关键词，然后锁定个人标签。精确的个人标签具有筛选用户、激活用户和强化认知的作用，可以帮助人设稳定根基。

（2）场景

要想做出一个好产品，要考虑的点有很多。其中，产品使用场景就是一个不可忽视的点。关于场景的官方定义有两种：一是指影视剧中在一个单独的地点拍摄的一组连续的镜头；二是泛指生活中特定的情景。比如“这场景令人难忘”。可以说人们生活中的每一天，每一个时刻或者每一个片段都是一个场景，它构成了日常生活，存在于方方面面。

如今，场景之所以与产品产生联系，是因为任何一个产品都需要有其使用场景，而且这个场景还必须是切切实实普遍存在的。唯有如此，对应场景下的产品或者解决方案才会有存在的必要以及存续的可能，同时它也是产品存活的关键。

（3）用户

个人品牌打造的过程就是一个不断提升个人品牌知名度、美誉度和忠诚度的过程，这三个“度”都是针对用户而言的，所以用户也是塑造个人品牌的核心。根据用户在个人品牌打造过程中的成长路径，可以将用户运营分成：用户定位、用户获取、用户留存、用户分层和用户互动。

①用户定位。做好用户定位，才能找到要影响和服务的群体。提到用户定位，很多人会想到用户画像，从用户的身份、消费、行为等维度给用户打标签，这些都需要借助社会化客户关系管理（Social Customer Relationship Management，SCRM）等系统，都是互联网平台在用户定位上的手段。

②用户获取。用户获取有两个制约因素：一个是流量来源，另一个是获取方式。流量的来源也就是渠道；用户获取的主要方式一个是活动，另一个是内容，还有一个是转介绍，这些都会在后面的板块中详细展开介绍。

③用户留存。一般从两个方面拆解用户留存：一是留存的动机载体，二是留存的动机。用户留存的载体有很多，如短视频平台、微信公众号、微博、小红书等。做用户留存其实就是在搭建私域流量池，在现在的互联网平台中，微信公众号是私域流量的最佳载体。

④用户分层。在任何一个品牌当中，他们的用户都不可能全部是高贡献用户，一定是有人消费得多，有人消费得少。就像在抖音平台中一半以上的付费行为是由铁粉贡献的，铁粉的付费率是其他人的6倍以上。因此需要对用户进行分层，以便合理地分配精力。

⑤用户互动。个人品牌重点就在于以人为核心，用户选择信任一个人，绝大多数情况下是因为这个人的个人魅力给了他们信任感，同时又由于这个人是鲜活的，是具有情感的，所以用户逐渐依赖他，因为他不是一个冷冰冰的品牌，而是像站在用户朋友的立场上一样去服务他们，帮助他们。所以，强互动是个人品牌的优势和特点，不论品牌发展到哪一阶段，都要让用户参与到个人品牌建设的过程中，让用户见证个人的成长、彼此陪伴。和用户互动就是在培养用户的情绪价值，与用户互动得越强，个人的用户黏性就越强。

（4）内容

内容是获取用户并与用户保持高频互动的最佳渠道，也是让用户和品牌了解彼此的最重要的方式。这里从内容创作的方向、内容创作的形式和内容创作的来源3个维度展开分析。

①内容创作的方向。不同类型的内容在个人品牌打造的过程中起到的作用不同，内容创作的方向可依次分成5个维度：广度、高度、深度、频度和恒度。

a．广度——做覆盖、做引流。经常提到的内容营销，其实就是通过做内容广撒网来引流。

b．高度——树权威、建背书。在打造个人品牌时也要给自己做好背书，树立权威。可以将个人经历、个人荣誉、成功案例、名人合影以及重要作品等梳理成若干文档打造自己的背书。

一方面编辑自己的百度词条、搜狗百科；一方面在专业论坛和官方媒体上进行发布，树立品牌的权威形象。

c．深度——做穿透、显专业。深度内容的输出需要互联网营销师在自己的专业领域有比较深刻的见解，是考验内功的时刻，需要掌握一套知识萃取的方法论。

d．频度——做互动、保黏性。现在是一个时间碎片化、信息爆炸的时代，用户都很健忘，所以内容的更新要保持一定的频率，才能保持与用户的互动和黏性。可以用解答用户提问、热点事件点评、成功案例分享等内容的输出保证更新的频率。

e．恒度——做沉淀、建势能。品牌的打造最忌讳的就是三天打鱼两天晒网。所以，在内容输出上，要做到持续输出。在个人品牌打造上，可以借鉴以下这个公式：

个人品牌=定位记忆点×更新频率×持续时间

输出的时间越久，沉淀的内容越多，个人品牌积聚的势能就越强，品牌定位就越牢。

②内容创作的形式。内容创作的形式不是一成不变的，要与时俱进，跟随互联网的发展趋势去决定内容创作的形式。现如今除了文章以外，图文、音频、视频、H5都是常用的内容创作形式，每一种创作形式又有多种的表现方法，比如图片可以是绘画，也可以是照片，还可以是思维导图；视频可以实拍剪辑，也可以制作动画，还可以是培训演讲。

③内容创作的来源。前面讲到在打造品牌时，需要高频度的持续性输出，很多人可能慢慢地就找不到创作的来源了，当没有创作来源时，可以采取以下的创作方向：

a．方法论的总结；

b．活动内容的前宣和复盘；

c．所在领域的热点事件分析点评；

d．行业案例的拆解，前提是征得当事人/企业的许可；

e．用户问题的分析解答，或者知乎里关于品牌定位领域问题的解答；

f．行业事件的盘点；

g．参与活动、会议或者与行业名人合影的展示。

（5）活动

活动运营在互联网的各种运营方式中被称为快速实现运营目标的运营方式，在个人品牌打造的过程中，打磨好了产品就需要快速地让他们对应的目标用户知道，这个过程就是活动运营。

活动运营有两种方式：一种是借势；另一种是造势。

借势是借助能量比你高的人、事、物的势能为你所用，这里的人、事、物就是名人、热点事件和知名品牌。造势是互联网营销师们策划活动，完整的活动方案需要10个要素。

①活动背景。活动背景，即在何种背景条件及问题需求之下发起本次运营活动，背景部分能够阐明活动的必要性，即“为什么要做这个活动”。

②活动目标。活动目标，即通过活动去达成的运营目的和效果，尽可能用量化指标明确具体目标。活动目标是活动效果的预估和期望，反映出活动的导向性和可行性，是活动效果

的衡量标准。

③活动用户。活动用户，即活动面向的用户群体。绑定活动目标，限定用户群体，能够指导活动规则的设计，提升活动效果。

④活动主题。活动主题，即活动的“噱头”，多为一句突出活动核心利益和亮点的标题式文案。明确活动核心利益，保证活动策划运营的一致性；同时突出活动亮点，利于活动的推广传播，吸引更多目标用户关注参与活动。

⑤活动玩法。活动玩法，是活动策划的核心内容，即运营活动主要的形式包装、参与流程、规则说明。这部分内容决定活动策划运营的最终效果，也是方案评审和运营的核心。

⑥时间周期。时间周期，即活动运营全流程的时间阶段及运营安排，包括开始结束时间、活动中不同阶段时间。活动时间节点的绑定影响运营的具体动作和效果，而分周期阶段的运营安排，能够有效推进提升活动效果。

⑦宣传推广。宣传推广，即为了触达更多目标用户而使用的推广运营活动、提升活动曝光的渠道和方式。触达吸引更多用户参与活动，保证参与活动的用户规模，提高活动效果。

⑧成本收益。成本收益，即活动的费用预算及预期收益ROI（投入产出比）。活动的投入规模和效率，是活动运营的费用基础，决定了活动的运营方式。

⑨分工合作。分工合作，即活动运营过程中涉及的外部资源支持和人员团队合作。这是活动运营项目有效进行和落地的前提，也是对外合作时减少沟通成本和问题的手段。

⑩风险评估。风险评估，即活动运营过程中可能出现的影响活动有效进行的风险事项及应对方式。提前明确活动风险及应对方式，减少活动运营过程中的问题，保障活动的进行和效果。

（6）规划

①跨平台。在新的机遇下，不论是公司形象还是个人品牌，最重要的是要做到跨平台。一个品牌的价值大小并不是完全根据有多少人访问其自有平台来决定的，可能自有平台的访问人数很少，但是在其他新媒体平台受到了很大规模的关注，品牌的综合知名度也会很高。

②差异化。每个平台都有其特点，且每个平台的用途、主体人群和用户习惯也有很大的差异。所以，每个平台的长处不同，人们就应该以不同的方式和内容在不同的平台上打造品牌。传统的广告投放，目的其实就是放出来让人看到，但如果把现有的内容直接放到所有平台上去，未必就能引发别人最大的兴趣。所以，应针对不同的平台，特制不同的内容，去吸引每个平台不同的用户群。

③互动性。传统的广告、广播、电视和报纸都是单向传播的。接收这些信息的观众无法反馈给制作者和传播者，或者这些反馈的渠道太隐蔽而难以掌握。新媒体的一大特点就是极强的互动性。这一切都有赖于移动互联网的高速发展。首先，移动互联网极大地拓展了传播渠道，信息不再是自上而下，也不再是从点到面，而是全方位的立体网状结构。其次，人们对于社交的需求在移动互联网技术的进步中得到不断满足，社交互动成为个人品牌非常重要的一部分，互动得越好，个人品牌的影响力就可能越大。最后，互动还有利于从人们的关注热点掌握传播趋势和内在规律，然后再产生更好的互动。

④潜移默化。传统的宣传模式就是拍广告片。一些演员拍摄一部短片，举着一个产品，

告诉大家这个东西很好。但是现在，大家早就对这种方式产生了审美疲劳。

所以，潜移默化的影响方式就显得更加自然，也更加有效。在宣传推广的过程中，并不需要直接说某个产品好，而是在讲一件很有趣的、真实的故事，并且这个故事很吸引人，让大家都喜欢听，这才是最重要的。在叙述的过程中，适当插入一些内容，大家很自然地就能够接受了。那些不被认为是商业性质但又能被人记住的内容才算是成功的潜移默化。

（7）工具

相对于传统、大投入、广告式的传播品牌方式，如果能够打造自己的品牌工具库，那么传播内容就会实现快速裂变，当有人开始付费购买，便能够形成良好的口碑。

何为品牌工具库？就是指一切可以传播品牌定位，品牌思想，触达粉丝的渠道。

①自媒体原创文章：微信公众平台、今日头条、百家号、搜狐、网易新闻等。

②短视频：抖音、快手、火山等短视频平台。

③音频：喜马拉雅、荔枝微课等。

④传统图书：坚持一两天写一篇文章，将这些文章整理成为一本书或手册。

⑤加密电子书：一些相关内容可以用Word编辑好，然后转化成不能修改的PDF文档。

⑥个人网站：可以自己使用软件制作，也可以寻找专业人士进行制作。

要想推广自己的品牌，一定要用好工具，这一点是非常重要的。

2.2 直播运营

2.2.1　直播运营思维

分析各大平台的头部主播，大部分主播都会有自己的“才艺”，或能歌善舞，或能活跃直播间的气氛。大部分受众对直播间的感受来源于主播本身。事实上，任何一个成熟的主播都离不开背后的团队。极简版的直播运营团队包含主播和运营，成熟的团队则会有专门的商务、主播、摄影化妆服装、运营等角色。

要想运作一个好的直播团队，离不开运营，甚至团队中每一个成员都应该具备运营思维。运营思维是一种抽象的概念，可从用户思维、目标思维、数据思维及复盘思维等角度理解运营思维。

（1）用户思维

所谓用户思维，就是以用户为导向，与之相对的是以产品为导向。要理清用户想要什么及需要什么。作为直播运营者，要到为用户提供产品和服务的完整流程中去感受用户的需求点。

（2）目标思维

所谓目标思维，就是从目标出发，遵循结果导向，反向思考，想要实现目标需要做好哪些事，不需要做哪些事，需要投入哪些资源，不需要投入哪些资源。

（3）数据思维

从运营的角度看数据思维，包含但不限于根据推文发布、产品转化率或开展活动反馈的具体数据，对数据进行理性思考和分析，透过数据能够知道发生了什么，探寻背后的原因及规律，进而提出改进措施或准备下一步的行动计划，并落实到下一次直播当中。

（4）复盘思维

复盘是围棋的一个术语，又称“复局”，指对局完成后，复演该盘棋的记录，以检查对局中招法的优劣与得失关键。

复盘思维，是将已经发生的事情再静态地、客观地表现出来，体会事情最初是如何想、如何设计的，实施过程中的关键环节是什么，从中总结成功经验、吸取失败教训，为以后做事提供借鉴，是一种思维方式。

2.2.2 主题活动策划

在日常直播中，商家可以设计一些别出心裁的特色主题活动，为用户制造新鲜感，加深直播间对用户的吸引力，引爆直播间的销量。商家在策划直播间特色主题活动时要重点关注以下三项内容。

（1）确定活动主题

与日常直播不同，商家要为特色主题活动设定一个具有吸引力的主题。例如，销售服装的商家可以在初春上春装之际策划一场“春日约会穿搭”的直播，销售食品的商家可以在儿童节前后策划一场“寻找童年的味道”的直播。

（2）根据活动主题选品

商家先根据主题选出本场直播活动的主推款商品，然后根据主推款商品选择辅推款商品，主推款商品的风格要与活动主题相契合。表2–4为两个特色主题活动的选品规划方案示例。

表2–4　特色主题活动选品规划方案示例

商品所属类目	特色主题	主推款商品	辅推款商品
女装类目	春日约会穿搭	清爽、显瘦，浅色调为主；以裙装为主，符合春日约会主题	①裙装搭配款，如遮阳帽、空调衫、T恤、衬衣等； ②裙装替代品，如短裤、七分裤等； ③女装换新速度较快，可以推一些早夏新品
食品类目	寻找童年的味道	20~30岁年轻人童年常吃的食品，符合怀旧主题	①礼包款零食，提高客单价； ②推出一定数量的新品或店铺独有的商品，例如整场直播推6~10款怀旧主题的食品，搭配二三款店铺新品，为用户提供更多选择

（3）做好预热

在特色主题活动开播前的一两天，商家要通过各种渠道进行活动预热，提醒用户关注直播。在日常直播中，商家也可以在直播间的公告栏中对特色主题活动的时间进行预告。

2.2.3　直播人员管理

国家互联网信息办公室、公安部、商务部、文化和旅游部、国家税务总局、国家市场监督管理总局、国家广播电视总局七部门联合发布《网络直播营销管理办法（试行）》（以下简称《办法》），该《办法》自2021年5月25日起施行。

《办法》将从事直播营销活动的直播发布者细分为直播间运营者和直播营销人员，明确年龄限制和行为红线，对直播间运营者和直播营销人员相关广告活动、线上线下直播场所、商品服务信息核验、虚拟形象使用、与直播营销人员服务机构开展商业合作等方面提出具体要求。

2.2.4　直播销售执行

（1）第一阶段：预热

①演练。必须把主推款产品的详情页都浏览一遍，并且收藏相关的链接，便于直播的时候发送链接。了解产品的材质、款式等基本信息，直播技巧演练，直播过程中切忌照着纸念。

②预热。提前在电商平台、微博、微信、贴吧、短视频平台等社交平台上发布预告，关注并订阅提醒的粉丝会收到直播预告提醒。

③直播预热。直播标题，直播图片要选美图，直播开场之后要用粉丝喜欢的才艺（包括但不限于唱歌、跳舞等）快速吸引人观看。

④游戏互动。通过猜产品、猜价格，引导粉丝猜测今天直播的产品是什么，价格多少。粉丝猜对后可以给予奖励，例如唱粉丝点的歌、跳舞等，人气积聚起来之后宣布福利。

（2）第二阶段：导流

核心是让更多的客户进店咨询，商家客服必须跟得上。

①除了按照预热阶段从产品链接页面了解的信息介绍产品特性外，360度展示产品的外观并将外观特点介绍清楚，还需介绍产品的基本信息（含原料、产地等）。

②试用，展示具体的产品细节，产品的材质、大小、手感等（多用形容词，还有对比，介绍详细一些），将产品卖点和特点渗透进去。

③介绍一下保养、清洁的方法。

④根据粉丝的评论互动，解答疑问，同时提醒福利。

⑤福利发放和吸粉技巧。

专门制作一个吸粉道具，因为在直播时是不方便贴上二维码的，但是可以写在道具上，设置一个小游戏或小问题，答对的请加我微信个人号拿红包，没答对的也免费送福利。推荐最优的福利形式——红包。直播时裂变传播方法很多，比如，让场控前期就策划好，在直播时让一些大咖转发，在直播时发多少红包（提前预告），在直播最后有抽奖环节等。

（3）第三阶段：客服承接

直播加的好友由客服沟通，聚合管理员工微信，1人维护数万客户，将多个客服的微信号聚合到客户管理系统后台，管理者可在管理端看到员工和客户沟通的具体情况，聊天记录和金额往来，并将这些后台备份，以便随时可查。

（4）第四阶段：收尾

此时观看人数已经很高了，这个时候需要主播做最后的产品推广和导流。

①产品的再优惠力度、卖点再次介绍，时间允许下可以挑直播过程中粉丝比较喜欢看的产品再做一遍展示。

②持续不断地重复店铺的品牌故事，持续不断地让对福利有问题的粉丝抓紧时间联系客服咨询，进一步导流。

③持续不断地重复最后的压轴大奖来增加点赞、评论。

④持续不断地激发粉丝点赞，分享直播链接等，到了一定点赞数给予才艺方面的奖励。

2.2.5 销售数据分析

直播销售数据分析主要从浏览指标、留存指标、转化指标等方面着手进行。

（1）浏览指标

浏览次数：看过直播并且离开直播间的累计人次，一个ID多次进出直播间可叠加，浏览次数通常大于观看量。

商品点击次数：整场直播所有进直播间的人点击商品的次数，一个人多次点击可叠加。

粉丝浏览次数：关注过主播的用户进出直播间的次数。

读者浏览次数：未关注主播的用户进出直播间的次数。

（2）留存指标

直播间的留存指标包含用户留存率及用户流失率。

用户留存率=留存用户/总用户数

用户流失率=流失用户/总用户数

流失率在一定程度上可以预测一个直播间（产品）的生命周期。

（3）转化指标

总商品交易额（GMV），对于直播而言是重要的转化指标，但是GMV是不完全准确的数据，原则上只要下单，无论付款与否，都会记录。

支付金额比GMV更精准，指用户的实际交易额（剔除了退款等金额以后）。

复购率：单位时间内，消费两次及以上的用户/购买总用户。

因为直播的优势就在于产品非一次性消费，购买过的用户会形成习惯持续性购买，所以复购率是提升直播间带货能力的重要指标。

（4）其他指标

①转粉率。转粉率=新增粉丝数/观看直播的总人数，引导点击关注的人数越多，转粉率就越高。

②进店转化率。进店转化率=通过直播进入查看商品详情页面的人数（进店人数）/观看直播的总人数，越多引导用户点击购物袋，点击商品，这个数值就越高。

③人均观看时长。人均观看时长=直播总观看时长/观看直播的总人数。

第 3 章

视频策划与制作

知识目标

1. 理解什么是脚本制作策划、视频预算、筹拍分工及他们的组织类别
2. 熟悉脚本制作策划的三大要素，视频预算的分类，筹拍分工的职责细分
3. 掌握脚本策划的必要工作及创作流程，拍摄视频成本控制的方法，后期制作的具体事宜

技能目标

1. 运用脚本制作策划的相关知识能够独立进行视频脚本策划
2. 掌握视频成本控制的具体方法并能付诸实践，掌握后期制作的流程及具体的技能

职业素养

1. 拥有勇于创新、爱岗敬业、孜孜不倦的职业道德
2. 具备精益求精、严谨认真、弘扬正气的职业精神

3.1 视频制作策划

3.1.1　认知脚本策划

随着抖音、快手、哔哩哔哩、视频号等一系列短视频信息平台的兴起，短视频已经发展成为企业营销的必备手段。在视频迅速发展的时代，要想占有一席之地，除了掌握拍摄剪辑这类基本功外，还必须掌握脚本策划的技能。

脚本策划是策划者根据用户的审美趣味，遵循视频创作的内在规律，对视频的思想性、艺术性与观赏性所进行的科学合理的预构活动。

简单地说，脚本策划就是一个出主意、想办法，以使视频更加完美、完善的过程，是拍摄视频的依据。在互联网营销竞争日益激烈的今天，要想让自己的视频作品别出一格、出类拔萃，策划是必不可少的。特别是当短视频创作逐渐成为一种商业行为，各个企业希望自己的产品能够得到最大限度的展现时，脚本的策划意识便显得尤为重要。

一般来说，所有参与视频拍摄和编辑的人员，包括摄影师、演员、服化道准备、编辑等，他们的所有行动都以脚本为准。时间、地点、画面、镜头等的使用，都根据脚本来进行创作。

脚本是视频统筹安排的前提，是为效率和结果服务的。

3.1.2　视频策划涉及的三大要素

（1）受众视野

用户决定了视频完播率、互动率、点赞率等数据情况，从而决定了最后的产品收益，而最后的节点还在于用户喜欢什么样的短视频内容，什么样的短视频能最大限度地吸引用户。要弄明白这个问题，必须要对国内目前的短视频行业受众主体有一个大致的了解。据短视频受众调查显示，目前国内几个主要的短视频受众群体是青年人（特别是在校大学生）、消费能力较强群体以及快节奏生活者。不同的群体有不同的喜好和趣味，短视频作为一种商业化的行为，应该积极考虑受众的接受心理、期待视野。

（2）市场状况

短视频的市场实际上是与受众紧密相连的，有目标群体的短视频就有市场。从一定程度来讲，短视频市场交易的份额比例是受众接受心理的风向标。作为策划者应该了解每一种用户群体爱看什么类型的短视频，年轻人作为短视频平台的主力用户，喜欢尝试新鲜事物，对短视频的接受度和兴趣度更高，企业可以通过短视频向年轻人传递品牌形象、产品特点和营销信息；消费能力较强的群体对于品牌和产品的要求更高，更愿意选择通过短视频了解产品信息，从而做出购买决策；现代人的生活节奏越来越快，对于烦琐的信息和广告容易产生疲劳和排斥，短视频营销简洁明了、趣味性和创意性高，能够吸引快节奏生活者的注意力和兴趣，从而产生更好的营销效果。策划者要做到心中有数，要清醒地掌握好市场的行情，也应该密切关注短视频营销市场的动向。

（3）政策因素

有人说，短视频营销是一种风险项目，因为它所面临的受众接受心理有时是不可触摸和难以预测的。其实，短视频的营销不仅在于市场因素，还要考虑到政策因素。

具体来讲，就是抖音、快手等平台出具的一些关于短视频营销的具体制度。这些制度往往出于意识形态导向的考虑，有时不一定与用户的观看愿望相一致，甚至恰恰是那些比较迎合用户趣味的内容被列为禁播内容。平台还会出台关于短视频营销内容相关的审核标准和禁忌，所以，作为一个视频脚本策划人或是职业编剧，“低头拉车”固然重要，“抬头看路”更是必不可少。在策划的过程中一定要及时关注平台新规，避免产生违禁内容，影响视频的发布和投放。

3.1.3 视频脚本策划的必要工作

（1）选题定位

主要指在视频制作前，作为策划者需要明确视频创作的主题和动机。例如，准备呈现什么方向的视频内容；用怎样的表达形式；希望达成什么目标等。

首先，选题受众范围要足够广。短视频内容往往在进入市场选择细分领域之时，就已确定好内容定位和目标受众。目标受众的细化程度部分决定了视频产出的内容方向、运营策略等，也关系到短视频在平台上能否实现针对性的分发。对于爆款选题来说，单纯细化受众会限制短视频内容覆盖面，所以从垂直化切入的同时，还要融入大众化的元素。

其次，选题角度要足够“痛”。受众范围不等同于数据，选题角度使多少受众用户产生共鸣并点开了视频才算拿到了相应的流量。例如，《平价的食材，吃出高价值的营养，快来试试》短视频在腾讯已有173万+播放量，其选题中食材的“平价”与“高价值的营养”正是击中了受众用户的获益心理以及对健康的关注。因此，视频脚本策划的选题一定是能够戳中受众“痛点”的选题。

最后，选题节点要足够巧。选题节点巧并非指简单的蹭热点，只有把握好热点的时间节奏与切入角度才能避免内容同质化。抓住重要的时间节点，如“情人节”“双11”等，会给视频锦上添花。如果内容做得足够好，除了能够打造出爆款，还会带出新一波的热点。

（2）剧情框架

主要指剧情该如何发展，通常包括故事线索、情节刺激点、剧情人物冲突等。

剧情框架即对视频的大致情节、事件的描述，是脚本策划头脑中最初的故事设想。剧情框架是脚本策划大纲的必备内容之一，它通常是能否拍摄出爆款短视频的一个重要因素。所以，如何用较短的篇幅把剧情框架讲得更为详细，也成了一门关键的技能。

通常来说，短视频的框架结构分为剧情类、口播类、电商类等，不同的类型需要采用不同的剧情框架。

（3）人物设定

主要指视频场景预计设定几个人，分别承担什么角色，有怎样的人物关系等。

人物的重要性似乎已经得到了人们的公认，不论在任何形式的视频创作中，人物给人留下的印象以及所能够产生的震撼效应往往超过了故事情节本身。在短视频中，人物形象的塑造往往成为短视频营销的关键。人物说到底就是人物的性格、个性。在创作脚本之前，应该对情节中的人物性格有一个明确的把握，因为性格是一切行动与反应的动因。一旦确定了某种主导性格后，就应该把这种性格创作到极致，因为只有这样的人物才能够打动人心。

3.1.4　脚本策划之创作流程

在一般情况下，视频脚本创作应遵循以下步骤。

第一步，拟大纲、建框架。短视频脚本列大纲的目的在于提前设计好人物、环境。根据自己的账号定位确定故事的选题，建立故事框架，然后根据框架开始创作故事。

第二步，定主线、有支撑。脚本是一个故事的灵魂，也是短视频的核心，不管是搞笑类还是剧情类脚本，有价值的故事才能作为脚本的支撑力。想要打造有价值的内容，可以去一些网站学习，例如易撰网站，上面有很多优质的写作素材，可以作为参考。

第三步，场景设计。虽然影视剧常常有各种各样的场景设置，但短视频与影视剧主要的不同在于，短视频具有短、平、快的特点，制作成本较低。而且短视频需要在很短的时间内传达一个主题，利用真实场景更能让人有代入感。

第四步，把控时间。时间的把控，主要是留住用户的技巧。想要在1分钟内抓住用户的眼球，吸引用户并留住用户，在编写脚本时，需要在前5秒时突出主题，展现用户痛点；在15秒左右设置爆点。

第五步，主题升华。用户喜欢什么样的视频？这就需要为用户提供价值，进一步进行主题升华。这里的有用可以是技能上的，也可以是情绪上的。因此，在编辑短视频脚本时，一定要在内容中升华主题。

3.2 成本预算控制

一般而言，影响视频拍摄制作费用的因素众多，包括视频长度、制作复杂度、制作团队规模、拍摄地点和场景等。不同的项目和要求会导致价格存在差异。

首先，较短的视频通常会较为经济实惠，而较长的视频由于需要更多的拍摄和后期制作时间，可能会增加制作成本。其次，如果短视频需要特殊效果、动画或其他复杂制作要求，这将增加制作的难度和工作量，因而费用也会相应增加。另外，制作团队的规模大且具备丰富经验，可能会提供更高质量的制作，但价格也会相应上升。此外，拍摄地点和场景的选择也会对费用产生影响，特殊场地租赁费用、远程拍摄所需的旅行费用等都会增加总体的费用。

因此，在制作视频时，应根据需求和预算合理安排，对多个影响因素进行综合考量，以获得准确的预算规划。

3.2.1 什么是视频预算

视频预算，亦可称为成本预算（简称“预算”），指的是拍摄视频的全部费用支出，包含视频脚本稿费、道具成本、拍摄成本、参与人员薪酬、视频后期制作成本、短视频宣传推广成本和额外其他成本等。

3.2.2 视频预算的分类

总体来说，预算可以分为两大类：线上费用和经常性费用。之所以要将线上费用和经常性费用划分出来，是因为线上费用的高低主要取决于主创团队的薪资，这也致使线上费用可产生的金额区间跨度很大；相反，同一制作水准下的经常性费用，则相对稳定，可预测性也较高。

（1）线上费用

定义线上费用要视具体视频而定，指的是在创造过程中自然衍生出来的费用。线上费用主要包括获取脚本或编写脚本的支出（文案编辑的雇佣费）、编导的薪水，以及主播的薪资和额外报酬等，这些支出项目，也统称为“创造性元素（Creative Elements）”支出。

范畴说明：从某种程度来说，“创造性”这个词用在这里，显得略微不够恰当，因为很多归属于线下费用的工种，同样做着“创造性”的工作。而之所以做这样的划分，是因为从职业角度来讲，这两类费用支出还是存在着细微的区别的。

线上费用的估算，更多的要基于市场环境和主创团队的热度。

（2）经常性费用

经常性费用，指的是一些租金及水电的开支费用，这些通常会被归属为线下费用。经常性费用通常会占到约总预算的15%，被视为重要开支。

除常规预算额度外，视频团队最好再多拨出10%的金额作为经常性费用的备用金，这笔钱可以应付一些容易被忽略但却会严重影响到整体拍摄进度的事宜。

3.2.3 视频成本控制

生产制作过程中进行成本控制，就是要随着费用的发生、成本的形成，不断将收集处理的实际成本和费用同成本定额及有关费用预算进行比较，找出投入和产出、收入和支出的差距，从而采取相应措施，及时调整成本偏差，有效地支配和限制各项成本。根据视频的生产制作成本构成和成本范围，可以将成本控制分解成以下环节。

（1）直接材料费用方面

有效控制原料和材料消耗的数量。一般来说，各种规格型号的视频等物料费用，占有产品成本中的较大比重。具体控制方法包括以下几个。

①限额控制法。根据视频的生产制作量确定材料定额消耗量，实行限额领料制度。录像素材等物料管理部门，根据限额分期分批定量供应，并单独进行内部成本核算。如果需要增减视频生产制作量，要严格履行追加或削减限额的审定程序，并按新的定额发放。如果在生产过程中，由于其他原因超限额领料，应及时查明原因、分清责任，并最终体现在内部的成本核算额度当中。

②盘存控制法。为了有效地控制用料，在视频生产制作中，还应按制作周期，通过盘存的方法核算用料的差异。也就是要根据完成的视频产品数量，将本期产品的实际物料耗费量和定额消耗量进行差额比较，从而有效地核算和控制物料的消耗量。

③注意提高录像素材等原材料的利用率。视频生产制作所用的材料品种、规格要符合视频制作设备及工艺技术的要求，防止大材小用、优材劣用，进而更好地控制原材料消耗。

（2）直接人工费用方面

按照岗位、效益、技能等情况进行效能控制。具体操作如下。

①控制薪酬总额。首先要合理确定岗位，并根据精简效能的原则，确定人员编制，严格控制人员数量，并根据履行的岗位业绩来核定报酬。其次根据企业自身的经营状态，以及按照单位性质所应参考的有关法规，明确工资、奖金、津贴等的支付标准，并按标准执行。最后，做好短视频生产制作调度工作，保证生产的均衡性，灵活控制加班加点的时间，以降低人工费用的支出。

②控制劳动生产效率。短视频生产者必须具备基本的从业素质，能够熟练掌握摄像设备及后期制作设备，从而生产出合格的视频产品。如果因为操作原因造成不合格品，不能支付报酬，并由责任者相应补偿成本损失。

③在视频生产制作过程当中，还应当采取措施提高生产人员的出勤率、工时利用率，以及工时定额完成情况，明确按照各类视频生产制作周期进行考核，以降低单位产品成本中的人工费用。

（3）制造费用方面

企业必须有效地控制为组织和管理短视频生产所产生的各项间接费用。

摄影、录音及后期制作设备使用费（或租赁费）、办公费、水电费等属于相对固定费用，针对企业建立并使用费用限额手册。根据短视频预算及其盈收状况，对其各项固定费用支出规定最高限额，并将费用的实际支出随时记入手册，随时结算限额结余，严格监控固定费用使其支出不超过限额。

3.3 筹拍运营分工组织

3.3.1 组织类别

短视频通过合理的内容制作、发布及传播，向用户传递有价值的信息，从而实现短视频传播和用户增长与转化的目的。要想能够持续地给用户创作有价值的内容，就必须具备持续制作高质量内容的能力，因此，拥有一支优秀的短视频内容制作团队至关重要。

组建短视频制作团队是短视频运营前期工作中非常重要的一个环节。一个优秀的短视频制作团队可以最大化地保证短视频成品的质量，高效地产出成果。快速组建一个视频内容制作团队的重点在于先确定需要哪些工作人员，再根据具体情况做出结构调整，以达到一个最佳的人员配置组合，并确定团队内部具体的工作流程。这是短视频内容制作工作能够有条不紊开展的重要保证。

一般情况下，短视频制作的组织类别分为以下几个部分。

（1）编导人员

它包括编导、策划和顾问等。一般来说，编导是专职的专业从业人员，而策划和顾问是兼职的，他们是在该学科有专长并具有丰富教学经验的教师，是根据需要临时受聘来工作的。

（2）制作人员

这些都是视频制作的专职人员，包括文案编辑（脚本策划）、摄像、剪辑、美工、灯光、主播等人员。他们在短视频制作上都具有某一方面的专长，在编导的统一指挥下，分别负责具体的参与制作工作。大的制作部门、大的项目，一项工作需要几个人配合，小的部门，则可由一人兼任几项工作，甚至可以由编导去兼任摄像、编辑等工作。

（3）运营人员

这类成员包括用户运营、渠道推广、数据分析等人员。用户运营人员通过了解用户画像和喜好进行分析，从而提供更为精准的拍摄方向，更容易吸引精准的产品用户；渠道推广人员将视频推广至各大平台，获取流量后，使视频达到更好的宣传效果；数据分析人员将所有平台的内容数据化，找出影响因素，从而针对制作的短视频进行优化。运营人员与制作人员相辅相成，缺一不可。

3.3.2 职责细分

（1）编导（Script Writer）

①了解用户需求和喜好。

②具有专业知识，经广泛深入研究，能把一定内容以脚本形式表现出来。

③掌握短视频特性及创作规律，善于运用视听造型来表达事情。

④短视频作品的总负责人，负责人员的组织、工作协调、短视频作品的质量把控等。

（2）文案编辑/脚本策划（Editor）

①进行短视频剧本创作，负责内容的选题与策划、人设的打造。

②善于运用蒙太奇组接技巧，对视频的整体结构、叙述逻辑进行调整和再创造，积极地向编导提出合理建议。

③精心筛选出较理想的镜头，找到最佳编辑点。保证组接流畅，节奏适当、色调一致。

④保证视频的内容质量。

（3）摄像师（Camera Man）

①按照分镜头脚本的要求，完成短视频的拍摄工作。

②和编导一起选择外景，与美工师、灯光师研究美工设计和环境气氛的布置并负责拟定详细的摄像方案。

③保证每一个镜头都能以优美的构图来加强内容的感染力。保证拍摄相连镜头有足够的连续性，便于编辑人员进行组接。

④技术上要保证画面清晰、稳定，色调真实、柔和，亮度适中，运动协调。

（4）美工师（Art Designer）

①与编导、摄像师、灯光师共同商讨，确定节目的色彩基调，制定出具体的美工设计方案（包括场景设计、人物造型设计、道具陈设设计）。

②指导或协调服装、化妆、道具等部门的具体工作。

③组织和参与视频中绘图、字幕和动画的制作任务，并根据条件，注意应用计算机视频形象创作技术，使美工工作有所创新。

（5）灯光师（Lighting Director）

①根据编导、摄像师、美工师对视频的整体构思，人物、环境的造型设计、画面色彩基调，进行灯光设计，画出布光图。

②与美工师、摄像师相互配合，做好具体布光工作，创造各种需要的照明艺术效果。熟练掌握各种照明设备的使用方法，并负责灯光器材的保管和维护，做好安全用电。

（6）剪辑师（Editor）

①负责对短视频画面素材和声音素材进行筛选、整理、剪辑。

②将原本分割的素材进行合成，形成一个完整的短视频作品。

（7）录音师（Audio Engineer）

①根据分镜头剧本的内容，与编导共同商讨声音的制作方式（前期录音、同期录音、后

期配音），及对各种声音元素的设计与艺术处理。

②检查并准备需要用的音频设备和录音资料。

③拾取声音时，对话简要合理选择，巧妙设置，避免任何干扰，并使声音的实感和画面的空间透视感相吻合。

④做好录音监测，严格掌握各环节的录音质量。

⑤负责节目最后的混录工作。

（8）主播（Anchor）

①根据剧本进行表演，表演包括唱歌、跳舞等才艺表演，根据剧情、人设特色进行演绎等。

②配合编导的要求，展示出最好的精神面貌，高质量地完成视频的拍摄工作。

（9）运营人员（Operations Personnel）

①负责短视频内容的日常运营与推广。

②账号信息的维护与更新、短视频的内容发布、用户互动、数据收集与跟踪、短视频内容的推广、账号的广告投放等。

3.4 后期制作管理

后期制作的主要任务是要完成视频作品全部视听语言的制作与合成，完成视频作品的审查与修改，以确保可以在账号上发布内容。

后期制作与前期紧张的拍摄不同，这项工作基本上是在正常的工作条件下，以精益求精、一丝不苟的精神去完成后期制作。后期制作依然是在编导人员对创作的总体把握之下进行，在把握作品质量的前提下，安排好工作计划和预算，协调好几个创作部门的工作，保证一个较好的创作条件。

3.4.1 后期制作的步骤

进入后期制作阶段后，后期运营人员的工作主要包括下面几个步骤。

①拿到所有拍摄素材，并将素材给到优秀的剪辑人员。

②制订后期制作计划，完整展开的工作包括：画面剪辑、录制音乐、录制动效、制作片头、片尾、混录合成、补录补拍等（具体操作因团队情况和内容呈现而定）。

③修改调整视频，并准备在账号上按照规定时间发布。

④根据具体情况进行适当投放操作。

3.4.2 剪辑

剪辑是以拍摄的原始（画面）素材和录制的原始（声音）素材为基础，参照编导的创造需求，结合编导总的创作意图和特殊要求，进行蒙太奇形象的再塑造。通过剪辑可以实现对短视频的结构、语言、节奏加以调整、修饰、弥补、增删和创新，从而加强视频作品的表现力、感染力，使短视频的风格样式和谐统一、结构严谨、语言准确、节奏明快、主题鲜明。

剪辑的步骤一般分为以下几步。

步骤一，导入素材。将拍摄的视频素材导入视频编辑软件中，可以使用手机上的应用程序，如剪辑软件剪映等，也可以使用电脑上的专业编辑软件，如Adobe Premiere Pro或Final Cut Pro等。

步骤二，剪辑和修剪。将素材剪辑和修剪成一个连贯的故事，如删除任何不必要的片段、调整长度、添加转场效果等。

步骤三，添加音效和音乐。选择适当的音效和音乐来增强视频内容展现，可以使用剪辑软件里的音乐或在网上查找免费的音乐库。

步骤四，添加文本和标签。添加文本和标签以传达信息或增加趣味性，这些可以是标题、字幕、贴图等。

步骤五，导出和分享。完成编辑后，将视频导出为适当的格式和大小，以便在社交媒体上分享，可以选择将视频上传到社交媒体账户，例如快手、抖音、西瓜视频等。确保视频标题、描述和标签等相关元素能够吸引观众并增加可见性。

3.4.3 制作声音

后期录音的工作分为三个范畴，包括录制对白和音响效果、录制音乐和制作特技、字幕、片头片尾。录音师要在编导的整体艺术指导下，设计视频的声音造型，负责声音制作工作。

（1）录制对白和音响效果

根据拍摄制作流程，录音工艺可分为先期录音、同期录音和后期配音三种。先期录音是指在拍摄画面之前先进行录音，拍摄时再还原放出声音，主播按照录好的声音（一般为歌曲或音乐节奏）进行表演，以达到声画同步的目的；后期配音是指将画面拍摄完成后，再根据画面的内容进行同步配音；同期录音则是指在拍摄画面的同时进行录音。采用同期录音录制的声音，具有与画面形象配合紧密、声音情绪真实等优点。

（2）录制音乐

音乐在视频作品中被表现以后，成为视频作品的一个有机部分。它在突出视频作品的感情、加强视频作品的戏剧性、渲染视频作品的气氛方面起着特殊的作用。但另一方面，在融入视频作品以后，它的表现形式也发生了相应的变化。具体表现在：视频作品音乐的创作和构思必须根据视频作品的创作要素，即题材、内容、风格样式、人物性格等因素和条件，使视频作品音乐的听觉形象和画面的视觉形象完美融合，体现编导的总体构思和美学欣赏原则，提升视频作品的视听冲击力和对用户的艺术感染力。

（3）制作特技、字幕、片头片尾

在非线性系统中，字幕和特技可以在画面全部编辑完成之后再添加，也可以两者同时进行。现代的非线性编辑软件提供了许多精彩的特技制作效果。

数字特技的进一步发展和使用，使视频的前期拍摄越来越少地受到客观条件的影响和限制，视频的创作可能会越来越多地向后期制作倾斜。片头片尾对于提高视频的艺术感染力、增加艺术效果也很重要，一个品质优秀的短视频决不会忽略片头片尾的设计制作。制作片头片尾的基本要求是能与剧情相吻合，能产生先声夺人的艺术效果。片头片尾的制作是由编导与美术师、摄像师共同创意设计的，通常他们会从视频中挑选出有情节提示作用的画面来制作，也有可能单独拍摄一些适用于片头片尾的画面。字幕的制作主要包括制作片头片尾出现的内容和剧中人物的对白、独白等。

第二篇
专业知识

第 4 章

产品确定及规划

知识目标

1. 理解产品检验、产品跟踪以及产品分析的相关流程
2. 熟悉产品检验的方法及产品跟踪单的使用方式
3. 掌握产品选品的具体流程以及各项指标的判断标准及判断依据

技能目标

1. 运用本量利分析法、指数平滑法以及判断分析法，对产品进行分析
2. 通过产品分析报告以及产品评估报告，对产品进行可视化分析
3. 掌握选品的核心要素，了解用户的真实需求，挖掘与本身相匹配的爆款产品

职业素养

1. 拥有严谨认真、积极努力、自动自发的职业道德
2. 具备严控质量、学以致用、认真负责的职业精神

4.1 产品分析

4.1.1 产品检验方法

产品检验是质量管理中非常重要且常见的一种控制手段，是针对失效模式进行探测从而防止不合格产品流入下一环节。本节归纳总结了8种质量检验方法的分类方式，并对每种类型的检验方法进行介绍。

（1）按生产过程的顺序分类

①进货检验。企业对所采购的原材料、外购件、外协件、配套件、辅助材料、配套产品以及半成品等在入库之前所进行的检验。

②过程检验。也称工序过程检验，是在产品形成过程中对各生产制造工序中产生的产品特性进行的检验。

③最终检验。也称为成品检验，成品检验是在生产结束后，产品入库前对产品进行的全面检验。

（2）按检验地点分类

①集中检验。把被检验的产品集中在一个固定的场所进行检验，如检验站等。一般最终检验采用集中检验的方式。

②现场检验。也称为就地检验，是指在生产现场或产品存放地进行检验。一般过程检验或大型产品的最终检验采用现场检验的方式。

③流动检验。检验人员在生产现场应对制造工序进行巡回质量检验。检验人员应按照控制计划、检验指导书规定的检验频次和数量进行检验，并做好记录。

（3）按检验方法分类

①理化检验。理化检验是指使用各种仪器、试剂和理化分析方法检验商品，包括机械性能检验、化学性能检验和度量衡检验。

②感官检验。也称为官能检验，是依靠人的感觉器官对产品的质量进行评价或判断。如对产品的形状、颜色、气味、伤痕、老化程度等，通常是依靠人的视觉、听觉、触觉或嗅觉等感觉器官进行检验，并判断产品质量的好坏或合格与否。

③生物学检验。生物学检验是指使用组织学分析法、生物实验法、显微镜观察法等手段检验商品的成分、结构等技术指标。该法大量运用于食品、药品、化妆品和冷冻品等商品的检验与鉴定。

（4）按被检验产品的数量分类

①全数检验。全数检验也称为100%检验，是对所提交检验的全部产品逐件按规定的标准全部检验。

②抽样检验。抽样检验是按预先确定的抽样方案，从交验批中抽取规定数量的样品构成一个样本，通过对样本的检验推断这批产品合格或不合格。

③免检。主要是对经国家权威部门产品质量认证合格的产品或信得过的产品在买入时执行免检，接收与否可以以供应方的合格证或检验数据为依据。

（5）按质量特性的数据性质分类

①计量值检验。计量值检验需要测量和记录质量特性的具体数值，取得计量值数据，并根据数据值与标准的对比，判断产品是否合格。

②计数值检验。在工业生产中为了提高生产效率，常采用界限量规（如塞规、卡规等）进行检验。所获得的质量数据为合格品数、不合格品数等计数值数据，而不能取得质量特性的具体数值。

（6）按检验后样品的状况分类

①破坏性检验。指只有将被检验的样品破坏以后才能取得检验结果（如炮弹的爆破能力、金属材料的强度等）。经破坏性检验后被检验的样品完全丧失了原有的使用价值，因此抽样的样本量小，检验的风险大。

②非破坏性检验。指检验过程中产品不受到破坏，产品质量不发生实质性变化的检验。如零件尺寸的测量等大多数检验都属于非破坏性检验。

（7）按检验目的分类

①生产检验。生产检验指生产企业在产品形成的整个生产过程中的各个阶段所进行的检验，目的在于保证生产企业所生产的产品质量。生产检验执行企业自己的生产检验标准。

②验收检验。验收检验是顾客（需方）在验收生产企业（供方）提供的产品时所进行的检验。验收检验的目的是顾客为了保证验收产品的质量。验收检验执行与供方确认后的验收标准。

③监督检验。监督检验指经各级政府主管部门所授权的独立检验机构，按质量监督管理部门制订的计划，从市场抽取商品或直接从生产企业抽取产品所进行的市场抽查监督检验。监督检验的目的是对投入市场的产品质量进行宏观控制。

④验证检验。验证检验指各级政府主管部门所授权的独立检验机构，从企业生产的产品中抽取样品，通过检验验证企业所生产的产品是否符合机构所执行的质量标准要求的检验。如产品质量认证中的型式试验就属于验证检验。

⑤仲裁检验。仲裁检验指当供需双方因产品质量发生争议时，由各级政府主管部门所授权的独立检验机构抽取样品进行检验，提供仲裁机构作为裁决的技术依据。

（8）按供需关系分类

①第一方检验。指生产企业自己对自己所生产的产品进行的检验。第一方检验实际就是企业自行开展的生产检验。

②第二方检验。使用方（顾客、需方）称为第二方。需方对采购的产品或原材料、外购件、外协件及配套产品等所进行的检验称为第二方检验。第二方检验实际就是对于供方开展的检验和验收。

③第三方检验。由各级政府主管部门所授权的独立检验机构称为第三方。第三方检验包括监督检验、验证检验、仲裁检验等。

案例

化妆品质量检验

由于化妆品直接用于人体的眼睛、口腔黏膜及皮肤，事关人体的健康与卫生，因此化妆品在投放市场前的质量检测尤其重要。国家卫生部（现为国家卫生健康委员会）专门设立化妆品安全性评审机构，为保障化妆品的卫生和安全，机构颁布了详细的国家标准化妆品的质量检测指标，其内容包括理化指标、卫生指标及安全性。

（1）理化指标

①化妆品的色彩检测。化妆品的色彩，一般来说，着色可赋予原料颜色，使得产品有特定的色彩效果，给人良好感觉。但是，化妆品的着色需要考虑恰当色调的选定、褪色与变色的因素、色素的检测等因素，其中色调的选定首先应考虑市场的需求，在制作中要通过视感测色、视感比色或仪器测试来选定。

②乳化体性质。乳化体是通过不同组分的油相与水相在乳化剂的作用下经强烈搅拌而形成的混合物质，其中当油相以细小的微粒分散在水中时，形成的是o / w型乳化体；而当水相以细小的微粒分散在油中时，形成的是w / o型乳化体。

通常使用的化妆品，由于乳化体类型的不同，将直接导致化妆品的光泽、流变性、光滑度、展开性等性质的差异。因此，对乳化体性质的测试，是化妆品制作工艺的重要环节。

③产品的pH。产品的pH指各类化妆品的酸碱值，产品的pH应控制在合理的范围。皮肤与毛发用的清洁或护理产品，对其pH的控制应有不同的要求。

a. 皮肤用化妆品。由于皮肤呈弱酸性，为使皮肤表面的皮脂膜不受伤害，通常应有效控制化妆品的pH，常用的皮肤用化妆品的pH应控制在微酸性（≤7）。

b. 头发用化妆品。头发用化妆品的pH跨度相对较大。一般的洗发、护发或烫发产品，其pH可控制在4.0～9.5；若为染发产品，则其染剂的pH可能在8.0～11.0，而氧化剂的pH可能在2.0～5.0。

pH的测试方法有：pH试纸法、标准色管比色法和酸度计法，其中pH试纸法是简单而又普遍使用的方法。

（2）卫生指标

卫生指标通常指对有害物质的检测及对微生物的检测。化妆品中有害物质的检测通常是指对汞、砷、铅及有机甲醇的检测，而微生物则是对菌群种类及其数量的检测。

①有害物质的检测。国家标准《化妆品卫生规范》对化妆品中有害物质做了严格的限量规定。有害物质超过规定限量指标的化妆品被视为违规产品，一律禁止在市场销售。任何一种有害物质的检测都有一定的限量，如微量汞不得超过1mg/kg，铅限量在40mg/kg以内等。

②微生物检测。微生物是化妆品在生产、贮存和使用过程中受污染所致。这些微生物不仅影响化妆品的外观物理指标，更会有损产品的内在质量，使人体健康受到危害。微生物检测应对样品进行预处理，目的是消除防腐剂的作用。同时，对于不同种类的化妆品应采取不同的处理方法。

（3）安全性

安全性检测是化妆品制作的必备工序，安全性检测的目的是防止使用化妆品引起人体皮肤及其附属器官的病变。安全性检测项目有：毒性检测、刺激性检测、过敏性检测及病理突变检测等。

①毒性检测。毒性检测分为急性毒性实验、亚急性毒性实验、慢性毒性实验及光毒性实验等。毒性测试可将微生物、培养细胞、动物以及人体作为研究对象。化妆品毒性检测通常选择作用于局部皮肤黏膜的方法，以判断化妆品的质量是否达标。

②刺激性检测。化妆品的刺激性一般表现在皮肤表面及人体眼睛部位，为保证化妆品使用的舒适与安全，化妆品的刺激性检测是非常重要的检测项目。

a. 皮肤刺激性检测。皮肤刺激性检测是对皮肤受到试验产品作用后产生的一系列皮肤病理现象的试验。皮肤测试方法可采用急性或亚急性等各种方法，对具有明显刺激性的化妆产品应禁止使用。

b. 眼部刺激性检测。眼睛是人体对刺激较敏感的部位，眼部的刺激性测试同样可采用急性检测或亚急性检测等不同方法。一般而言，眼部的刺激性检测应以不致引起眼睛各组织的炎症为原则。

③过敏性检测。过敏反应又称变态反应，是指某些化学物质通过一定途径作用于肌体，使肌体产生特异性免疫反应，当肌体再次接触这一物质时，则出现反应性增高的现象。化妆品对人体的这种过敏性反应属于一种迟发性变态反应，涉及人体的免疫系统。化妆品的过敏性检测也是安全性试验的重要指标。过敏反应分化学过敏和光过敏，其试验可通过动物或人体局部进行，试验一般有诱导期和激发期两个阶段。

④病理突变检测。病理突变是指因长期使用毒理化妆品，致使孕妇胎儿畸形，人体器官结构受损，基因、染色体畸变等严重毒副现象。致使突变的试验方法通常有鼠伤寒沙门氏菌回复突变试验，这是一种基因突变体外型试验，此方法可预测化妆品是否存在致突变因素，是一种较好的预警试验方法。

4.1.2 产品跟踪方法

（1）产品跟踪的定义

产品跟踪又称质量跟踪，是国内外广泛采用的一种质量管理方法。它在市场调查、售后服务、质量改进、新产品研制开发及产品寿命周期质量监控等方面发挥着重要作用。产品跟踪方法是随着工业生产的发展及质量管理的不断提高而逐渐形成和发展起来的。企业从产品交付使用开始，就面向用户和市场，全面、系统地收集和整理产品质量的信息，分析、评价产品的质量水平和存在问题，并及时向有关单位反馈，不断采取改进措施，努力提高产品质量。

（2）产品跟踪单

产品跟踪主要跟踪产品质量，从生产计划下达开始，跟踪外购、外协零部件的质量，自制零部件的质量，内部所有生产过程中产品的质量，最终产品的质量以及交付到客户手中时产品的质量。总的来说，是着眼于产品质量生产流程的跟踪，如表4–1所示。

表4–1 产品跟踪单

产品跟踪单			
产品名称:		产品编号及规格:	
生产人员:			
生产时间:			
质量承诺:			
填表人:		审核批示:	
产品移交:	移交人:	移交时间:	
	接收人:	接收时间:	

注：本表需在产品生产前由负责人认真填写，经主管领导批示后方可移交，如出现质量问题，由负责人及主管领导共同承担。

（3）可追溯流程图

产品可追溯性就是通过记录标识，对某个物项活动的历史情况、应用情况或物项所处的位置进行追溯的能力。图4–1即为可追溯流程图。

可追溯性有三种含义。

①就产品而言包括以下内容：原材料和零部件的来源；产品的生产历史；产品出厂后的分布及位置。

②就校准而言，指测量设备和国家或国际标准，基本物理常数或特性参考物质的关系。

③就信息收集而言，指质量环全过程中产生的统计数据，有时要追溯到对实体的质量要求。

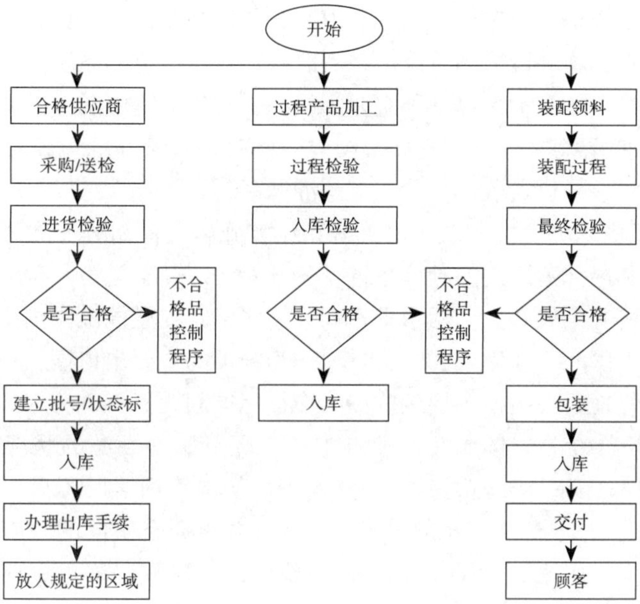

图4–1　可追溯流程图

（4）案例——农产品跟踪追溯

①农产品溯源的内涵。在探讨农产品溯源的含义之前，首先了解一下跟踪和追溯的定义。

跟踪是指从供应链的上游至下游，是以一个或多个标准为基础跟随产品在供应链中运行路径的能力，这一点对于召回对人类健康有威胁的产品很重要。

追溯是指从供应链的下游至上游，是以一个或多个标准为基础鉴别供应链中特定产品的来源与特性的能力。追溯主要用于发现质量问题的缘由、某些产品特性的准确性（有机农业、综合系统等），或检查产品流动的路径。

有效的追溯需要供应链中的每个作业者对其产品进行唯一标识，目的地的位置、产品的进入与输出之间的连接都应记录在数据库中。做这项工作时，每个作业者负责将这些数据准确地传递给供应链的其他伙伴。

②农产品溯源的分类。农产品溯源系统按照不同的标准划分为不同的种类。

a．按照农产品种类划分。按照农产品的具体种类划分，可追溯系统分为：肉制品（包括蛋、奶）可追溯系统、生鲜产品（水果蔬菜）可追溯系统、水产品可追溯系统和谷物粮食产品可追溯系统。

b．按照实施主体划分。根据实施农产品追溯系统的主体划分，追溯系统分为强制性追溯系统和自愿性追溯系统。

强制性追溯系统是政府制定相应的政策法规，强制要求企业的产品必须具备可溯源性，否则不允许上市销售，并强调对违反者将采取惩罚措施。强制性溯源系统把产品的追溯性上升到了法律法规的高度。例如，欧洲国家都在实施强制性牛肉产品溯源系统，我国在一些重点肉类企业也实施肉类的溯源系统。

自愿性可追溯系统是企业考虑到品牌、声誉和长远利益，为了提高产品的档次和赢得消费者信任，自愿建立实施的可追溯系统。在实践中，自愿性追溯系统一般由行业协会或产品供应链上的主导优势企业牵头，以主导企业为核心，与供应链中的上下游企业协同合作，共同开发、建立并维持系统的运行。例如，国内一些有机蔬菜、绿色蔬菜企业，为了提高声誉、树立品牌，建立差异化竞争，自行建立的溯源系统。

c．按照实施规模划分。按照农产品溯源系统实施的规模划分，溯源系统可以分为全国范围内的溯源系统和局部范围内的溯源系统。

欧盟和美国经济基础较好，生活水平较高，这些国家在全国范围内推行牛肉等产品的溯源系统；一些发展中国家，如巴西和阿根廷，作为肉类的主要出口国，只要求在出口领域实施溯源，目的是更好地解决出口中遇到的产品质量标准问题。

d．按照实施环节划分。按照在产业链中各个环节实施溯源的状况，可以分为全产业链溯源和产业链中部分环节实施溯源。一些农产品从源头到居民餐桌，需要经过漫长的周期和众多的环节，这些环节通常分布于多个企业，并隶属于不同的政府部门监管，而且，不同的环节具有各自的属性。因此，在具体实施中，可以在一些重点环节中优先部署溯源系统。

③农产品溯源与供应链。我国的食品及农产品质量安全工作是按照供应链环节的分布，交由不同的部门管理，农产品从种植地、养殖地源头至居民“餐桌”需要经过多个环节，这些环节的管理隶属于不同的政府部门。以猪肉为例，猪饲养环节归农业农村部管理，猪屠宰、上市、消费等后续环节归卫生、市场监管等不同的部门管理。由于众多的部门在实施过程中会考虑自身的切身利益，造成部门之间协调难度大，全流程的农产品溯源体系的建立面临很大困难。

④农产品溯源的实施流程。在农产品追溯系统中，对产品及其属性以及参与方的信息进行有效标识是基础，对相关信息的获取、传输以及管理是成功开展溯源的关键。实施农产品的溯源，要求系统具有“可靠、快速、精确、一致”的特点，有效地建立起农产品安全的“预警机制”。

首先确定农产品供应链全过程中的溯源信息，建立各个环节信息定义、管理、传递和交换的方案，最后对供应链中原料、养殖 / 种植、加工、储藏、运输及销售等各个环节的相关信息进行采集和记录。供应链中所有的参与方需要就彼此之间交换信息的内容、表述和形式达成一致，而且不同参与方的标识必须一一对应，防止标识丢失。

在发现产品质量问题时，这些问题可以在供应链中的不同环节，由消费者、分销商或上游供应商发现，因而要对农产品进行溯源，溯源步骤如下：

a．发现质量问题；

b．传递发现问题的有关信息；

c．确定有关供应商的信息；

d．确定有关的批号，要么在库存中，要么在运输中，要么已经销售出去；

e．确定其他有相同质量问题的批号，并根据预案采取行动。

4.1.3　产品分析方法

(1) 产品分析的方法

在进行产品筛选时，已有多种科学方法可用于产品的分析。例如本量利分析法、指数平滑法、判断分析法等。

①本量利分析法。本量利分析是“成本”“业务量”“利润分析”的简称，如图4–2所示。它被用来研究产品价格、业务量（销售量、服务量或产量）、单位变动成本、固定成本总额、销售产品的品种结构等因素的相互关系，据以做出关于产品结构、产品定价、促销策略以及生产设备利用等决策的一种方法。本量利分析法中最为人们熟悉的形式是盈亏临界分析，或称保本分析。许多人把两者等同起来。确切地说，盈亏临界分析只是全部本量利分析的一部分。显然，盈亏临界分析并非只着眼于找出一个不盈不亏的临界点，或称保本点，它所期望的是获得尽可能好的经营成果。这种分析方法可以用来预测企业的获利能力；预测要达到目标利润应当销售多少产品（或完成多少销售额）；预测变动成本、销售价格等因素的变动对利润的影响等。

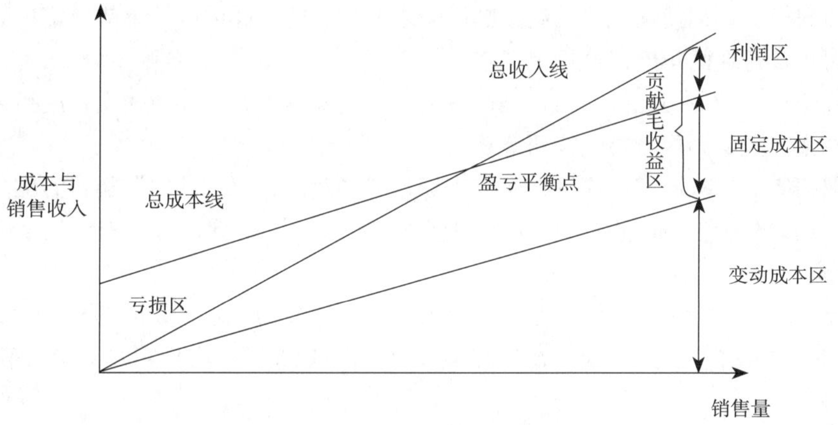

图4–2　本量利分析法

②指数平滑法。指数平滑法实际上是一种特殊的加权移动平均法，具体如图4–3所示。其特点是：第一，指数平滑法进一步加强了处于观察期近期的观察值对预测值的作用，对不同时间的观察值所赋予的权数不等，从而加大了近期观察值的权数，使预测值能够迅速反映市场实际的变化。第二，指数平滑法对于观察值所赋予的权数有伸缩性，可以取不同的值以改变权数的变化速率。

③判断分析法。判断分析法主要适用于熟悉市场未来变化的专家，根据他们的丰富实践经验和综合判断能力，在对预测期销售情况进行综合分析研究以后，所做出的产品销售趋势的判断。参与判断预测的专家，既可以是企业内部人员，如销售部门经理和销售人员，也可以是企业外界的人员，如有关推销商和经济分析专家等。

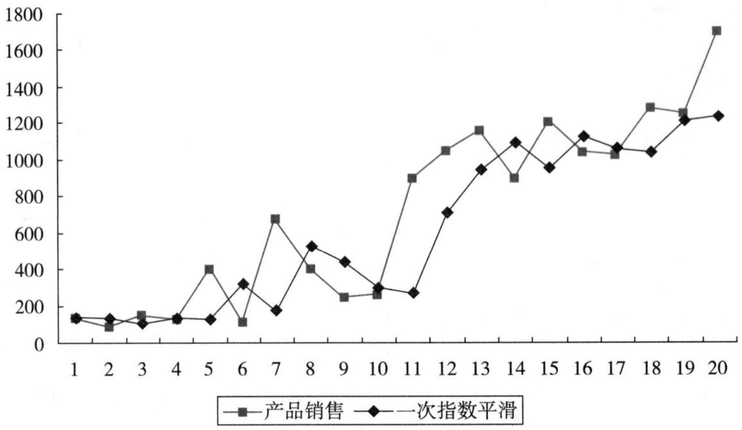

图4-3　指数平滑法

（2）案例——百度指数产品分析

百度官方的定义：百度指数是以百度海量网民行为数据为基础的数据分享平台。在这里，你可以研究关键词搜索趋势、洞察网民需求变化、监测媒体舆情趋势、定位数字消费者特征；还可以从行业的角度，分析市场特点。

针对几个典型的应用场景，结合具体案例，一起探索下究竟如何使用百度指数的趋势研究、需求图谱、人群画像、检索技巧等功能。

①趋势研究。趋势研究可应用在研究市场趋势和竞品，以“沙发”类目为例。

a．市场趋势研究。通过在百度指数中搜索“沙发”关键词，可以查看到该关键词的搜索趋势如图4-4所示。

从趋势图可以看出，沙发的搜索热度大概从2022年8月到2022年12月一直波动下滑，2023年2月到2023年5月保持稳定，在2023年6月左右出现爆发式增长，并从2023年7月开始直

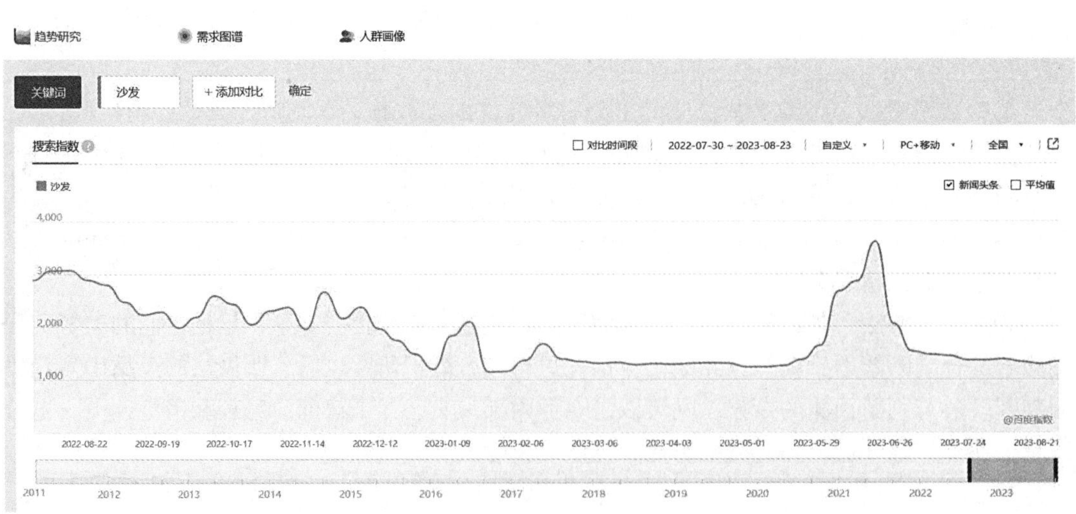

图4-4　“沙发”类目整体趋势

线降低，又趋于平缓。从关键词的热度趋势能大致估计出该行业的热度走势。

b．竞品研究。除了通过行业核心关键词研究行业趋势外，还可以通过竞品关键词研究竞品的趋势及优劣势。以顾家家居为例做竞品分析。在百度指数中搜索关键词“顾家家居”，可得到如图4–5所示趋势。

从图4–5可以看出，“顾家家居”的搜索热度从2022年2月左右开始出现波动，数据没有出现极端的情况，在2023年5月和6月突然出现了两个峰值，随后又直线下降趋于稳定。在看到趋势及峰值之后，可以根据时间线索去寻找出现峰值的原因。

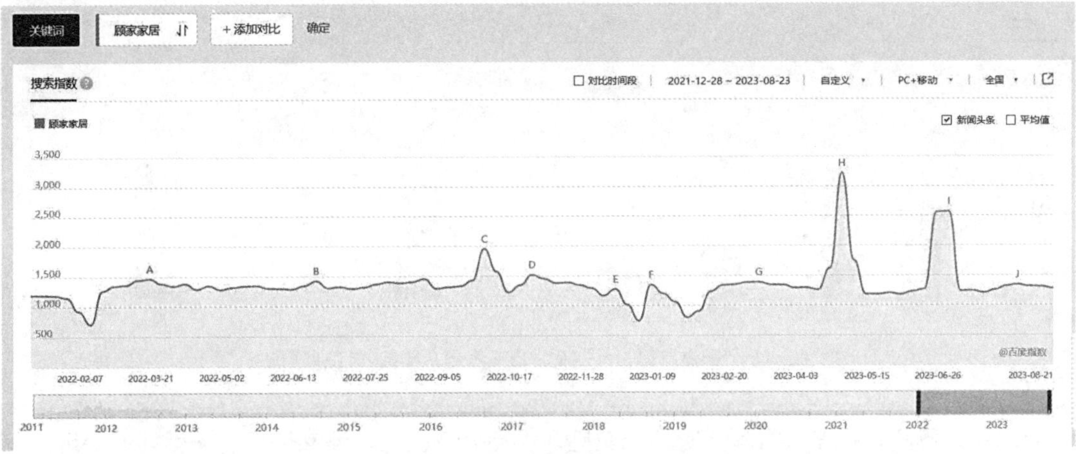

图4–5　“顾家家居”整体趋势

②需求图谱。需求图谱又叫需求分布，提供关键词的相关词及相关程度的信息。

其中，相关词距圆心的距离表示相关词相关性强度；相关词自身大小表示相关词自身搜索指数大小，红色代表搜索指数上升，绿色代表搜索指数下降。相关词可以帮助人们了解围绕关键词用户的聚焦点，以及产品和服务的痛点。如图4–6所示，搜索沙发，通过调整下方的时间轴，可以看到在不同时间段内，沙发的相关词分布情况。

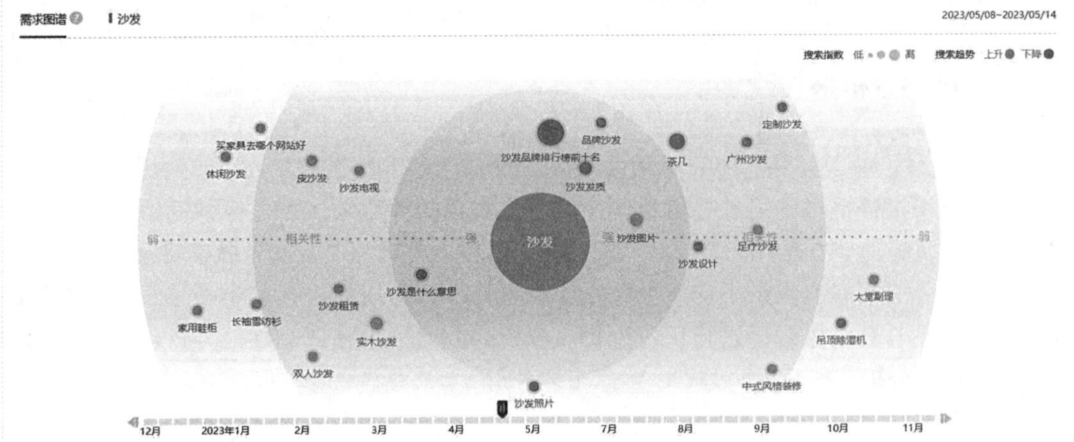

图4–6　“沙发”需求图谱

以2023年5月8日至5月14日期间的相关词分布为例，“沙发”的热门相关词包含：“双人沙发”“实木沙发”“皮沙发”“沙发租赁”“休闲沙发”“足疗沙发”等。

③人群画像。人群画像比较简单，就是体现搜索关键词的用户的基本属性，这些属性包括：年龄、性别等。例如，可以通过同时输入“顾家家居”和“全友家居”两个关键词，将对顾家家居和全友家居的用户进行对比，如图4–7所示，可得出以下结论。

a．顾家家居和全友家居的用户年龄分布基本一致，30～39岁年龄段最多，约占50%。

b．顾家家居和全友家居的用户性别分布基本一致，男性占比约55%，女性占比约45%。

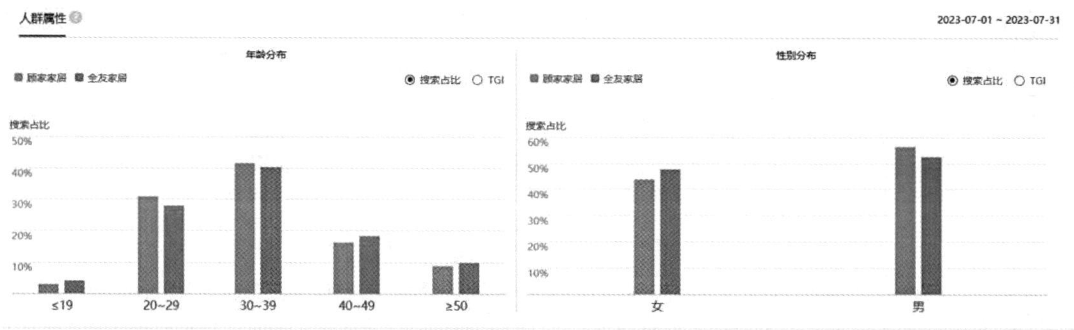

图4–7 “顾家家居”与“全友家居”用户年龄、性别分布

④检索技巧。百度指数除了对单个关键词进行分析之外，还支持多个关键词的分析。

a．比较检索。在多个关键词当中，用逗号将不同的关键词隔开，可以实现关键词数据的比较查询。

b．累加检索。在多个关键词当中，利用加号将不同的关键词相连接，可以实现不同关键词数据相加。相加后的汇总数据可作为一个组合关键词展现出来。

c．组合检索。即可以将“比较检索”和“累加检索”组合使用，例如“顾家+顾家沙发，全友+全友沙发，芝华仕+芝华仕沙发”等。

d．地域检索。每一组关键词，都可以通过地区筛选不同省份的关键词搜索数据，百度指数最多支持5个地区的对比检索。

4.1.4 产品分析报告

（1）什么是产品分析报告

产品分析报告是经济活动分析报告中按分析对象的性质划分的，一种专指对产品的产量、品种、质量三个方面进行分析后写成的文字资料。对这三个方面可做单项分析，也可做产量、质量、成本间的因果平衡关系分析。产品分析报告通常包括基本参数表、技术参数表，并对产品与其竞争对手进行比较分析。分析的方面可包括产品性能分析、产品质量分析、产品价格分析、产品采购分析、产品工艺分析等。

（2）产品分析报告的内容

产量分析的主要内容是计划完成情况、生产进度情况和技术经济指标变动对产量的影响。计划完成情况一般在每月生产完成之后进行统计，其主要依据是产量统计报表。生产进度分析的时间依产品生产的特点而定，可以周为单位分析一次，也可逐月、逐季分析；分析的目的是看产量是否达到了计划进度的要求，或预测要完成的计划，以后每日的产量应该是多少。影响产量的技术经济指标，主要是分析生产的工艺过程和生产耗用的原材料。

品种分析的内容之一是考核产品品种的完成情况。分析的具体方法，可以用完成了计划的品种的产量，除以计划规定生产的品种的产量；也可以用完成了计划的品种的产值，除以计划规定生产的品种的产值。品种分析的内容之二是考核零部件生产的成套性。分析的方法之一是，分别计算出各零部件月产量所能装配的成品数，拿这些数字和计划所需完成的装配成品数比较，就能弄清缺件的产品种类和其欠缺的程度。

质量分析的主要任务是审查产品是否达到了规定的质量标准，以及寻找造成产品质量不合标准的原因。这方面的原因牵涉设计、材料、工艺、成本等多种因素。

产量、质量、成本的因果平衡关系分析。任何企业都希望生产出数量多、质量好、成本低的产品，而事实上，产量、质量和成本在劳力、设备、原材料价格等条件不变的情况下是相互制约的。产量高过一定的限度质量就会降低，质量要求过高成本必然上升。因果平衡关系分析的目的，就是要找出三者之间经济效益最佳的结合点。

4.1.5　产品分析案例鉴赏

（1）产品基本参数

产品基本参数如表4-2所示。

表4-2　产品基本参数

产品名称	XX2.0L 豪华运动版	XX3.0L 旗舰版	XX3.0L 精英版	XX2.0L 世博版
产地属性	国产	国产	国产	国产
级别属性	中型车	中型车	中型车	中型车
款型	2020	2020	2020	2020
排量	2.0L	2.4L	2.4L	2.0L
最高车速	232km/h	205km/h	205km/h	197km/h
0～100加速时间	7.7s	9.8s	9.8s	11.4s
综合参考油耗	9.6L	9L	9L	8.8L
保修政策	两年或6万公里	两年或6万公里	两年或6万公里	两年或6万公里
长/宽/高（mm）	4830/1856/1484	4830/1856/1484	4830/1856/1484	4830/1856/1484
最大功率（kw）	162	125	125	108
其他参数	略	略	略	略

（2）产品质量分析

如表4–2所示，XX是YY轿车的品牌之一。YY轿车在海外被誉为美国车中质量较好的车型。上海YY的零件由世界的各大样板工厂提供，其中国内样板工厂采购占到40%以上，全球资源的优化带来了YY的高质量。YY轿车不仅在国外饱受赞誉，在国内的消费者评价也较高。比如在中国质量协会的调查中，YY轿车在同级车中名列第二，可见其在消费者心中的评价较高，消费者的满意程度也较好。

（3）产品价格分析

XX配置低的产品与同类车型价格比较，价格比竞争对手略低，处于同级车中较低水平。而XX的两款3.0车型豪华配置丰富，在降价后基本和同级车持平，加之性能在同级车平均水平之上，在市场上较具有竞争力。

（4）产品性能分析

XX与同档次车最大的优势就是舒适安静，美国车的悬挂调校的偏软，相对于欧洲车系偏硬的悬挂调校，对乘坐者来说十分舒适。安静是YY品牌一贯的追求，在美国，YY一直强调的目标是要带来同级车中最安静的车厢。在我国，YY的安静也成为YY区别于其他车型的最大特征。

XX采用的发动机是同价位车中的配备优势，其大排量及低转速高扭矩的特性令XX车可以快速起步、加速超车游刃有余，行驶起来高速平稳顺畅，其独有的60度稳定结构，运行缓冲空间大，令发动机振动噪声低，造就了这款车完美的静音效果。由于产品注重安静舒适，大量采用隔音材料，造成车身重量大（2吨），加之V6发动机独有的平顺，使其在0～100km加速的前期油门的响应相对迟钝，所以其加速性能还不能令消费者满意。

（5）产品外观和命名分析

XX具有与YY品牌一脉相承的豪华、气派、尊贵、高雅的外观，对目标消费者极具吸引力。而名字“XX”也是近年来轿车中文命名中少有的好名字，彰显出东方意境与深厚的中国文化内涵。

（6）其他方面分析

在零部件采购及供应链方面，XX在实施本土化的同时积极推动国内零部件行业的全球化进程，产品的零部件完全由厂家在全球的样板工厂采购，国产化率达到40%以上，零件的高标准严选保证了优质。在设计生产时，特别对车子进行了本土化调整，根据中国路况和油品特质进行了充分的本土化改进，例如行驶够16万km就可免费更换铂金火花塞、高密度新型凸轮轴，使车子更加可靠耐用。

4.2 选品策划

4.2.1　产品评估方案

（1）流程规划

①产品市场信息搜集与调研。根据市场动态、政策方向、客户需求，明确选品目标，通过各种渠道寻找潜力大、品质佳、效果好、易起量的健康或科技类产品。

②产品确认。将调研信息了解清楚后组织市场部、研发部会议讨论，对该产品的要求作出分析，例如可操作性、可上市性是否符合现实情况需求；会议确认后由市场部选择样品报至采购部购入。

③产品体验。产品购回后组织相关人员体验试用，感受产品品质和效果，并记录在研发部产品体验表中。体验表包括：体验人员（需签名）；体验次数和时间（按产品使用时间体验，不少于三次）；体验过程（体验过程中需充分使用产品功能，感受过程）；体验后的总结建议；根据体验总结评判样品品质、功效、市场接受度并进行上报。

④确认贴牌厂家沟通详情。确认样品后相关负责人寻找该产品生产厂商；首先网络初步验证厂商是否正规及确认其大致规模，沟通确认厂商资质与产品相关资质；确认厂商、产品规模和资质后，沟通了解合作细节，包括：贴牌数量分级、价格；市场控价（是否有负责市场价格管控、活动审批等人员）；供货周期；物流费用；售后问题处理，并将相关沟通信息进行上报，讨论批准后相关负责人需到贴牌厂商生产地址做会面拜访；经公司批准确定贴牌项目成立后，将合同发至生产厂商进行合同商议确认，原则上按照合同范本执行，如需修改，需严格审核，双方确认签订合同，盖章执行。

⑤质量监督。生产方严格按法律法规和合同标准进行生产；双方共同完成质量体系完善建设；来货需进行抽检，不合格率不得高于一定比例。

（2）指标设置

①指标的分类。

a．商品总数指标。

SPU（Standard Product Unit）：标准化产品单元。它是商品信息聚合的最小单位，是一组可复用、易检索的标准化信息的集合，该集合描述了一个产品的特性。通俗点讲，属性值、特性相同的商品就可以称为一个SPU。

b．订单类指标。

下单用户数：支付订单的用户数（对用户去重），结合门店、供应商等数据进行风控监测，比如某个商品由平台补贴搞活动，门店、供应商、用户串联起来套取补贴费用等。

总订单数：产生的总订单数量（一个订单会有多个子订单）。

子订单数：子订单数量。

销量：商品销售份数。

GMV：商品产生的订单总金额。

复购率：某个用户购买；这个商品后N天再次购买这个商品的比率（可以看出商品的用户黏性）。

店铺数：商品覆盖的店铺数，根据这个数据可以针对商品在某个店铺开展主打活动，在社区运营中可以看出门店是否存在套取商品进行转售的风险等。

供应商数：商品覆盖的供应商数。

c．流量类指标。

曝光数：在页面中展现给用户的次数。

点击数：点击商品的次数。

加购数：加入购物车次数。

分享数：分享商品的次数。

评论数：对商品进行评价次数。

d．转换率指标。

CTR：点击通过率（Click Through Rate）= 点击数/曝光数。

CVR：点击到下单成交转换率（Conversion Rate）= 订单数/点击数。

e．售后类指标。

售后数：产生售后的数量，结合订单数得出售后率，可以推断出商品质量的好坏，通过门店、供应商等维度分析，分析商品质量是否和门店、供应商有关（门店的服务态度、选择的物流等）等问题。

售后金额：产生售后的金额，结合GMV等指标算出收益。

售后门店数：产生售后的门店数，分析门店质量。

售后供应商数：产生售后的供应商数，分析供应商质量。

②设置指标的原则。

a．具体性。具体性是指要用具体的语言清楚地表明要达到的指标，营销目标要切中特定的指标，不能笼统、不清晰。

b．可衡量性。可衡量性是指指标应该是数量化的或行为化的，应该有一组明确的数据作为衡量目标是否达到的标准。

c．可实现性。可实现性是指指标要客观，是通过努力能完成的。

d．相关性。相关性是指相关指标要与企业/品牌商设定的其他营销目标是相关的。

e．时限性。时限性是指目标的达成要有时间限制，这样的目标才有督促作用，避免目标的实现被拖延。

（3）节点控制

①年度计划控制。所谓年度计划控制，是指企业在本年度内采取控制步骤，检查实际绩效与计划之间是否有偏差，并采取改正措施，以确保产品营销计划的完成。

②盈利能力控制。公司必须衡量其不同的产品、地区、顾客群、销售渠道的盈利率。这

方面的信息将帮助管理当局决定哪些产品或者营销活动应该扩大、收缩或取消。

③效率控制。假设盈利能力分析揭示了公司在若干产品、地区或者市场方面的盈利情况不妙，那么效率控制要解决的问题就是，是否存在更有效的方法来管理销售队伍、广告、促销和分销活动。效率控制的内容主要有以下几个方面。

a．产品经理的工作效率。

b．销售队伍效率。

c．广告效率。

d．促销效率。

e．分销效率。

④战略控制。战略控制是指对整体营销效果进行全面评价，以确保企业目标、政策、战略和计划与动态变化的市场营销环境相适应，促进企业协调稳定发展。

（4）管理执行

在方案选定以后，管理者就要制定实施方案的具体措施和步骤，做好以下工作。

①制定相应的具体措施，保证方案的正确实施。

②确保与方案有关的各种指令能被所有有关人员充分接受和彻底了解。

③应用目标管理方法把决策目标层层分解，落实到每一个执行单位和个人。

④建立重要的工作报告制度，以便及时了解方案进展情况，及时进行调整。

4.2.2　产品评估报告

一款产品投入市场之前都需要经过所谓的“商业评估”，特别是之前没有任何竞品进行过市场验证和用户习惯培养，因此，产品评估报告往往是最佳呈现方式，产品评估报告内容如表4–3所示。

表4–3　产品评估报告

（1）基本信息			
产品名称		产品编号	
生产数量		生产时间	
评估数量		评估时间	
产品序列号			
评估标准		评估单位	
（2）测试结果			
序号	测试项目	测试结果	问题点
1			
2			

续表

（3）未评估试验项目			
序号	测试项目	未评估原因	备注
1			
2			
（4）品保意见			
（5）综合评估意见			
开发部		模具部	生产部
签名：		签名：	签名：

第 5 章

直播营销

知识目标

1. 熟悉直播间搭建方法、品牌定位相关要素及直播流程操作步骤
2. 掌握直播电商的效果评估指标与评判标准以及直播电商的复盘改进方法

技能目标

1. 运用直播间搭建技巧，搭建出适合自身产品及主播 IP 的直播间
2. 通过品牌定位六要素及品牌个性塑造六原则，塑造自身的品牌
3. 通过直播规划的相关学习，学会对直播电商进行复盘，对直播效果进行评估和改进

职业素养

1. 拥有坚守承诺、严控质量、信誉为本的职业道德
2. 具备坚持原则、顾全大局、诚实守信的职业精神

5.1 营销策划

5.1.1 直播间搭建技巧

（1）场地选择

直播间场景依据直播类型的不同，在搭建方式上有很多的不同。目前主要分为三个模式："个人IP+直播带货"模式、供应链基地模式和产地直播模式。

①"个人IP+直播带货"的模式，是指不以产品为核心，而是以个人IP为核心所进行的带货模式，消费者是先相信主播，再相信主播推荐的产品。

②供应链基地模式，是由产品供应链构建直播基地，主播去基地开直播。这种模式基于当地的优势资源构建直播基地，吸引全国各地的知名主播到基地开直播，好处是在现有的产业基地基础上架设直播销售渠道，是对原有资源的有效利用。

③产地直播模式，是主播到产品的原产地进行直播，例如在田间进行助农的农产品直播带货，或者是在生产厂区内进行生产实况直播带货，都属于这一类直播模式。再比如很多海边的村民，直播自己出海捕鱼的过程，然后在直播间销售海鲜，也属于产地直播模式。这种模式的优势是能够展现产品的"正宗"，强化原产地的卖点，让消费者更加信任。

不同的直播间因场地条件、参与人群的不同，需要按照实际情况，进行直播间的搭建。

（2）视觉技巧

随着直播规模的不断提升，直播间对于拍摄的要求也不断提高。高规格的直播活动，需要更好的图像采集以及视觉技巧的设定。目前来看，高品质带货直播间通常都会采用多机位直播模式。

①站位对角线。对角线构图在摄影摄像等艺术创作中使用非常广泛，在直播中，利用对角线进行空间造型，可以收到非常明显的效果。主播站在房间的对角线上，正对镜头，可以使画面获得很好的纵深效果与立体效果。主播身后环境线条出现一定程度的呼应性，还可以吸引人的视线，让画面看起来更加有动感、有活力，达到突出主体的效果。

②多机位拍摄需明确思路，在视频采集过程中，确定几路信号接入。所以，在直播活动中，只要活动策划与落地执行的思路清晰，明确每路视频源的视觉呈现与目的，一般三路信号可以满足需求。

③活动拍摄的器材选择。建议在活动拍摄过程中，为了保证画面的统一性，最好采用同一型号摄像机接入；单反相机的拍摄时长不能超过30分钟，长时间拍摄会造成单反相机感光元件不可逆的损伤。视频采集过程中，如果需要手机、小型摄像头所拍摄的视频，可利用云

端无线接入直播编码器。

④音频源的选择与切换。音频随视频同步切换或者另外接入音频信号源的功能，相对来说，比较容易实现，只要具有导播功能的直播编码器都可以实现。但如果是说两路音频同时播放的话，对于听者来说，会造成声音杂乱、音频信息不清晰的状况。

⑤视频源的选择。与不同镜头、直播画面切换，实质上就是导播台的功能。目前，智能直播硬件已经可以实现2～3路视频源信号的无缝切换，并支持高清画质720i、720p、1080p、1080i的全画幅直播①。如果想实现画中画效果，点击相应画面可实现大小画面切换。

⑥云端直播视频剪辑。对活动直播来说，如果有后台可操作，即可实现实时视频剪辑与功能添加，会让枯燥无味的直播变得更加富有趣味性。所以除了智能直播硬件以外，拥有直播实时剪辑的“中控台”也非常重要。

⑦便携式智能导播台信息技术的革新，实现了直播视频的无线传输。“智能直播硬件+云平台”的方式，解决了视频源编码、网络传输等方面存在的问题。目前市面上已有云犀BOX Pro、云犀BOX 2.0两款产品，相当于电视台的微型导播台即智能直播编码器，已经实现了采集、导播、监视、监听、编码、推流、直播等功能。

（3）硬件设施

随着直播活动规格的不断提升，直播对于硬件的要求也不断增高，不再满足于一部手机，一部光源便可以完成直播过程的现状。通常会采用例如高端摄像设备、补光灯/环形灯/柔光球、专业麦克风/外置声卡/移动收音设备/监听耳机、导播设备/移动背景幕布、提词器/提词屏等高规格设备。

在选择硬件设施时，一定要明确：①选设备一定要明确自己的需求；②追求性价比，更要追求实用价值；③选主流产品，选知名品牌。

（4）画面陈列

直播间的画面陈列和布置不能太乱，杂乱的直播间只会影响观众的观看体验，所以直播间在装修陈列时，要布置得简洁大方，在屏幕上显示出来的画面看着要不拥挤、不杂乱，才能吸引观众的目光，将观众留在直播间。

直播间的陈列可以分为两大类，分别是货架陈列和单品陈列。

①货架陈列。所谓货架陈列，顾名思义是指用来放置货品的陈列架、陈列柜、衣架以及衣柜等，不同类型的直播间可以进行不同的陈列布置。

以美妆类的直播间为例，其实美妆类的直播间也可以有货架陈列柜。如图5-1所示，该主播就是将自己的口红按品牌分类摆放在陈列柜上，非常整齐。

像箱包类的直播间也可以布置陈列柜，将各种包整齐摆列，使画面更加美观，这样也更方便观众看包，如图5-2所示。

---

① p：progressive，意思是逐行扫描，帧编码；i：interlace，意思是隔行扫描，场编码，两者是视频编码里的编码方式，分辨率一样。

②单品陈列。一个直播间虽然不大，但也能从中看出主播的品位和爱好，直播间的风格需要通过一些不同样式的装饰单品来体现。

（5）场控把控

场控的主要工作为：调节气氛、陪伴粉丝、秩序维护、辅助直播复盘等，详细说明如下。

①调节气氛。主播直播间的氛围直接影响粉丝的观看情绪，也会影响主播的推荐效果，优质的直播间粉丝互动气氛浓厚，在直播间停留时间长、留存率高，直播间的人气就会越来越高，从而发展得越好。

图5–1　美妆陈列

图5–2　包包陈列

②粉丝陪伴。在主播直播过程中，需要在气氛调节中突出粉丝存在，与粉丝互动。对于高质量的优质粉丝团，需要做到进场欢迎、离场欢送，提醒主播，及时互动，并且适时地给主播送一些热场礼物。切记场控在过程中一定不要风头盖过粉丝，不要让粉丝互动话题落地也不要抢话题，要衬托粉丝，弱化自己的存在感，包括弱化自己在房间的存在感以及榜单的存在感，不做激化粉丝矛盾的且不符合场控目标的事。

③秩序维持。由于直播间言论自由，粉丝可以任意发言，所以常常会遇到在高人气直播间打商业广告、挖人、带节奏等影响直播间氛围的事情发生。及时清理乱打广告、辱骂粉丝、主播、随意发布不符合社会主义核心价值观的言论的粉丝。

④辅助直播复盘。场控在主播直播过程中的协助与记录有利于后续直播复盘，有利于对直播中存在的问题及时改进，优化直播流程，丰富直播内容。

⑤注意事项。场控在直播间工作的时候也是以粉丝的身份在管理，所以有时会出现迷失方向的现象，会忘记自己的场控身份，失去管理意识，造成严重后果。对此要记住以下几点。

a．切忌盲目带队，盲目跟风，忘记辅助管理身份，盖过粉丝风头。

b．对主播负责，场控在直播间就是主播代表，场控的不当言语会直接影响主播的人气损失，给主播带来巨大影响。

c．场控需要对公司负责，要在合理的预算范围内给主播做到最大的宣传，不成熟的宣传方案会给公司带来巨大损失。

（6）氛围调动

直播时，主播不能只是按照准备好的语言技巧自顾自地介绍商品，还需要根据直播间的实际情况，引导用户积极互动，以提升直播间的互动氛围。在任何一个环节，热烈的氛围可以感染用户，吸引更多的用户进入直播间观看直播，吸引更多用户在直播间参与互动，甚至产生购买行为。

直播间氛围调动的方法主要包括派发红包和送福利。

①派发红包。主播在直播间派发红包，可以让用户看到具体的、可见的利益，是聚集人气、激发互动气氛的有效方式。

②送福利。送福利也是主播在直播间常用的互动技巧。送福利的首要目标是让用户在直播间停留，激起直播间的互动氛围；其次才是吸引用户关注直播间并产生购买行为。

为了实现这两个目标，送福利的设计要遵循以下两个原则：首先，作为福利的奖品应该选择主播推荐过的商品，可以是新品，也可以是前期的爆品，这样奖品对用户才有吸引力。其次，整个送福利的过程要分散进行，主播不能集中送完福利。主播可以设置多个福利奖项，每到达一个直播节点，如进入直播间的人数、点赞人数或弹幕数达到多少，就送出一个福利奖项。这样，主播就可以多次利用送福利的方式不断地激发用户的参与兴趣，从而尽可能保证整场直播的活跃。

（7）短板补充

①主播的短板。主播想提供优质的内容给观众，增强客户黏性，但是观众选择性很多，往往缺乏耐心，对于同质性的内容容易产生审美疲劳，且转移成本低，难以留住。这就需要增强主播实力、提升内容质量，而这两方面的需求将促进主播衍生产业的形成。

②内容的短板。优质的内容是需要进一步传播的，因此需要保存，而目前的直播往往是一次性的，并且由于大众的参与，视频画面因弹幕等文字而使得观赏效果打了折扣，这就需要专业人员来解决这一难题。

③供应链的短板。直播带货，有价值的是“货”本身。直播带货虚假宣传、产品质量无法保障、退换货难等问题已经成为制约行业发展的首要因素。相对于直播的名人网红，消费者更看重的是“货”的质量好坏，过去是“人带货”，而现在更多是“货带人”。想要在处于红海竞争状态的直播中生存，必须补充商品供应链的短板。

④硬件的短板。直播场景混乱、画质不清晰、画面卡顿、音质嘈杂等问题，看似无关紧要，实则对于网络营销来讲是非常影响观众的观看及购买体验的。因此，硬件设备上存在的短板不容忽视。

（8）促单技巧

①引导购物。引导购物，是促单中基础的方式之一，主要就是利用商品来引导用户互动，引导用户对商品产生兴趣，同时通过一些行动指向性语言，例如“先领券，再下单”“记得填好地址”，去引导用户跟随主播节奏，最终产生购买行为。

②场景联想。场景联想主要是利用用户购买商品下单前的犹豫心理，帮助不同用户群体想象商品的使用场景，进而突出商品在生活中的必要性，例如“强烈建议有10岁以下孩子的宝妈购买这款包包，因为它的收纳功能非常强大，而且非常轻便，奶瓶、纸巾、零食等都可以装进来，带宝宝出门再也不用发愁东西太多，肩扛手拿好几个包了”。有了这样的一段场景描述，宝妈们立刻就会直观地感受到这款包所带来的便利，用户也会毫不犹豫下单了。

③营造紧迫感。不断提醒用户即时销量，营造出商品畅销的局面。例如“今天限量1000套，1分钟后上架，大家做好准备”，并通过倒计时制造紧迫感。或者在商品上架后实时播报销量和剩余库存，例如“今天一共1000套，现在还剩50套”，让观看直播的用户认为，现在不买可能就再也买不到这么便宜的了，现在不买就没有机会了，从而快速下单。

④活动支持。直播电商性价比是一项绝对优势，在直播促单中通过强调活动和优惠的力

度，以及活动时效性来促进用户下单，也是较常见的促单方式。例如“本次活动的折扣非常大，可以说是全网最低价，而且活动仅此一天，明天一律恢复原价，所以家人们一定要把握机会”。

⑤从众心理。从众心理是大多数人普遍存在的心理状况，当对某件商品或某个选择犹豫不决时，便会选择看看其他人的决定，从而跟随大多数人的选择。优秀的主播在直播过程中往往会充分利用用户的从众心理，通过告知大家“已经有多少人下单了，这么多人都选择这款产品肯定不会错”“已经下单的请敲‘已下单’”等方式，给还未下单的用户造成一种“大多数人都买了，我也应该买来试试”的想法。

5.1.2 品牌塑造方法

（1）品牌定位六要素

不同的消费者对于品牌的需求不同，而企业要做的就是做好品牌定位，给消费者提供选择的理由，因此品牌定位需考虑以下六个要素。

①目标消费者。定位目标消费者就是找出对目标品牌有共同需求的潜在消费者。传统的对于目标消费者的界定方式更加趋向于对大量不确定目标群体的特征描述，比如年龄、收入等。但是对于这些特征而言，它并不能帮助大家确认品牌的更可能潜在消费者，也不能帮助创造一种有针对性的品牌特征。

②调研分析品牌环境。审视品牌环境的目的是使品牌定位与企业资源相协调。首先，在产品上，受品牌产品有用性等因素的限制，品牌定位应有所区别。有的产品适用范围大，可以以品牌的不同定位满足不同消费者的不同需求。另外，在竞争优势上，品牌定位的成功与否并不一定取决于企业的综合实力，而在于谁能将自己的优势有效融合到品牌定位的过程中，从而塑造出个性化的品牌。

③品牌差异化优势。创造品牌差异是企业品牌策划的一个非常重要的环节，其目的是寻求差异点，提炼个性。应该注意，从竞争角度分析竞争者的定位信息，是为了赢得与竞争产品的比较优势，而这种比较优势是针对同一顾客群的，所以，只有目标市场与本企业相同或相似的竞争者定位信息才对本企业有价值。

④消费者需求。消费者需求是品牌定位的核心，在定位消费者的需求时，企业的品牌策划人要遵循以下三个原则。

a. 跟上消费多变的需求：需求并不是一成不变的，而是随时间以及地域会出现不同的需求。

b. 功能需求与精神需求的结合：为了构建更吸引人和更具有竞争力的品牌定位，必须把消费者的功能需求和心理需求相结合起来，功能上满足消费者，精神上也让消费者感受到愉悦。

c. 确定各种需求的重要顺序：确定各种需求的重要顺序，其主要的一个原因是区别目标品牌以及竞争品牌，满足不同消费者人群，用以放大对品牌更有利的、目标用户更需要的那部分需求。

⑤凝练品牌定位理念。品牌定位理念是品牌定位的灵魂，它是企业通过品牌定位活动力

图传达给消费者的一种概念。

⑥品牌利益价值。品牌利益是品牌能提供给消费者的利益，消费者之所以会选择该品牌，是因为功能利益能让消费者获得独特的效用。精神利益则是来源于品牌精神因素使消费者获得的满足。

（2）品牌个性六形态

①仪式型。把品牌和某种特殊场合相联系，使该品牌成为一种经验。比如香槟酒总是和衣香丽影、觥筹交错的宴会相联系，使人们形成一种心理惯性，即在宴会或欢庆节日时总会想到香槟酒。

②标志型。以打形象为主的品牌，其标志为通常有某种附加值。许多名牌价格昂贵，但仍买者如云，就是因为该品牌在宣传时突出了某种象征意义。比如某些时装、化妆品，其意义不在于产品本身有多么好，而在于这些品牌表明了使用者的地位、身份。

③优良继承型。以某种特性为第一诉求的品牌，往往将自己定位成这种产品的先驱。如家乐氏即意味着为你的清晨带来“阳光”的专家。

④傲气逼人型。突出其与众不同的感觉。如：“血腥的玛丽”（一种饮料名），“毒药”（一种香水名）。

⑤归属感。让消费者感觉他处在自己向往的群体中，例如，李宁运动鞋（运动活力、成功的象征）。

⑥传奇型。有着真正的历史渊源，而且几乎成为传奇的品牌，例如全聚德（百年历史的北京烤鸭），狗不理（天津包子）等。

（3）多产品利益点处理

①单一的品牌主张。以单一品牌主张涵盖多个利益点。例如：治多重感冒症状（鼻塞、流鼻涕、咳嗽、头痛、发烧）的某品牌使人们可以一夜安眠。

②扩张竞争范畴。巧妙运用两种或两种以上的产品利益点，让消费者觉得多效合一的好处。例如：这款敷伤口的药膏，杀菌又不痛。

（4）沟通利益点的考量

①利益点层次推演。

产品利益：产品可以做到什么？

消费者利益：因为产品的作用或功能而带给消费者的实质好处。

感性利益：使用该品牌产品带给消费者的感觉或信仰。

自我表征的利益：使用该品牌产品让消费者认为自己属于某类型的人，或让别人认为自己是属于某类型的人。

②利益点层次推演示例，以锁产品为例。

产品利益：经得起各种破坏。

消费者利益：保护消费者的财产安全。

感性利益点：让消费者心里踏实，感觉有保障。

自我表征的利益点：在治安不好的地区里，自己是有能力、有决心保护自己家园的人。

③选择沟通利益的考量，考量时需注意以下几点。

从设定的竞争范畴下手。

当产品有真正的特点或优势时，从基层的产品利益下手。

当竞争品牌赶上时，和往上一层的消费者利益或感性利益进行沟通。

要时时和竞争品牌保持高一层的利益沟通。

（5）科学设置竞争范畴

设置竞争范畴应考虑以下几个因素。

①内部一致性。

a．对照企业目标之间的关系，它们能否全部实现？

b．主要运营政策是否体现了企业的目标？

c．主要运营政策能否相互促进？

②环境匹配度。

a．企业的目标和政策是否利用了行业的机会？

b．企业的目标和政策能否使其利用现有的资源应对行业威胁（包括应对竞争的风险）？

c．企业的目标和政策实施是否符合时机和环境，企业能经受住这些行动吗？

d．企业的目标和政策能否回应整个社会的需要？

③资源匹配度。

a．与竞争对手相比，企业的目标和政策与现有的资源是否匹配？

b．企业的目标和政策是否符合时机，能反映组织变化的能力吗？

④沟通和执行。

a．企业的关键执行者是否理解企业目标？

b．企业的目标和政策是否与企业关键领导者的价值观一致，从而保证其全情投入？

c．企业的管理能力能否得到有效的发挥？

（6）放眼目标消费者

目标消费者是指企业在制定产品销售策略时，所选定的消费群体构成，以目标消费者的着装需求为例。

①消费者时装消费需求调查。消费者着装需求受许多因素的影响与制约，一方面是外部环境的影响，如政治、经济、文化、科学技术等宏观因素的影响；另一方面也受个人因素的制约，如人生观、生活方式、消费态度、价值取向、时尚意识等。这些因素直接或间接影响着人们的着装需求。

不同年代、不同时期的人们对着装有着不同的追求，而且消费者的着装需求可谓千变万化、变幻莫测，但万变不离其宗，即所有的消费者都试图通过着装来使自己更美、更富有独特的魅力，这是一个永恒的主题。

②消费者着装需求的分析。通过调查收集了大量相关信息，这些信息是进行消费者着装需求分析的重要依据。在分析过程中，要从消费者生活需求和时尚需求两个侧面进行研究。

生活需求分析。生活需求是着装的硬件需求，是由构成人们“生活”的硬件所决定的，包括消费者的年龄时期、生活空间、生活方式、着装场合、季节变化5个方面，即着装必须符合消费者年龄、生活环境、生活习惯，符合其着装的场景要求以及季节的变化。

时尚需求分析。生活需求强调了功能性，时尚需求则指在符合着装生活需求的条件下，追求和表现自己的个性，展示个性美的着装需求，是美的需求范畴。消费者都试图在满足生活需求的前提条件下，通过着装打扮塑造出不同风格形象，展示不同风格的美。每个人对着装美的认知、流行的采纳、着装的风格的体现、品位等都各不相同，因此，服装风格、服装感性心理、服装品位及审美和服装流行变化等构成了时尚需求分析的核心要素。

③目标消费者的着装需求预测。时代的变迁、社会的进步、经济的发展，使人类的着装理念也随之发生根本变化，更加强调舒适性、功能性、审美性于一体，并且现代人在追求自我人生价值、突出个性表现等意识方面表现得极为突出与强烈，服装作为精神文化语言的载体，表现出了个性化与多元化的特征。商家对消费者着装需求预测的落脚点是一个消费群体，而不是某个人，所以这种预测成为一种前所未有的挑战。为更好、更准确地获取多元化着装需求的信息，商家必须采取捕捉多样化美的方式，从生活需求与时尚需求多角度综合分析，把产品和服务准确定位于一个顾客群体。消费者定位首先从顾客的基本类型进行划分，对选定的顾客群体进行分析，了解他们的生活方式、消费习惯、身份地位、生活空间等生活需求，根据分析推断顾客群体的审美观念、消费动机、品牌意识、流行敏感度等时尚需求，最后根据顾客的品牌观念、生活方式、文化品位、个性风格、价值取向、消费动机等共性特征，最终确定目标顾客群体的着装需求。

准确的目标定位和着装需求预测，将成为商家赢得商机的法宝。

5.2 直播规划

5.2.1 确定直播主题

做好直播营销的第一步，就是选好直播的主题。一个引人注目的完美主题是广泛传播的直播不可或缺的一部分，因此，如何确立直播主题、吸引用户观看直播是直播营销中的关键步骤。俗话说，“好的开头是成功的一半”，选好直播的主题也是如此。

（1）注意直播目的

首先，企业要明确直播的目的，是单纯营销还是提升知名度。因此，如果企业只是想要提高销售量，就将直播主题指向卖货的方向，吸引用户尽快购买；如果企业的目的是通过直播提升企业知名度和品牌影响力，那么直播的主题就要策划得宽泛一些，重要的是要具有深远的意义。

（2）用户角度切入

在服务行业有一句经典的话叫作“每一位顾客都是上帝”，在直播行业中的用户同样也是上帝，因为他们决定了直播的火热与否。没有人气的直播是无法经营并维持下去的。因此，直播主题的策划应以用户为主。

现在关于潮流和美妆的直播比较受欢迎，因为直播的受众大多是年轻群体，对于时尚有自己独特的追求，比如“清新夏日”“甜美时尚减龄”“微胖女孩儿的搭配小技巧”等主题都是用户所喜爱的。而关于美妆的直播，更是受到广大女性用户的热烈追捧。

除此之外，各种新鲜热点，猎奇心理等主题也能激发用户的兴趣，企业需要从身边的事情挖掘，同时多关注那些成功的直播是怎么做的，才能策划出一个完美的主题。

当然，用户自己投票选择主题也是体现从用户角度介入的一个点。一般模式的直播都是主播决定主题，然后直接把内容呈现给用户。如果迎合用户的喜好的话，企业就要准备好打一场无准备之仗，按照用户的意愿来直播，主播要随机应变，积极调动用户的参与热情。投票的另一种方法就是直播之前投票，比如，企业可以在微信公众号、微博等社交软件发起投票活动，让用户选择自己喜爱的主题。

（3）抓住时代热点

在互联网发展得无比迅速的时代，热点就代表了流量，因此，及时抓住时代热点是做营销的不二选择。在这一点上，企业要做的就是抢占先机，迅速出击。

如果一个服装设计师想要设计出一款引领潮流的服装，那他就要有洞察时尚热点的敏锐眼光。确立直播主题也是如此，一定要时刻注意市场趋势的变化，特别是社会热点所在。

5.2.2 直播目标设定与检验

直播目标不仅要预先设定，而且要具体、可量化计算，这样复盘的时候才能进行数据对比，从数据中发现问题所在。那些空泛的概念目标既不利于复盘，也不利于考核。

（1）量化目标

设定直播的目标是一件挺不容易的事情，可通过数据分析情况，结合自己的需求预期，来设定初始的目标。

第三方数据工具很多，比如蝉妈妈、知瓜数据、飞瓜数据等，可以找到一些网红、达人、商品的排行榜，与自己相关行业的带货数据等。通过分析数据来为企业设定目标提供参考。目标的设定可以是每天的涨粉数、商品点击数、订单数等，把这些可以量化的数据归总在一起，加上预期的数据，即可生成本场直播的预定目标。

（2）数据分析

数据分析是重点，因为所有结果都有数据呈现，并通过一段时间的积累，在各方面的数据量都可以看出变化，然后再进行数据分析。分析的点主要是数据的波动，以及某些可能影响数据的操作。

（3）问题改进

根据数据的分析报告，可以明显判断直播存在的问题，可能各个细节都会存在问题，找出问题之后，对问题进行再分类。如设定几个重点问题分类，像流量问题、转化问题、留存问题等，然后再有针对性地解决。

（4）复盘记录

复盘记录是做最后的总结，直播就是“人、货、场”，那么每场直播的复盘记录，总结出来的还是这3方面的事情。把上述所提到的团队复盘数据、商品复盘数据、直播间复盘数据进行记录，然后将预期目标与达成目标进行对比，最后是问题分类与解决方法，将这些在一张表格上进行详细的记录。

5.2.3　直播流程操作步骤

建立直播销售标准作业流程，主要分为三个阶段，即直播前、直播中和直播后。

（1）直播前

①直播策划。包括直播主题设计、直播流量拆解和营销手段设计。

②选品。确定月度直播排期；选品与促销沟通；最终价格确定。

③直播脚本。直播带货流程制定；产品卖点/优惠措施/口播脚本制定。

④直播预热推广。该环节主要针对直播前期的营销准备及铺垫工作，无论是开放平台或者私域流量平台，均需在开播前，对已有的用户群体进行信息推送。

⑤直播间物料准备。包括灯光设备、视频采集、商品陈列等。

⑥后台设置与彩排。直播商品的上架/定价/库存/促销活动设置有：后台设置，开播前调试，确保客户能正常下单。

（2）直播中

①直播内容。直播主题与销售类目不同，直播的具体内容也各不相同，但是无论怎么变，内在销售逻辑一样。

②直播后台推送。直播过程中，必须安排运营人员，配合主播进行改价、发放优惠券、上下架商品等操作。

③直播辅助资料。通常，在直播过程中会发生主播卡壳、忘词等事故，这时候前面准备好的产品卖点/优惠措施/口播脚本的文档资料就派上了用场，用提词屏或电脑播放辅助提示。

④助播。助播有三大职能：调动直播间气氛、补充主播短板、促进成交。

⑤即时数据调控。根据“同时在线人数”的增减及时调整销售策略。

⑥关闭直播、下架直播商品。直播结束，记得关闭直播、下架商品，尤其销售类目较多的鞋服，在直播回放视频中很容易造成库存混乱。

（3）直播后

①奖品与免单发放。直播结束后，尽快导出奖品与免单发放明细，联系客户落实奖品发放。

②二次沉淀推广。若流量覆盖微信生态，可将直播的业绩数据、精彩花絮等发到朋友圈、社群等进行二次宣传：业绩海报可营造热卖氛围，引起羊群效应；短视频素材则可提高事件真实性，为下次直播作铺垫。

③复盘。如果深耕直播，务必坚持复盘，不断优化直播内容，主要复盘数据包括：UV（指在某一时间段内，进入直播间的独立访客数量）是否达到预期、PV（指直播间访问量，一个用户多次进入可叠加）是否达标；转化率是否达到预期；产品结构是否合理；主播脚本是否熟练；促销策略是否成功；运营相关人员配合是否到位等。

5.2.4 直播策略运用

（1）选品策略

选品策略即通过相关方法和策略挑选适合直播带货的产品。选品策略的核心是要匹配直播间的用户画像。通过匹配直播间的用户画像，可以从价格和功能两方面来匹配主流直播电商平台的用户需求。

①以价格匹配用户需求。

a. 直播带货因为受制于运营的模式和用户群体的特征，只有高溢价、高频次、低价格（即客单价低）、能够快速决策的产品才是畅销货。

b. 电商发展到现在，同质化严重是无法避免的市场问题，因此高性价比是提高直播带货模式成功的关键因素之一。

②以功能匹配用户需求。

直播电商企业产品做产品决策的时候，一定要做到功能匹配，一方面直播带货产品要精准匹配主播的内容标签，另一方面直播带货产品要精准匹配直播间的用户需求。

（2）产品组合策略

产品组合策略是指根据产品线的分析以及市场的变化，调整现有产品结构，从而寻求保持产品结构最优化的策略。对于直播电商的产品来说，性价比是至关重要的。因此，要梳理清楚产品的分类，同时做好产品的组合。

①产品分类。适合直播电商的产品分类主要为以下几种。

引流款产品。引流款产品就是为店铺吸引流量，引进更多意向客户的产品。这类产品一般主打高性价比，通常是能让一般买家接受的产品，用以低价走量销售。

特色款产品。特色款产品是相对引流款产品而言的差异化产品，可以让客户感受到产品的不同。这类产品适用于目标客户群体里面某一特定的小众人群。

主打款产品。主打款产品也就是常说的爆款产品，高流量、高曝光量、高订单量是它的具体表现。一般情况下，这类产品的价格相对来说不会高，这样造成的直接影响是给店铺带来的利润低。

利润款产品。利润款产品一般是为了锁定特定客户。根据“二八原则”，店铺80%的利润是由20%的产品带来的，而利润款就是这20%。这类产品的选择上应更注重设计感，更为精致和细分，同时是可以照顾小部分特定客户需求的产品。

②产品组合。直播电商企业可以通过不同产品的搭配和产品组合来形成新的产品及分类，改变单一产品受价格调整空间限制的状况。

流量款产品和主打款产品做前端产品进行引流，利润款产品做后端产品进行盈利，流量款产品定位于低价、超值、高频消费，利润款产品定位于高品质、高利润、高卖点，二者互相搭配才能形成良性的产品组合模式。

（3）转化策略

如何提高转化率、使直播用户成为有价值的用户，是众多企业直播要重点关注的问题。以下为转化中需要关注的内容。

①以价格为策划亮点。通过限时抢购、限时买赠、限时优惠券等方式或“口令红包券”玩法，在一定程度上可以解决转化率低的问题。

②以互动为策划亮点。除了最基础的直播和短视频流量标识点赞、评论、收藏、转发等外，直播间有更多的功能来实现主播和粉丝的互动。在直播软件中有很多功能和工具，可以用来与用户进行趣味互动，提高用户的参与感，实现“路人转粉”。

③以成交为策划亮点。为了促进直播带货销量，主播可以组织前多少名消费者参与成交专属福利、成交单号抽奖福利等活动，促进更高的成交量。

④以权益为策划亮点。除了抽奖、送福利外，送权益也是直播间常用的提高转化手段。更长的退换货时间权益、专属客服服务权益等都是客户容易接受的购物权益。

（4）提高签收率策略

签收率策略是指通过相关方法和策略，提高直播电商产品送到用户手中并成功签收的概率。可以通过提高发货效率、优化快递发货的包装、注意产品及发货的细节等方面来提高签收率。

①提高快递发货效率。及时响应客户订单，选择稳定高效的快递公司合作都是提高快递发货效率的方法。商品发货后及时给客户发送短信通知，不仅能减少售后咨询压力，也能在一定程度上提高客户的满意度，进而增加客户黏性。

②优化快递发货的包装。优化快递发货的包装质量和效率，避免快递脏、乱、变形的情况发生。

③注意产品及发货的细节。做好产品发货前的产品细节处理，如服装产品注意线头处理，食品类注意包装完整性等；及时留意物流追踪细节，并深入了解包裹配送过程，能更快更准确地回复消费者。退换货时避免拖延，一经核实要尽快换货或退款，不能让客户等待过久；一旦物流上出现了纠纷，应该及时联系物流商，帮助客户定位延误或丢失的包裹，积极地参与这一过程。

（5）直播间暖场策略

主播在进行直播时经常会忽略调节气氛，容易遭遇冷场的尴尬情况，那么这时候有个暖场技巧来缓和直播间的氛围就是非常重要的技能。以下为具体的暖场技巧。

①礼貌问候。动作、表情丰富、生动，当粉丝进入主播直播间时，可以语气热情，笑容真诚。假如粉丝进来时看到主播脸上没有笑容，一副谁也无法接近的模样，肯定不会留下来，因为第一印象就不好，所以主播在粉丝进来时对粉丝礼貌、热情一些，也许他就会留下来使你们的关系更进一步。

②拒绝冷场。没话说、没才艺怎么办？可以聊一聊最新热点，或主播喜欢、擅长的事情。例如，聊自己的故事，通过和粉丝聊天也可以拉近与粉丝的距离。

③区别对待。可以为不同的粉丝加入自创的、独特的元素、昵称。主播和粉丝慢慢熟悉的过程中可以了解一下他们的喜好。这样的话，主播才能发现他们最喜欢的称呼究竟是什么。

④音乐。直播间少不了音乐，这看似不起眼但是起着很重要的作用。一首好的音乐可以让大家在主播的直播间多停留一段时间。因为来到直播间的粉丝年龄都是不同层次，所以要根据粉丝的情况来决定播放老歌金曲还是当下年轻人喜欢的流行歌曲。

5.2.5 直播效果评估

（1）评估指标

直播电商运营需要基于数据进行自检，有些数据是后台可以直接监测到的，有些数据则需要通过进一步的计算才能得出。通过数据分析达到盘活粉丝存量以及扩大粉丝增量的目的。

不同直播电商平台有不同数据指标，但从直播电商的本质出发，通用的评估指标主要有三个：流量指标、人气指标和转化指标。

①流量指标：在线人数。在线人数是直播间流量的核心指标，通常值得关注的流量指标就是在线人数。

②人气指标：互动数量。人气指标对应直播间互动数量。互动指的是用户在直播间的评论区发起评论或参与直播间设置的话题。互动数量是直播间人气活跃程度的核心指标。

③转化指标：成交单量。成交单量是考核直播电商转化的核心指标，用来考核直播内容和电商销售是否达成了统一。

（2）判断标准

直播电商的效果并不存在唯一性，一切都与直播前设定的目标有关系。结合上文的数据指标和企业参与直播电商的目标，大体上可以分为三个情况来对效果进行判断：品牌曝光、用户感受和转化成交。

①品牌曝光。直播的过程也是不断向用户传播内容的过程，因此直播可以成为企业或个人宣传产品和传播品牌的渠道。直播间的在线人数越多，代表内容的覆盖面越广，企业的产品和品牌可以越大范围地植入直播内容中，实现品牌曝光的需求。该标准主要考验的是直播

间的流量指标（即在线人数），只要流量指标达标，那么该场直播就可以被认为是成功的。

②用户感受。直播过程是企业或个人建立用户情感信任的机会，因此直播可以成为企业或个人获得粉丝的渠道。直播间的互动越活跃，代表直播间出镜的主播与用户之间产生情感信任的概率越大。该标准主要考验的是直播间的人气指标，即互动数量，只要互动数量足够且其中老用户互动量占比20%以上，那么该场直播就可以被认为是成功的。

③转化成交。直播电商产品的销售转化，即让直播的粉丝变成产品的客户，实现了观看直播的用户到喜欢主播的粉丝再到体验产品的客户的转变进程。直播的过程中，用户和粉丝都是对直播内容的“消费”，而产品达成销售并送到他们手上进行体验的时候，代表从内容消费转向产品消费。该标准主要考验的是直播间的转化指标即成交单量，成交单量越高，直播间的产品成交转化率越高，那么该场直播就可以被认为是成功的。

（3）复盘及改进建议

结合直播电商的效果评估指标和效果判断标准，可以从流量指标、人气指标和转化指标三方面对直播电商进行复盘以及改进。

①流量指标。流量指标复盘结果不佳的原因通常分为以下情况：在线人数少和在线人数不稳定。

在线人数少。直播间长期停留在100人以内的在线人数可以判定为在线人数少。提高在线人数可以通过平台的工具进行操作，但更主要的是受留存策略的影响。

改进策略：优化直播场景中的背景标识，如清晰地写出直播间的亮点及活动，让新用户快速了解；调整出镜主播的脚本引导；强调对新用户的关注，及时地读出进入直播间的新用户，让用户有参与感。

在线人数不稳定。直播间的在线人数中老用户的比例是在线人数稳定的保障，因此要确保老用户能持续地回来看直播。

改进策略：固定开播时间，让老用户养成观看习惯；强化直播预告，提高初次看直播的新用户转化成老用户；进行社群运营，运营人员通过私信的方式，逐步引导老用户添加运营人员的微信；组建粉丝社群，方便老用户可以快速进入直播间。

②人气指标。人气指标复盘结果不佳的原因通常为新、老用户互动量低。

新用户互动量低。直播间的新用户在进入直播间后，停留时间短，也没有参与评论互动，意味着新用户互动量低。

改进策略：强化直播间运营人员的互动引导，让进入直播间的新用户可以快速地找到参与直播互动的方式；调整直播间的游戏或玩法，避免新用户不知道如何参与互动。

老用户互动量低。老用户互动量低是指直播间的老用户回来观看后，大多没有参与评论互动。

改进策略：及时引导老用户观看直播，给予福利奖励刺激老用户参与互动。调整老用户的引流方式，避免吸引过多不喜欢评论的用户进入粉丝社群。运营人员充当老用户，引导评论互动。

除此之外，直播间的老用户可以积极引导其他人员加群。粉丝进群后一定要进行维护，以避免粉丝流失。主播要给到粉丝一定的优越感与存在感，例如给予刷礼物的老用户更高的等级。

③转化指标。转化指标主要复盘两个核心数据：成交率和退货率。

a. 成交率。成交率的计算方法：产品上架后的成交单量 ÷ 当时段直播间人数 × 100%。

成交率直接反映选品策略是否正确，如果直播电商成交率持续走低，且持续保持在两位数，即10%以内，意味着选品和直播间的用户匹配度不高，需要进行调整。

改进策略：产品调整。重新分析直播间的用户数据，调整上架产品的选择或筛选产品的外在属性，如产品的包装材料、产品亮点、产品价格等。价格调整。重新分析是否在产品价格上做好价格保护，或调整产品组合策略，差异化定价。转化策略调整。活动策划上要强化互动的元素，不要让用户在直播间只成为看戏的观众。

b. 退货率。直播电商退货率的计算方法：退换单数 ÷ 成交单数 × 100%。

直播电商行业由于存在冲动消费的因素，普遍情况下退货率高达30% ~ 50%。通常来说，目标要将非质量问题的退货率控制在20%以内。退货率直接影响企业的毛利率，退货回来的产品变成库存，不利于企业的资金周转。直播电商供应链需要保证粉丝只会因为款式和大小的原因退换货，而不能因为质量问题退换货。一旦产品出现质量问题，口碑下降，很容易流失粉丝，造成销量下滑。

改进策略：脚本调整。注意引导技巧，检查是否在直播内容上出现了过度引导。体验调整。对发货和客服等跟用户息息相关的细节上进行优化。

第6章 视频创推

知识目标

1. 熟悉短视频创作的基本制作技巧及创作流程
2. 掌握短视频脚本的撰写方法以及短视频投放推广技巧与投放效果分析

技能目标

1. 运用短视频拍摄技巧及剪辑技巧，配合团队完成优质短视频的创作
2. 掌握话题制造的相关技巧以及短视频投放推广的几种方式

职业素养

1. 拥有钻研业务、勇于创新、实事求是的职业道德
2. 具备严谨认真、爱岗敬业、敢为人先的职业精神

6.1 视频编撰

6.1.1 视频创作规划设计方法

视频创作规划始终基于4个周期，分别是：推广期、感知期、扩张期、稳定期。

在短视频推广期，通过短视频建立人设，向受众输出大量与品牌风格一致的内容对话。万变不离其宗，短视频运营第一步，让大家知道自己的品牌。

在短视频的感知期，通过爆款的内容视频、话题、活动，让受众更直观了解自己的品牌、服务理念，并有意愿进一步了解产品和体验产品。

在短视频的扩张期，将集中通过意见领袖效应聚拢人群，通过商品橱窗、视频加入产品链接、导流直播等方式带动产品销售。

在短视频的稳定期，通过深度内容及多元形式，向受众展示自己更深度的品牌理念，打造铁杆粉丝，并持续产生收益。

6.1.2 视频制作技巧

短视频是继图文、音频、传统视频之后新兴的内容传播载体。相较于传统视频，短视频主要存在五大特点：生产成本低、传播和生产碎片化、传播速度快、社交属性强、生产者与消费者之间的界限模糊。

（1）短视频运镜技巧

运镜也叫运动镜头，主要指镜头自身的运动。在短视频中，处于静止状态的画面镜头是不多见的，大部分是运动镜头，通过灵活运镜，不仅可以达到平滑流畅的效果，更能为短视频注入气氛和情绪，让镜头充满活力。

①推拉镜头，前推后拉。推拉镜头是拍摄中运用最多的手法，前推后拉指的是将镜头匀速接近或者远离被摄体。

②跟随镜头，对象跟拍。跟随镜头就是镜头跟随被摄主体移动，也就是通常所说的跟拍。可以从人物正反方向进行跟随拍摄，但必须确保与拍摄主体保持相同的移动速度。

③环绕镜头，突出主体。拍摄环绕镜头需要保持摄影的设备位置固定不变，通过以被摄体为中心持辅助工具稳定器进行的旋转移动，环绕运镜就如同巡视一般的视角，能够突出主体、渲染情绪，让整个画面更有张力。被摄体置于画面中心，摄影师环绕其进行移动拍摄，环绕镜头拍摄要注意的是拍摄的重点要保证收集与被摄体等距，其次运动尽量保持顺滑。另外，拍摄时尽量压低重心，步伐上保持匀速小步，以此提高稳定性。

④极速切换，镜头转移。极速切换镜头是很多短视频里常见的镜头处理方式，不管是用于人物交谈场所，还是用于转场，都是很自然的处理方式，不会显得生硬。

⑤移动镜头，多位展示。移动镜头是指摄像机沿水平面做各个方向的移动拍摄，便于展

现各个角度，在镜头语言中十分常见。

⑥升降镜头，可升可降。升降镜头是利用升降机或者无人机进行上升或者下降的拍摄，升降运镜能带来画面的扩展感。升镜头可以对画面形成俯视拍摄效果，展示出更广阔的空间。降镜头是下降的过程中进行拍摄，多用于大场面的拍摄，营造出更为宏大的场面气势。

⑦悬空镜头，增加纵深感。悬空镜头是指摄影机在物体上方移动拍摄的镜头，这种镜头的拍摄会产生史诗般恢弘的气势，在画面的组合中，使得纵深感加强，给观众呈现一种与电影拍摄相同的视觉感受。

（2）短视频拍摄技巧

短视频拍摄涉及较多的操作技能，需要结合具体的场景灵活运用。只有通过较多的实操练习，才能更好地掌握拍摄技巧。主要拍摄技巧应掌握以下6个方面。

①构图是关键。在绘画、摄影和平台结构图设计中最讲究的是构图，创作者要根据要求把题材和主题结合表现。同样，在短视频拍摄中，要明确每一个拍摄的主题，将拍摄展现主题拆分为每一帧，每一帧都是一幅完美的构图画面。

九宫格构图。九宫格的构图方式也被称为黄金分割法，是在短视频拍摄时常用的方式，也是拍摄短视频所要具备的一项基本内容，九宫格是将上下左右四条线作为黄金分割线，这些线相交的点叫作画面的黄金分割点，这样的构图可以使主体能够展现在黄金分割点上，从而使画面更加平衡而丰满，如图6–1所示。

对称式构图。对称式构图在电影中的运用十分普遍，对称式构图即是按照一定的对称轴或对称中心，使画面中的景物形成轴对称或者中心对称，使画面呈现出平衡、稳定、相呼应的特点，常用于拍摄建筑、隧道等，给观众们以稳定、安逸、平衡的感觉，如图6–2所示。

引导线构图。引导线构图是通过线条的拍摄来展现宽阔的场景，通常适用于拍摄大远景和远景，比如天际线、大山、高楼等，这种类型在户外拍摄时常常会使用，如图6–3所示。

三角形构图。三角形构图方式具有比较大的冲击力，给人一种视觉上的享受，同时也是一种稳固的象征，会让观看的受众有一种稳定感，如图6–4所示。但如果画面呈现出来的是倒三角形的构图，则会给观众一种紧张的感觉，不同的呈现形态会营造出不同的画面感，可以根据拍摄时的需要来选择相应的构图方式。

图6–1　九宫格构图

图6–2　对称式构图

图6-3　引导线构图

图6-4　三角形构图

②防抖不可少。可以利用防抖器材来防止拍摄时的手部抖动，比如三脚架、独脚架、防抖稳定器等，这些也可以根据拍摄器材进行搭配选择使用。

拍摄时注意动作和姿势，避免动作的大幅度调整，比如在移动拍摄视频的时候，上身的动作应该尽量减少，下身缓慢小碎步移动，走路的时候保持上半身稳定且只移动下半身，镜头需要转动时，以上身为旋转轴心，尽量保持双手关节不动来拍摄。

③光线布局。室内拍摄时，如果光线充足，选择离窗户较近的位置顺光拍摄，可以最大化地利用自然光源；如果主体与背景光线对比度较大，主体光度不够，可以选择反光板为主体补光，调整明暗反差；如果光线较暗，则可以通过灯光的组合来达到最佳拍摄效果。

④后期制作。视频拍摄好后，还要进行后期的剪辑制作，如画面的切换、字幕、背景音乐、特效等。自己创作的主题要清晰，要按照思路和脚本进行制作，编辑过程中可以加入转场特效，蒙太奇效果、多画面、画中画效果和画面调色等，但需要注意特效不要过度，过多会给人眼花缭乱的感觉。

⑤时长适当。短视频，顾名思义就是时长较短的视频，现在大多数视频平台上的视频一般是在15～60秒。对大多数人来讲，在30秒之后对视频的敏感度就开始下降，所以建议大家视频拍摄时间不宜过长，最好控制在60秒之内。中后期内容及受众相对稳定后，可向中长视频进行过渡。

⑥画面色彩。统一的画面色彩可以使整个视频氛围更协调，也更能渲染场景主题，所以在拍摄或后期制作时，可以选择一个主体色调来构建主体风格。

（3）短视频脚本编写

脚本创作是短视频制作的“灵魂”，也是让整个短视频活起来的重要因素之一。只有短视频的每个镜头画面都与脚本完整地串联起来，这样的短视频作品才有可能成为一个真正成功的作品。

①什么是短视频脚本。短视频脚本可以被理解为短视频的拍摄大纲和整体布局，用来指导整个短视频的拍摄方向、故事主干以及后期剪辑的方向，是短视频拍摄的指导依据。一切

参与短视频拍摄、剪辑的人员，包括摄影师、演员、服装、化妆、道具准备、剪辑师等，他们的一切行为和动作都是服从于脚本的。

②短视频脚本策划内容。在编写短视频的拍摄脚本前，通常以策划文案的形式，确定以下几方面的内容。

主题定位。在拍摄前期，就需要确定拍摄主题及达到的效果，比如是一小段故事或者是产品展示。根据确定的主题定位，对需要表现的故事梗概、风格、氛围场景、画面效果等进行粗略描述和说明。

拍摄时间。无论是拍摄单个或者多个视频，都需要明确具体的拍摄时间，并根据需要与摄影师、灯光师、道具师等形成约定。

拍摄地点。根据内容主题和表现，需要明确拍摄地点，如果是多个地点的拍摄，应明确先后拍摄顺序。

拍摄参考。当文字不能达到良好的表述效果时，通过同类视频或抓取的片段、图片等形式，为摄影师、剪辑师提供效果参考。

背景音乐。背景音乐是后期剪辑的必要素材，在拍摄前，应根据主题内容，选择好相应的背景音乐，并提供给摄影师与主要演员，使其更能明白需要展现的氛围，达到表演与音乐的完美融合。

③短视频脚本撰写方式。短视频脚本撰写，通常要对每一个镜头进行细致的设计，主要从镜头与摄法、时间、画面、解说、音乐、备注几个方面讲解。

镜头与摄法。镜头采用全景、远景、中景、近景其中的一种，应根据画面表述需求来确定拍摄方法。

时间。时间也称时长，是指单个镜头应用于成片的时间。只有通过对单个镜头时长的精准把控，才能保证成片的时长。

画面。是指主要呈现的内容画面。在画面描述中，应尽可能地交代出背景、人物、场景、动作、走向、聚焦位置、落镜位置等，画面要与解说词配合呼应。

解说。解说是对画面的配音，不同题材应采用不同类型的解说词，如果是情感故事类，解说词可偏向于唯美而动情；如果是产品类，解说词则是对所展示的画面细节进行描绘配音。通常，一分钟的短视频，配音不超过120个字。

音乐。根据氛围营造及表现需求选择合适的音乐，可以是从头开始，也可以是选取音乐中与画面内容较为相融和较为应景的一段。

备注。备注是对拍摄时应注意的事项进行补充，比如演员动作、道具使用、拍摄注意事项等。

（4）短视频配音方法

为短视频配音可以说是短视频制作中的点睛之笔，也可以是培养带有极强的个人色彩风格的一步。但配音却不是一件简单的事情，如何区分声音的类型，如何选择配音的方式，都是值得深入研究的。

专业配音。专业配音效果更为出彩，如果需要，可选择专业配音人士进行配音，通常广播电台的配音师经验更丰富，而广播电影学院也不乏新秀配音师。如果以上资源都没有，还可以通过网购平台选择专业配音。

自我配音。自己进行配音，省时省力还不花钱。如果对视频配音没有专业性要求，完全可以自己尝试配音。自己录制声音时，场景尽量选择一些环境安静的室内录制，有条件的可以在录音棚内录制。

软件配音。现在市场上流行的非线剪辑都具有配音功能（如剪辑软件PR、VEGAS、会声会影等），在音频轨道上打开REC录制按钮，选择录制即可配音。其他如讯飞快读因支持真人样音等优势，也被不少用户所选择。

（5）视频剪辑技巧

一款成熟的软件可以让剪辑师得心应手，除了专业的电脑剪辑软件，如会声会影等，目前的非专业型剪辑软件如“快影”“剪映”“快剪辑”等，简单易操作，并能满足剪辑师的基本要求。

①掌握剪辑功能。切割、变速、倒放、画布、转场等都是基础且非常实用的视频处理功能，学习者可以在熟悉各类软件的同时，逐步了解到这些功能为视频剪辑带来的效果。

②准确切入音乐。避免在剪辑过程中过度迎合音乐，导致出现视频的剪辑节点连接不流畅等情况。突兀的转折、生硬的切换都会影响观看体验，所以在剪辑中，可以先确定音乐，并将音乐分为不同部分。这样会对每一段音乐的时长有一个基础了解，在剪辑的过程中，就知道哪些片段应该被优先保留下来。

③合理切换转场。场景切换要考虑两段内容之间的关联，巧妙地切换画面会使观看者眼前一亮，对情绪的引导也起着很大的作用。常用的剪辑软件中往往会有自带的渐入、渐出等各种转场特效，选择合理的转场特效能加快剪辑的进度，也能使视频呈现出更为连贯和自然的效果。

6.2 视频推广

6.2.1 话题制造的技巧

话题是用户对于某个主题的打造，对于营销人员来说热门话题也是一种能够宣传的手段。

（1）制造话题

话题的覆盖人群要广、切入的点要足够精准、要能够提供有价值有共鸣的话题，并且对于话题来说还应该带有一定的宣言属性。那么制造话题具体可以怎么做？

蹭热点：要注意热点是有时间限制的，特别是对于短视频这种实时性的传播方式来说，最好是充分利用热点出现后的前八个小时。

有争议：话题设置有争议性的话能够引发用户的情绪站队，有争议性的话题才会引起讨论，也更加容易上热门。

有特色：如今做话题的很多，这也造成了话题重复性很高的问题，想要能够和别家区别开的话，不妨好好思考一下在借势之外如何去制造能够带节奏的话题。

话题打造：用户自己建立话题能够让选题更加广泛，话题的生产效率也会更高，如此能够提升话题的参与度。

（2）提高话题参与度

制造了话题之后，没有用户参与也是不行的。事实上想要把话题打造成热门话题，话题的参与度也是一个极为重要的衡量标准。

文案引导：话题文案要对话题本身构成信息增量，能够让人对话题产生进一步的表达欲。

内容引导：可以通过短视频脚本设计，引导用户参与话题的互动。

（3）话题营销策略

事件营销：把话题包装成一个事件或许能够实现话题影响力的最大化，比如说之前支付宝的“中国锦鲤”活动就是一次极为成功的营销事件。

跨界营销：大家或许不知道支付宝的“中国锦鲤”活动同时也是一次跨界营销活动，因为跨界营销在本质上面就是用户画像相近的品牌之间的资源互换。

6.2.2　投放效果分析方法

数据分析是日常运营中经常要进行的工作。短视频在数据运营中的主要指标，分为“视频指标”和“IP指标”两大类。

“视频指标”的5个重要指标：固有数据、播放量相关指标、播放完成性相关指标、互动数据、关联指标。

固有数据：这是指在视频制作、发布的过程中产生的且不可通过外力进行改变的固定指标。如发布时间、视频时长、发布渠道，这个都是视频发布后既有的固定属性。

播放量相关指标：视频拍摄完成后发布到各个渠道，接下来最关注的就是“播放量”。视频的播放情况要通过两个方面来进行评估：实际的结果量，也就是累计播放量；同期相对播放量、对比播放量。这样通过精细化的运营，可以更全面地对视频的播放效果进行评估，也可以总结内容在不同渠道的流量规律、找到同期播放的差异渠道，从而进一步对视频内容进行优化。

播放完成性相关指标：整理了重点平台对播放量完成性的相关指标，比如播完量、播完率、平均播放进度，都是通过不同的维度表达观众在看视频时，是否会完整地看完，或者标识哪一个环节影响了观众，没有继续观看。

播放完整性数据对于视频内容的制作者来说是重要的，通过对这些平台的数据研究，对本期明显集中的跳出点进行总结，目标就是让下期节目尽量避免一致的问题出现，保证观众完整地看完视频。另外，越来越多的平台开始详细提供每一个视频在相应平台的播放情况。

互动数据：视频播放后，进一步就会有观众、粉丝产生互动。互动数据比较好理解，平时经常会提到的有评论、转发、收藏，都是互动产生的数据。对于推荐平台，会结合播放以及互动情况，综合评估决定是否为平台带来更多的推荐量。只有进一步的沟通，比如互相评论或者引发用户彼此之前的交流，这才能叫做“互”动。

对于高质量的评论可以标记为精选置顶，引导更多的观众来进行互动。对于经常互动的粉丝，应该重点跟进他们的评论，也可以进一步私信，同他们聊天沟通。除了视频本身，对评论也要重视。因为观众看到的是视频以及其他观众的意见、态度，它是一个完整的整体。

关联指标（或互动指标）是指两个数据相互作用的结果反馈。其中比较重要的指标有：播荐率、评论率、点赞率、转发率、收藏率、加粉率。

播荐率=播放量/推荐量×100%，“播荐比”高的视频，说明推荐后被观众打开的概率更高，一般可以表明这个视频的标题、配置的图片、相关的描述比较吸引人。

评论率=评论量/播放量×100%，评论率高的视频，说明这个视频让观众表达意愿强烈，视频内容的“槽点”易被触发，引发观众的讨论。

点赞率=点赞量/播放量×100%，点赞率高的视频，说明作品好，引起粉丝、游客或者官方的注意，视频质量或者内容很受用户喜欢。

转发率=转发量/播放量×100%，转发率高的视频，说明观众更愿意推荐给他的朋友或者通过视频表达个人的观点或态度，有较强的传播性。

收藏率=收藏量/播放量×100%，收藏率高的视频，首先代表内容本身对于观看者有用，收藏后可能产生再次观看。如果收藏率高，但是转发率很低的视频，可能涉及用户的隐私考虑，传播性有一定的局限性。

加粉率=新增粉丝数/播放量×100%，加粉率这个指标没有平台提供直接的数据。

6.2.3 投放方法及预算制定

（1）投放方法

①使用推广功能推广作品：各大平台在后台为用户提供了作品推广的付费渠道，通过作品推广功能，可以推广作品，获取流量。一般分为作品快推与精准推广两种，具体的收费标准各个平台有所差异，但原则上投放金额越高，获得的展示量也就越大。

②通过广告合作的方式推广作品：可以通过投放广告的方式推广自己的作品，获取流量。

两种方式的区别有以下几种。作品推广方式只能帮助广告主推广账号或者作品视频，主要针对粉丝用户量的积累；广告合作方式可以对账户进行运营，多种多样的广告形式可以让广告内容触及到更多的用户，按效果付费的收费模式可以让企业减少广告预算，提高效果转化。但是，选择“广告合作”的方式对专业度要求较高，没有新颖的广告创意很难吸引用户的点击，没有分析后台数据的能力很容易让广告缺乏针对性。

（2）预算制定

量力支出法，即根据企业财务的承受能力确定沟通预算的方法。这种方法的缺点是：每年的广告预算可能有很大差异，不利于企业制订长期的市场发展计划。同时，完全忽视了沟通支出作为一种投资对销售收入的支撑作用。

销售额百分比法，即企业按照某一期间的销售额或单位产品售价的一定百分比计算和决定沟通开支的水平。这种方法的优点是：能够使费用支出的增减与企业销售收入的增减相一致，并促使企业管理人员根据单位成本、产品售价和销售利润之间的关系去考虑企业的经营管理问题。如果竞争者都以这种方式确定促销预算，可使竞争趋于缓和。该方法的缺点是颠倒了促销与销售之间的因果关系，这种因果倒置的方法有时是不符合实际需要的。而且，预算按照每年销售额的增减而变化，也不利于企业制订长远发展计划。此外，百分比系数也很难确定，大多是参考过去的习惯或竞争者的比率。

与竞争者保持平衡法，即企业参照竞争者的预算来决定本企业沟通预算的多少，以保持竞争优势。如在市场营销管理实践中，不少企业都喜欢根据竞争者的广告预算来确定自己的广告预算，从而维持竞争均势以避免各企业之间的广告战。但是，由于竞争对手的广告预算不一定合理、有效，而且竞争者广告预算的可靠信息也难以取得，再加上企业与竞争对手之间在资源、目标等方面存在着差异，所以，将竞争对手的广告预算作为依据存在着一定的局限性。

目标任务法。这种方法是较科学的方法。其做法是先通过沟通确定要达到的销售增长率、市场占有率、品牌知名度等目标，然后确定为达到这些目标所要做的沟通工作，再根据工作量估算所需费用。这种方法将沟通费用与所要达到的目标联系在一起，进行成本/效益分析，逻辑上较为合理。前提是企业须对市场情况和各种沟通方式的效果有充分了解，这样才可能制定出合理、可靠的沟通目标，并确定沟通的工作量和预算水平。

第 7 章

团队管理

知识目标

1. 理解团队与组织目标、领导沟通与团队冲突等相关定义
2. 熟悉团队组织框架以及各岗位职能定位与职责划分
3. 掌握营销团队的考核标准以及评价体系的搭建方法

技能目标

1. 运用团队冲突与团队精神塑造的方法，解决实际工作中的矛盾冲突
2. 掌握基本的管理能力与沟通技巧，与团队中其他人员团结协作，使效率最大化

职业素养

1. 拥有善于总结、甘于奉献、脚踏实地的职业道德
2. 具备善于思考、乐于助人、克己奉公的职业精神

7.1 团队架构设置

7.1.1　团队界定与组织目标

（1）团队界定

团队是通过一定的组织形式，以互补的方式，对于指定的目的、绩效目标作出承诺并彼此负责的群体组织。

（2）组织目标

组织目标是组织希望努力争取达到的未来状况，包括使命、目的对象、指标、定额和时限。组织目标提供了衡量组织活动成功的标准和组织活动的动力，它的性质影响着组织的基本特征。组织目标是多重的而不是单一的，既有总体目标，又有具体目标；既有长期目标，又有中、短期目标；既有集体目标，又有个人目标。一般情况下，各类组织成员都处于试图实现组织目标的努力与期待之中。为完成组织目标，组织成员要付出一定的代价。组织目标实现之后，或者重新制定组织目标，或者是组织解体。

①目标分类。每一个社会组织都有其确定的目标体系，即便是同一类型的组织，其目标体系也有差别。常见目标分类方法有以下几种。

a．主要目标和次要目标。主要目标，指那些直接关系到组织主要受益人群体的需求和愿望满足的目标。次要目标，指组织必须满足各种各样的次要受益人群体的需求和愿望。

b．长期目标和短期目标。长期目标，指在比较长的时间内才能达成的目标，通常是一年或几年后完成的目标。短期目标，指组织短期内实现的目标，实现周期往往比较短。

c．平衡性目标和改进性目标。平衡性目标，是指有意识地做出了与组织的宏观环境相适应的决策，这种目标的实施采取了一种适应性策略。改进性目标，是指一种以改进工作和以更高效率完成计划的愿望为基础的目标，这是社会组织在社会转型时期较为常见的一种目标形式。

d．显目标和隐目标。显目标，指组织所建立的官方的、正规的目标。隐目标，是组织在事实上所朝向的非官方目标。

②影响因素。a．目标冲突，即组织内各部门目标之间的不协调，一个部门目标的充分实现可能会影响其他部门目标的有效实现。b．目标转换，即组织内的部门或个人忽视组织总体目标，将部门目标和个人目标或将实现总体目标的手段视为自身活动的基本目标，更多地关心自身目标的实现；目标转换的另一种形式，是组织成员将组织为实现目标而建立起来的程序和规则看成是工作的目的，使组织的活动变换成仅仅是遵守规则的活动，而不是实现

目标的活动。组织要有效地实现其目标，必须对目标实行协调和管理，控制目标冲突，避免目标转换。

7.1.2 营销团队的组织架构形式

组织结构是表明组织各部分排列顺序、空间位置、聚散状态、联系方式以及各要素之间相互关系的一种模式。常见的组织结构形式有直线制、职能制、事业部制、矩阵制、直线职能制、模拟分权制、委员会、多维立体等。

（1）直线制

直线制是一种最早也是最简单的组织形式。它的特点是企业各级行政单位从上到下实行垂直领导，下属部门只接受一个上级的指令，各级主管负责人对所属单位的一切问题负责。厂部不另设职能机构（可设职能人员协助主管人工作），一切管理职能基本上都由行政主管自己执行。

（2）职能制

职能制组织结构，是各级行政单位除主管负责人外，还相应地设立一些职能机构。如在厂长下面设立职能机构和人员，协助厂长从事职能管理工作。这种结构要求行政主管把相应的管理职责和权力交给相关的职能机构，各职能机构有权在自己业务范围内向下级行政单位发号施令。

（3）直线职能制

直线职能制也叫生产区域制，或直线参谋制。它是在直线制和职能制的基础上，取长补短，吸取这两种形式的优点而建立起来的。直线职能制把企业管理机构和人员分为两类，一类是直线领导机构和人员，按命令统一原则对各级组织行使指挥权；另一类是职能机构和人员，按专业化原则，从事组织的各项职能管理工作。

（4）事业部制

事业部制是分级管理、分级核算、自负盈亏的一种形式，即一个公司按地区或按产品类别分成若干个事业部，从产品的设计、原料采购、成本核算、产品制造，一直到产品销售，均由事业部及所属工厂负责，实行单独核算、独立经营，公司总部只保留人事决策、预算控制和监督大权，并通过利润等指标对事业部进行控制。

（5）模拟分权制

所谓模拟，就是要模拟事业部制的独立经营，单独核算，而不是真正的事业部，实际上是一个个“生产单位”。这些生产单位有自己的职能机构，享有尽可能大的自主权，负有“模拟性”的盈亏责任，目的是要调动他们的生产经营积极性，达到改善企业生产经营管理的目的。

（6）矩阵制

矩阵制组织是为了改进直线职能制横向联系差、缺乏弹性的缺点而形成的一种组织形式。它的特点表现在围绕某项专门任务成立跨职能部门的专门机构上，例如组成一个专门的产品（项目）小组去从事新产品开发工作，在研究、设计、试验、制造等不同阶段，由有关部门派人参加，力图做到条块结合，以协调有关部门的活动，保证任务的完成。

（7）委员会

委员会是组织结构中的一种特殊类型，它是执行某方面管理职能并以集体活动为主要特征的组织形式。实际的委员会常与上述组织结构相结合，可以起决策、咨询、合作和协调作用。

（8）多维立体

这种组织结构是事业部制组织结构与矩阵制组织结构的有机组合，多用于多种产品、跨地区经营的组织。

7.1.3　职能定位与职责划分

在直播电商团队的打造上要排除认知误区，广告团队、自媒体团队绝不等同于直播电商团队。要知道只有经过打磨的专业团队才能生产出爆款短视频内容以及打造高转化的直播间，从而快速变现。直播电商作为一种新兴产业，组建它的团队模式也应与以往有所不同。

（1）招商组职责

①新客户对接；
②客户需求整理；
③服务合同拟定；
④合作客户产品需求对接；
⑤现有客户维护。

（2）直播编导运营组

①直播运营职责：a. 直播间选品以及产品促销政策对接；b. 直播间搭建、直播流程制作、直播方案制定、直播活动方案策划；c. 直播间数据分析以及粉丝维护；d. 直播间推广方案制定以及推广渠道对接。

②编导场控职责：a. 直播间现场设备控制；b. 与主播沟通当日直播活动方案的执行节点以及注意事项；c. 直播现场问题总结与意见反馈；d. 直播脚本的编写以及执行配合。

③美工职责：a. 直播间封面素材制作；b. 直播间场景设计以及制作；c. 达人账号装修；d. 宣传推广素材制作。

（3）传播推广组职责

①负责直播间所需素材的拍摄、剪辑和后期包装；
②负责相关后期工作的图像处理；
③完成相关产品宣传片、活动宣传片、主播视频等的合成制作；
④按照直播间的编排，完成节目的合成制作；
⑤在剪辑中配合编导构思制作直播间专题片，并能提供合理化建议，不断提升节目质量；
⑥配合团队完成直播间相关素材的后期制作，线下活动的后期包装设计等。

（4）技术保障组职责

①直播间设备选型与采购；
②直播间设备调试以及问题处理；
③直播现场后台设备操控；
④直播间场景物料更换；
⑤直播过程技术保障；
⑥直播间网络规划。

（5）主播经纪组职责

①招募新主播，按公司要求完成新主播的视频录播及主播审核流程，维护主播资料；
②负责维护直播日常工作，帮助解决日常问题，管理和统筹安排所负责主播的日常工作；
③完成每月的业绩目标分解，并定期汇总所负责主播的业绩，按要求提交报表；
④跟踪主播的直播效果，对主播进行日常的沟通指导，协调主播的整体培训工作。

7.1.4 管理矛盾与面临挑战

团队管理工作不同于一般的工作在于它是一个管理矛盾的过程。对于团队工作过程中的矛盾，管理者必须理解、接受，并尽可能地平衡这些矛盾。那么团队管理有哪些矛盾？

（1）团队矛盾

①包容个人的不同与达到集体的一致和共同目标。第一个矛盾，是需要包容个体的不同与达到集体的一致和共同目标。团队的有效性常常需要混合不同的个体。团队为了从多样性中获益，它必须具有允许不同声音—观点、风格、优先权表达的过程。这些不同的声音实际上带来了开放，这就不可避免地产生冲突，甚至有团队成员之间的竞争。过多的冲突和竞争会导致一个“胜负”的问题，而不是合作解决问题的方法。这样做的目的是集合个体的不同，从而激励他们追求团队的共同目标。有效的团队允许个体的自由和不同，但是所有团队成员必须遵守适当的下级目标或团队的日程安排。

②鼓励团队成员之间的支持和对抗。如果团队成员的多样性得到承认，不同的观点被鼓

励，团队需要发展一种成员之间互相激励和支持的文化。在这种文化环境下，团队成员之间有一种内聚性。他们对其他人的想法真正感兴趣，他们想听到并且区分谈论的内容。他们愿意接受其他具有专长、信息或经验的人员的影响也愿意被当前的任务或决策相关人员所领导。但是，如果团队成员太过于互相支持，他们会停止互相对抗。在内聚力非常强的团队中，当反对不同意见时，保护和谐与友好关系的强硬规范会发展成为“整体思想”，成员将会抑制他们个人的想法和感受，不会再互相批评对方的决策和行动，这时需要付出相当大的个人成本。团队决策时将不会出现不同意见，因为没有一个人想制造冲突。如果持续出现这种情况，团队成员很可能产生压抑的挫折感，他们将只是想“走自己的路”，而不是真正解决问题。有效的团队要想办法允许冲突，而又不至于因此而受损。

③注意业绩、学习和发展。第三个矛盾是同时兼顾当前的业绩和学习。管理者不得不在正确的决策和未来的经验积累的支出之间进行选择。犯错误应该被认为是学习付出的成本，而不是作为惩罚的原因，这将鼓励发展和革新。

④在管理者权威和团队成员的判断力以及自治之间取得平衡。第四个矛盾就是在管理者权威和团队成员的判断力以及团队自治之间取得微妙的平衡。管理者不能推脱团队业绩最终的责任，授权并不意味着放弃控制。给团队成员越多的自治，他们遵守共同的目标就显得越重要。有效的团队是灵活的，他们可以在管理者权威和最适合的团队解决方案之间取得平衡。实际上，在功能完善的团队，成员之间高度的互相信任，管理者在做出某些决定时不必讨论、也不必解释。相反，无效的团队中缺乏信任感，即使管理者做最明白的事情或非常重要的建议，团队成员都要提出疑问。

⑤维护关系三角。对于管理者来说，由于他们具有正式的权威，而团队成员相对没有，所以管理者理解这一点非常重要。团队管理者的作用是管理关系三角：管理者、个体、团队，三者处于等边三角形的三个顶点。管理者必须关心三方面的关系：他们和每一个团队成员个体的关系；他们和作为整体的团队的关系；每一个团队成员个体和团队整体的关系。任何一条关系受其他两条关系影响。当管理者不能很好地管理这个关系三角并求得平衡时，团队成员之间的不信任和不良影响将呈螺旋式向下蔓延。

（2）面临挑战

①社会惰化。社会惰化是团队成员在从事趋向共同目标活动中出现的努力程度和平均贡献随着群体成员增加而减少的现象。社会惰化普遍存在于各种类型的群体、团队和组织中，它会降低群体凝聚力，影响工作效率，甚至会阻碍群体目标的实现。

②“搭便车”问题。“搭便车”问题又称“偷懒”问题，是指在团队生产中，由于团队成员的个人贡献与所得报酬没有明确的对应关系，或者由于其他激励措施不利，而造成的每个成员都有减少自己的成本支出而坐享他人劳动成果的机会主义倾向。

③难以准确实施的个人绩效考核。由于团队生产的特点，在团队中容易产生较严重的信息不对称现象，使得团队中单个成员的努力水平不可观测，团队绩效表现为团队成员共同努力的结果，单个成员的绩效常常无法被准确地度量。

④个性化与团队合作的冲突。采用团队形式的一大障碍是个体阻力。要成为一名优秀的团队成员，个体必须学会与别人进行开放而坦诚的沟通，学会面对差异并解决冲突，学会把

个人的目标升华为团队的利益。通常组织可以通过选拔、培训与奖励等方式来塑造团队成员的合作性，降低个性化与团队合作的冲突。

⑤员工多元化。员工多元化是使员工个人区别于他人的差异化的特征，包括性别、种族、民族、年龄和身体状况等。有时候也包含其他因素，比如婚姻状况、父母情况和宗教信仰等。目前，世界各国的员工多元化趋势都在加强。

⑥团队职责不明。在团队建设的过程中，经常会出现各职能部门和成员分工不清职责不明的情况，这在传统团队中体现得十分明显。随着移动互联网时代的到来，团队建设也出现了很大的不同，各种新型团队相继出现，比如创业型团队、创新型团队、虚拟团队、自组织型团队等，这些新型团队的出现给团队分工和职责明晰带来了新的冲击和挑战。

7.2 团队组织建设

7.2.1 领导艺术与沟通技巧

（1）领导艺术

领导艺术，广义上说，是指领导者的人格魅力、智慧、学识、胆略、经验、作风、品格、方法和能力在领导实践中的具体体现。领导者在一定的科学文化知识、理论修养、领导经验、思维能力的基础上，创造性地运用领导科学、原则和方法所表现出来的高超技巧。狭义上说，领导者运用领导科学的一般原理、原则或领导方法的高超技巧，即为领导艺术。

（2）沟通技巧

①讲故事法。作为阿里巴巴集团的领导者，马云追求与员工真诚的沟通。马云是一个特别会讲故事的人，他总是能用绘声绘色的故事吸引员工的注意，并使员工从中获得启发。2011年7月5日，在淘宝全员沟通会上，马云讲了“拳王的白毛巾”的故事，非常令人震撼。当年拳王阿里打遍美国南部无敌手，成为美国南部冠军，也成为了历史上有名的黑人冠军。与此同时，美国北部有一个白人拳击手，名叫JoeCarmen（音），打遍北部无对手。于是这两个人就约定要打一场大仗，这一仗在美国拳坛上代表南方和北方，代表白人和黑人而战。通过这个故事，马云想告诉自己的员工，即使面临很多棘手的问题，即使已经到了最困难的境地，也要想一想，这时对手的情况好像也没有比自己好到哪里去。咬牙切齿地多熬一秒钟，多完善一个程序，多服务好一个客户，就能赢在最后一秒。

②聊天法。刘强东是一个特别喜欢和员工喝酒聊天的领导，作为京东集团的董事，在长期的职业生涯中，赢得了公司内部许多人士的爱戴。他有1/3的时间，在京东公司里度过，常常和公司里的多名技术人员聊天，聊最近的工作，聊生活上的困难。

③制订计划法。中国移动作为中国较大的移动通信运营商之一，第一个提出了“奋斗者计划”，通过为员工提供学习、发展、晋升等方面的支持和帮助，激励员工不断进取、实现自我价值，提升企业竞争力。每年，员工都会有一次与人力资源经理或主管经理面谈的时间，员工在上级的帮助下制订个人的发展计划，以跟上公司的业务发展，甚至超越公司的发展步伐。

④越级报告法。在惠普公司，总裁的办公室从来没有门，员工受到顶头上司的不公正待遇，或者看到公司的什么问题，都可以直接提出，还可以越级反映。这种企业文化使得人与人之间相处时，彼此之间都能做到互相尊重，消除了对抗和内讧。

⑤参与决策法。小米公司从创立的第一天开始就一直在强调“参与感”，正是“参与感”让小米公司能够快速发展，成为今天市场上数一数二的国产手机品牌。小米公司的员工平时都会在小米公司的论坛中聊天，有什么问题也会在论坛提出来。小米公司的管理者雷军等人经常会逛论坛，也经常做直播与员工和用户进行互动。看到员工的问题之后，雷军就会想办法去解决。于是，员工和客户便参与到了小米公司的决策中，影响了小米公司的决策。

⑥培养自豪感。腾讯是中国互联网领域的巨头，在员工福利方面做得特别好。腾讯的员工不仅能够享受到有竞争力的薪酬和福利待遇，还有完善的健康和医疗保障、丰富的培训机会、灵活的工作时间和周末双休等福利待遇。腾讯的员工经常因自己的“腾讯人”身份而感到自豪。

⑦口头表扬法。表扬不但被认为是当今企业中最有效的激励办法，事实上也是企业团队中的一种有效的沟通方法。运动品牌鸿星尔克，很注意表扬员工，总裁吴荣光如果当面碰上进步快或表现好的员工，他会立即给予口头表扬，如果不在现场，鸿星尔克还会亲自打电话表扬下属。

7.2.2　冲突管理与精神塑造

（1）冲突管理

①定义。团队冲突指的是两个或两个以上的团队在目标、利益、认识等方面互不相容或互相排斥，从而产生心理或行为上的矛盾，导致抵触、争执或攻击事件的发生。

②原因。导致团队之间冲突的原因有很多，只有对症下药，才能改善和优化团队之间的关系，提高组织的整体竞争力。团队冲突产生的原因主要有以下几种。

a. 资源竞争。组织在分配资源时，总是按照各个团队的工作性质、岗位职责、在组织中的地位以及组织目标等因素分配资金、人力、设备、时间等资源，不会绝对公平。各类团队在成员数量、权力大致相同的情况下，会为了组织内有限的预算、空间、人力资源、辅助服务等资源而展开竞争，产生冲突。

b. 目标冲突。每一个团队都有自己的目标，而这些目标都是为了实现组织的目标，因此，每个团队都需要其他团队的协作。比如，市场营销部门要实现营销目标，就必须得到生产部门、财务部门、人事部门、研发部门的配合与支持。但现实情况是，各个团队的目标经常发生冲突。

c. 相互依赖性。相互依赖性包括团队之间在前后相继、上下相连的环节中，一方的工作不当会造成另一方工作的不便、延滞，或者一方的工作质量影响到另一方的工作质量和绩效。组织内的团队之间都是相互依赖的，不存在完全独立的团队。相互依赖的团队在目标、优先性、人力资源方面越多样化，越容易产生冲突。

d．责任模糊。组织内有时会由于职责不明造成职责出现缺位，出现谁也不负责的管理“真空”，造成团队之间的互相推诿甚至敌视，发生“有好处抢，没好处躲”的情况。

e．地位斗争。组织内团队之间对地位的不公平感也是产生冲突的原因。当一个团队努力提高自己在组织中的地位，而另一个团队视其为对自己地位的威胁时，冲突就会产生。在权力与地位不同的团队之间也会发生冲突，例如管理层与工人、教师与学生都可能因为立场的不同而发生冲突。

f．沟通不畅。团队之间的目标、观念、时间和资源利用等方面的差异是客观存在的，如果沟通不够，或沟通不成功，就会加剧团队之间的隔阂和误解，加深团队之间的对立和矛盾。

③管理方法。要有效管理团队之间的冲突，需要遵循以下三条原则：第一，要分清楚冲突的性质。建设性冲突要适当鼓励，破坏性冲突则应该降低到最低程度；第二，要针对不同类型的冲突采取不同的措施。个人与个人之间、个人与团队之间、个人与组织之间、团队与团队之间、团队与组织之间都可能产生冲突，要分别采用不同的管理对策；第三，充满冲突的团队等于一座火山，没有任何冲突的团队等于一潭死水，因此既要预防团队之间的冲突，也要激发团队之间的冲突。

（2）精神塑造

①团队精神的内涵。团队精神是团队成员在领导的指挥和带领下，相互沟通、交流、协同一致为共同的愿景而努力奋斗的精神。它的核心是协同合作，最高境界是向心力和凝聚力空前增强，团队成员之间相互信任，个体与集体利益相互统一，促使团队和企业高效运转。

②团队精神的作用。一个企业如果有着坚固的团队精神，职工间、领导与职工之间有着很好的工作默契，工作效率就会大幅度提高；同时团队中的良性竞争机制和沟通机制，有利于激发团队成员的创造性和工作的积极性；团队的团结信任和高效率的工作机制提高了企业的核心竞争力，使企业在激烈竞争的情况下处于不败之地。

如果一个企业缺少团队精神，企业的职工间缺乏信任感、温馨感，同时也缺乏共同的愿景，那么这个企业是一群乌合之众，是一堆散沙，一推就散，在竞争激烈的情况下将无法生存。

③怎样培养团队精神。团队精神日益成为一个重要的团队文化因素，它要求团队分工合理，将每个成员放在适合的位置上，使其能够最大限度地发挥自己的才能，并通过完善的制度、配套的措施，使所有成员形成一个有机的整体，为实现团队的目标而奋斗。团队精神的养成需要从以下几个方面入手：

a．明确提出团队目标。目标是把人们凝聚在一起的力量，是鼓舞人们团结奋斗的动力，也是督促团队成员的标尺。要注意用切合实际的目标凝聚人、团结人，调动人的积极性。

b．健全团队管理制度。管理工作使人们的行为制度化、规范化。好的团队都应该有健全完善的制度规范，如果缺乏有效的制度，就无法形成纪律严明、作风过硬的团队。

c．创造良好的沟通环境。有效的沟通能及时消除和化解领导与成员之间、各部门之间、成员之间的分歧与矛盾。因此，必须建立良好的沟通环境，以增强团队凝聚力，减少“内耗”。

d．尊重每一个人。尊重人是调动人的积极性的重要前提。尊重团队中的每一个人，人人都感受到团队的温馨。关心成员的工作与生活，将会极大地激发成员献身事业的决心。

e．引导成员参与管理。每个成员都有参与管理的欲望和要求。正确引导和鼓励这种愿望，就会使团队成员积极为团队发展出谋划策，贡献自己的力量与智慧。

f．增强成员全局观念。团结出战斗力。团队成员不能计较个人利益和局部利益，要将个人、部门的追求融入团队的总体目标中去，就能达到团队的最佳整体效益。团队中成员之间的关系，一定要做到风雨同行、同舟共济，没有团队合作的精神，仅凭一个人的力量无论如何也达不到理想的工作效果，只有通过集体的力量，充分发挥团队精神才能使工作做得更出色。

7.2.3　考核标准设计方法

（1）考核标准的设计原则

①公正性与客观性。考核标准的制定及其执行，必须科学、合理，不掺入个人好恶等感情成分。

②明确性与具体性。考核标准不能含糊不清、抽象，而应该明确，一目了然，便于使用，尽量可以直接操作，即可进行测量；同时，应尽可能予以量化。

③具有清晰的目标。对员工实行考核的目的是让员工实现企业的目标和要求，所以目标一定要清晰。要什么，就考核员工什么。

④量化的管理标准。考核的标准一定要客观，量化是最客观的表述方式。很多时候企业的考核不能推行到位，沦为走过场，都是因为标准太模糊，要求不量化。

⑤先进合理的原则。先进是指考核标准不但要反映企业单位的生产技术和管理水平，还应当具有一定的超前性，应当反映出企业在正常的生产技术组织条件下，员工中少部分人可以超过，大部分人经过努力可以接近或达到，极少数人可能达不到的水平。

⑥一致性和可靠性。考核标准能适用一切同类型员工，即一视同仁，不能区别对待或经常变动，致使评价结果缺乏可比性，也就是评价不能达到必要的可信度时将变得不可靠。

⑦突出特点的原则。要突出各类工作岗位的性质和特点，应针对不同的岗位，以及承担本岗位工作的所有被考核人的素质结构特点而制定。

⑧简洁扼要的原则。应尽量使用人们常用的大众化语言和词汇，表达力求简明扼要，尽量避免使用专业性很强的术语及模棱两可的词语，以避免考核者及被考核者对概念或词汇产生误解和歧义。

⑨民主性和透明性。在制定标准过程中，要依靠员工，认真听取他们的意见。

⑩良好的职业化的心态。考核的推行要求企业必须具备相应的文化底蕴，要求员工具备一定的职业化的素质。事实上，优秀的员工并不惧怕考核，甚至欢迎考核。

⑪与利益、晋升挂钩。与薪酬不挂钩的考核是没有意义的，考核必须与利益、薪酬挂钩，才能够引起企业由上至下的重视和认真对待。

⑫掌控性和可实现性。考核是企业的一种管理行为，是企业表达要求的方式，其过程必须为企业所掌控。

（2）考核标准设计的方法技巧

①基于工作分析的设计方法。一个员工的工作任务可以分为三类，一类是必须要做的任务，另一类是应该做的任务，最后一类是要求做的任务。这三类任务里面，必须做的是职责范围内的任务，应该做的是属于员工能力范围内的任务，可能和本职岗位无关，但能力上可以完成。最后一类是上级主管分配下来的任务。工作分析法，主要是将第一类任务和一些可衡量的任务设定为绩效考核目标。

②结合企业经营目标分解进行设计。这种绩效考核是以企业目标为基础，企业想要达成某种目标，就要将目标逐层分解到各个部门及每个员工上，每个员工完成自己的任务，进而推动公司整个目标的达成。这种绩效考核里面的任务，是每个员工都必须要完成的任务。

③按照流程来设计绩效考核。流程是企业必不可少的部分，而这种考核方式是根据员工在流程中所扮演的角色、需要承担的责任以及对上、对下的关系来设计的方法。例如说中层主管，他需要根据高层制定的发展目标来提供出具体的方案，然后将方案交给基层员工进行执行，他扮演的是承上启下的角色，考核也要针对这个角色来进行。

（3）考核标准设计的注意事项

①在非量化的指标中，数量和时间一般不作为单独的考核标准。所谓非量化是指追求的工作质量，而非数量，比如一个打字员，其工作标准为每分钟60个字、错误率在1%，在这种情况下员工就很可能把打字速度提高到每分钟120个字，但是错误率到了5%，像这样的打字只追求速度，而忽视了更重要的质量。很多人在做绩效考核的时候常用“某某项目在某月底完成”，其实这个是错误的绩效考核表填写方法。这会导致员工只求完成工作的速度，而容易忽视完成工作的效果，如准确率、返工率等都是很好的衡量标准。

②考核的内容一定要是自己可控的。很多质量检测部门，质量监控部门会在绩效考核表中写到保证质量合格率在多少以上，其实这个是错误写法，因为你所监管的部门的质量不是你所能控制的，你只能做到检验产品合格率的准确度达到误差在多少范围内的目标。要记住，质量不是能控制出来的，而是生产出来的，检测知识会为生产提供督导、参考。

③形容词不做量化考核的标准。在员工填写绩效考核表时，常出现这样的字眼“完善制度”“及时传达”。带有这些字眼的考核标准都是很难量化的。什么程度下才是算完善？什么情况下算是及时？作为一个办公室主任，考核时应这样写，普通文档8小时内送到，加急文档3小时内送到，这样量化了后才能很好评判办公室主任工作到底是不是及时。

④考核标准要遵循三个定量原则：上级期望、历史数据、同行数据。上级期望是指，上级期望你百分百完成，你就要百分百完成。历史数据是指，一般情况下，本月所做的标准不能低于上月，至少要和上月齐平。同行数据就是根据同行的标准，来制定自己的标准。

⑤考核标准要应用逆推法。任何考核标准的制定都离不开数量、质量、成本、时间期限、客户（上级）的评价五个部分。例如你要制定一份项目实施方案，从数量上来说，可以是一份，也可以规定多少字，也可以规定有多少分册等。从质量上来说，可以是某办公会议

通过，或是上级签字，或是上级修改几次。从成本上来说，可以说控制在多少资金以内。从时间上来说，可以说是在年前、月底前。从客户（上级）的评价来说，可以是员工对方案的认同率达到多高，上级对方案的满意度是怎么样等。然后从中挑选一些重要的考核指标，像时间和成本相对来说较轻的指标就没必要写上去。

⑥上级一定要和员工达成一致。上级在与下级沟通填写绩效考核表时一定要与员工达成一致。首先要概述认为完成的目的和期望。然后鼓励员工参与并提出建议，上级要试着倾听员工的意见、鼓励他们说出他们的顾虑、对于员工的抱怨进行正面引导、从员工的角度思考问题，了解他们的感受。

对每项工作目标进行讨论并达成一致。上级要鼓励员工参与，以争取他的承诺并对每一项目标设定考核的标准和期限，就行动计划和所需的支持、资源达成共识。上级要帮助员工克服主观上的障碍，讨论完成任务的计划，提供必要的支持和资源。上级要确保员工充分理解要完成的任务并在完成任务中不断跟进和检查进度。

（4）相关机制的建立

①建立激励措施和按劳分配机制。企业可根据营销团队使用的企业资源情况，考虑其涉及面的大小，按照一定比例分解指标，把个人完成任务的情况与所在团队的整体营销效果进行捆绑考核。根据员工的能力、努力程度给予不同奖励，使团队内所有员工愿意分享劳动成果，将奖励向关键岗位和优秀人才倾斜，以收入差距体现劳动“公平”。这有助于增强团队的向心力和员工的主动性，避免不必要的猜忌，使员工感受到自己在团队中的重要性，增强其自信心。

②建立竞争和淘汰机制。企业可以根据项目发展的岗位设置不同，界定清晰的职能范围，实行业绩通报制度，将团队内每一位员工的工作进度定期通报给所有员工，激发起所有员工的工作积极性。值得注意的是，团队是依靠凝聚力和协作来完成目标的，强调的是整体性。如果团队中员工个人英雄主义过于强烈，即使能力再强，也未必能为共同目标做出多大贡献。

③锻炼队伍积极的从业心态。态度是营销工作的基础和根本。在日常的工作中，邮政营销人员每天都要与不同类型的客户打交道，每天都可能面临很多的拒绝，心态不好，注定是无法做好工作的。领导需要给员工及时地引导和帮助，让他们认识到只有具备相当好的抗压能力才能经得起市场的挑战和磨砺，并采取各种措施加强企业文化宣传，用整体良好的氛围使员工形成共同的价值观和事业追求，保持良好的精神状态和斗志。

④开展体验式拓展训练。拓展式培训是通过设计独特的富有思想、挑战性和趣味性的户外活动，培养员工积极进取的人生态度和团队合作精神，是一种现代组织全新的学习方法和训练方式。

7.2.4　评价体系建立方法

考核评估体系是体现营销团队能力的一项指标体系，是衡量业绩盈亏的有效手段。

（1）任职资格标准与管理体系

企业竞争取胜来源于与战略相适应的核心能力，而核心能力又来源于具备这些能力的核心人才，因此企业需要建立一系列能够对能力标准进行分级管理的体系与方法。推荐使用任职资格标准与管理体系。

任职资格标准与管理体系主要包含4个部分：任职资格标准、任职资格定级评价、任职资格调整与管理、任职资格落实与反馈。

①任职资格标准：是企业确定的各层各类岗位人员任职的标准，需要结合企业战略与文化和自身能力/核心能力来设定，其中包含岗位任职的各项标准，例如潜能标准、经验标准、知识标准等。设置该标准的目的有两个：一，实现企业对核心能力的规划与管理；二，对具备核心能力的人才进行发展路径规划。

②任职资格定级评价：又称任职评价，是对在岗人员的一次能力评价，是员工实际能力与岗位要求标准的一次对应过程，经过评价可以相应地得出成绩和结果，其目的是分析企业现有人员与组织需要之间的实际差距到底有多大，再进一步明确利于培训提高和未来工作的改进方向。

③任职资格调整与管理：是将评价结果依据相关调整标准分别对应，在此基础上开发出一套五等级/七等级对应表和职能规划表等系列工具，以实现人才的有序调整与规划。

④任职资格落实与反馈：主要是指将任职资格标准具体落实。任职资格结果的落实主要指企业依据任职者评价结果，对应调整。作为人才选、留、提、用等的依据的过程，其分别落实在制度层面和执行层面上，例如人员评价结果优秀的人才将对应任职能力提升，其收入具体变化多少，怎样变化，如何培训，培训的重点是什么等。

企业通过使用任职资格标准与调整来建立管理体系，可以逐步实现量化管理企业能力的目的，也能促进企业核心能力的不断发展。

（2）互评机制的建立方法

互评是员工之间相互考评的评价方式。互评适合于主观性评价，比如“工作态度”部分的考评。互评的优点在于：首先，员工之间能够比较真实地了解相互的工作态度，并且由多人同时评价，往往能更加准确地反映客观情况，防止主观性误差。互评在人数较多的情况下比较适用，比如人数多于5人的情况下。另外，在互评时不署名，在公布结果时不公布互评细节，都可以减少员工之间的相互猜疑。

第 8 章

职业培训与指导

知识目标

1. 理解职业培训的分类，培训目标的设定以及技能指导的目的
2. 熟悉培训体系的建设以及技能指导的内容
3. 掌握培训设计的要点以及专业技能的指导方法

技能目标

1. 运用培训计划设计要点，搭建出符合自身企业的培训体系
2. 掌握培训与技能指导的基本流程及实施步骤

职业素养

1. 拥有善于学习、勤于自勉、严于律己的职业道德
2. 具备团结友善、敬业奉献、一丝不苟的职业精神

8.1
培训

8.1.1 培训分类与目标设定

（1）职业培训分类

培训类型根据培训的内容不同，可以将不同培训项目归纳为不同的培训类型，这样更有利于对培训进行统一安排和管理，节约企业资源。公司内部老师的培训、公司外部老师的培训、参加外部企业举行的公开培训。

培训方式对于不同的培训项目，可以采取不同的培训方式。大体而言，可以将培训方式分为以下几类：讲授法、演示法、研讨法、视听法、角色扮演法和案例研究法、模拟与游戏法等。各种教育培训的方法具有各自的优缺点，为了提高培训质量，往往需要将各种方法配合运用。

培训级别根据培训的范围不同，可以将培训分为公司级培训和部门级培训两类。

（2）培训目标设定

根据各职位所应担负的职责、主要工作成果、所需工作技能及绩效，跟各职系访谈确认各职位在职期间各阶段的训练需求（到职3个月、到职12个月、到职24个月），设定在公司工作的个人培训需求的基础（各职位职责、主要工作成果及应具备之工作技能）即为培训目标。

职位训练课程设计，同时应考虑管理系统，或特定客户要求。由各职系教育训练功能委员会依照训练需求，设计开发训练课程，确定训练课程内容，并培养内部讲师。

用人单位主管从员工所处职位的功能级别训练需求出发，根据员工的个人能力特点及绩效表现，给员工设定个人训练发展计划，生成员工的个人训练课表，包含个人应上课程、研修方式（必修/必选/选修/免修）及课程到期时间（新进/3个月/12个月/24个月等）。

（3）制订培训计划的步骤

①确认培训与人力发展预算。制订培训计划工作的最佳起点是确认公司将有多少预算要分配于培训和人力发展。在不确定是否有足够的经费支持的情况下，制订任何综合培训计划都是没有意义的。通常培训预算都是由公司决策层决定的，应该通过向决策层呈现出培训投资的“建议书”，说明为什么公司应该花钱培训，公司将得到什么回报。在不同行业，公司的培训预算的差异可能很大，但通常外资企业的培训预算在营业额的1%～1.5%。需要管理的是培训预算被有效地使用，并给公司带来效益。

②分析员工评价数据。公司的评价体系应该要求经理们和员工讨论个人的培训需求。如果公司的评价体系做不到这一点，说明公司的评价体系不够科学，需要改善这一功能。这是关于“谁还需要培训什么”的主要信息来源。当然，有时也可能会被公司指定，为了实施新的质量或生产系统而进行全员培训。收集所有的培训需求，有时可能会被部门经理要求给些建议，指出有什么类型的培训是适合部门经理以下的员工参加的。

③制定课程需求单。根据培训需求，列出一个单子，上面列明用来匹配培训需求的所有种类的培训课程。这可能是一个很长的清单，包含了针对少数员工的个性化的培训需求（甚至是一个单独的个人），当然也包含了许多人都想参加的共性化的培训需求。

④修订符合预算的清单。经常会遇到的情况是总培训需求量将超出培训预算。在这种情况下，需要进行先后排序，并决定哪些课程将会运行和哪些课程不会。最好的办法是咨询部门经理来得知哪些培训是最重要的。如果某些有需求的培训无法安排，提出该需求的员工应该得到回应。应考虑是否有任何其他方式来满足需求，例如通过岗位“传帮带”的方式或者轮岗去完成知识传递。

⑤确定培训的供应方。当有了最终版的课程清单，接下来需要决定如何去寻找这些培训的供应方。首先是决定使用内部讲师还是聘请外部讲师。内部讲师的好处是成本较低，而且有时比外部讲师优秀（因为内部讲师更了解组织现状和流程）。然而，有时内部无法找到讲授某个课程的专家，这时就必须寻找外部讲师。另外，对于许多类型的管理培训（尤其是高管培训）而言，外部讲师比内部讲师往往有更多的可信度，这就是通常说的“外来的和尚好念经”。这样说并不一定公平，但确实存在这种现象。

⑥制定和分发开课时间表。人力资源部应该制定一份包含所有计划运营培训的开课时间表，列明开课的时间和地点。一种通常的做法是制作一本包含相关信息的小册子，例如课程描述。这本小册子将被分发给所有的部门作为一份参考文件。

⑦为培训安排后勤保障。培训的后勤保障需要确保：有地方运营该课程（不管在内部或外部）、学员住宿（如果需要的话）和所有的设备和设施，如活动挂图、记号笔、投影机等，还要确保教材的复印件可供给每个参训者。这听起来很平常，但常常出错的往往就是这些方面。最好的做法是假定会出差错，对后勤安排进行二次确认，特别是如果使用酒店或其他一些外部的地点进行培训时。

⑧安排课程对应的参训人员。即使这看起来像一个简单的任务，安排课程对应的参训人员有时可能会有困难。基本上要告知参训人员预订的培训地点，送他们参加培训，告诉他们去哪儿，什么时候到，也许还要建议他们带计算器或在培训前完成一份问卷。公司通常提前两或三个月通知培训报名，以便参训人可以安排好他们的时间表，在培训日时有时间参加。很常见的情况是，一些参训者在最后一刻取消报名（通常是由于工作的压力），所以要有备选学员可以候补空余的培训名额。

⑨分析课后评估，并据此采取行动。希望培训投资要尽可能有效。就像任何其他的投资，应该评估取得的结果。最明了的方式是让参训者上完每门课程后都填写课程评估表格。所有评估表格应由HR（人力资源）作为对讲师的授课质量检查。有持续好评代表这门课程取得了成果。如果有持续劣评的课程，就要利用这些数据来决定什么需要改变（内容、持续时间或主持人等），采取行动改变以令课程为符合参训人员的要求来进行优化提

升。其他的评价课程方法，可以是要求经理让参训人员在每个培训之后举行一个培训小结会，参训人员在课后反馈他们将如何运用所学到他们的工作中去。这是一个非常有效的方法。

8.1.2 体系建设与设计要点

（1）培训计划

培训计划是按照一定的逻辑顺序排列的记录，它是从组织的战略出发，在全面、客观的培训需求分析基础上作出的对培训内容、培训时间、培训地点、培训者、培训对象、培训方式和培训费用等的预先系统设定。

①长期计划。

a．确立培训目标——通过对培训需求的调查分析，将培训的一般需求转变为企业培训的总体目标，如通过培训来达到的各项生产经营目标和提高企业的管理水平。通过对上年度培训计划的总结及分析培训的特殊需要，可以确立需要通过培训而改善现状的特别目标，并将其作为本年度培训的重点项目。

b．研究企业发展动态——企业培训部会同有关的主要管理人员研究企业的生产营销计划，以确定如何通过培训来完成企业的年度生产经营指标。一项生产经营目标的达成往往取决于一个或几个员工是否正确地完成任务；而要正确地完成任务，又取决于员工是否具备完成任务所需的知识、技能和态度。通过检查每一项业务目标，确定要在哪些方面进行培训。企业培训部还要与有关人员共同研究企业的生产经营状况，找到需要改进的不足之处，寻求通过何种培训才可以改善现状、实现培训的特别目标。

c．根据培训的目标分类——围绕企业生产经营目标的培训应列入业务培训方案；围绕提高企业管理水平的培训活动则应列入管理培训方案。因此，培训方案的制定是针对培训目标来具体设计各项培训活动的安排过程。企业的业务培训活动可分为素质训练、语言训练及专门业务训练。企业的管理培训活动主要是班组长以上管理人员的培训，内容包括系统的督导管理训练及培训员专门训练等。

d．决定培训课程——课程是培训的主题，要求参加培训的员工，经过对某些主题的研究讨论后，达到对该训练项目的内容的掌握与运用。年度培训计划中，要对各类培训活动的课程进行安排，主要是列出训练活动的细目，通常包括：培训科目、培训时间、培训地点、培训方法等。注意培训课程的范围不宜过大，以免在各项目的训练课程之间发生过多的重叠现象；但范围也不宜过狭，以免无法真正了解该项目的学识技能，应主要以熟悉该训练项目所必需的课程为限。培训课程决定后，需选编各课程教材，教材应包括以下部分：培训教材目标的简要说明；列出有关教材的图表；说明表达教材内容的方法；依照下列顺序编写教材：教材题目、教材大纲及时间计划、主要内容及实施方法，讨论题的方法和复习所使用的资料。

e．培训预算规划——培训预算是企业培训部在制订年度培训计划时，对各项培训方案和管理培训方案的总费用的估算。预算是根据方案中各项培训活动所需的经费、器材和设备的成本以及教材、教具、外出活动和专业活动的费用等估算出来的。

②短期计划。短期计划指针对每项不同科目、内容的培训活动或课程的具体计划。制订培训活动详细计划的步骤如下。

a. 确立训练目的——阐明培训计划完成后，受训人应有的收效。

b. 设计培训计划的大纲及期限——为培训计划提供基本结构和时间阶段的安排。

c. 草拟训练课程表——为受训人提供具体的日程安排，落实到详细的时间安排，即训练周数、日数及时数。

d. 设计学习形式——为受训人完成整个学习计划提供有效的途径，在不同学习阶段采用观察、实习、开会、报告、作业、测验等不同学习形式。

e. 制定控制措施——采用登记、例会汇报、流动检查等控制手段，监督培训计划的进展。

f. 决定评估方法——根据对受训人员的工作表现评估以及命题作业、书面测验、受训人员的培训报告等各方面来综合评价受训人员的培训效果。

（2）讲义编写方法

培训讲义是培训师事先规划下来的教学内容和教学计划，可使培训符合设定的目标，并有利于培训过程管控。

企业培训与教育最大的区别在于目的性上，企业花费了人工成本、时间成本来组织培训，要的是“达成培训目标”，因此培训经理在选取培训师的时候（不论内外部）都应尽量和企业索取课程大纲与培训讲义，以此来确保培训框架与方向是正确的。

“五线谱”培训讲义，包括了“时间线”，即模块的规划时间；“内容线”，即模块要传递的教学内容；“方法学”，就是在本模块讲授时，要采用的教学方法，讲授案例、讨论等；“情绪线”，就是要让学员融入或要调动学员怎样的情绪；“辅助线”，就是在讲某个模块时，需要的一些道具，如：白板、大白纸、音箱等。培训讲师可以将讲义打印成册；对于集团化公司的标准课程，可将讲义印刷成册发放于各分支机构的培训师资。

培训师怕麻烦，嫌复杂而不写培训讲义，于是出现“被挂在讲台”“课程中卡壳”“严重超时”或者“严重缩水”等问题。除了积累培训经验外，也需要培训师调整心态。

（3）设计原则

培训计划必须满足组织及员工两方面的需求，兼顾组织资源条件及员工素质基础，并充分考虑人才培养的超前性及培训结果的不确定性。

原则一：培训计划必须首先从公司经营出发，“好看”更要“有用”；

原则二：更多的人参与，将获得更多的支持；

原则三：制订培训计划之前要进行培训需求调查；

原则四：在计划制订过程中，应考虑设计不同的学习方式来适应员工的需要和兼顾他们的个体差异；

原则五：尽可能多地得到公司最高管理层和各部门主管的承诺及足够的资源支持，尤其是学员在培训时间上的承诺；

原则六：提高培训效率时要采取一些积极性的措施；

原则七：注重培训细节；

原则八：注重培训内容；

原则九：注重培训实效性。

（4）培训计划的设计要点

①先公司，后部门。在制订培训计划时，可以先制订公司级培训计划，然后再制订部门级培训计划。公司级培训计划主要包括岗前管理培训、岗前技术培训、质量管理培训、企业管理培训等培训计划。

②部门级培训计划根据部门的培训需求制订。通过公司级培训计划将具有共性的培训组织到一起来进行，可以有效地降低培训成本。在制订部门级培训计划时，要结合部门员工与他们所需的岗位知识和技能要求的差距来进行。公司级培训计划制订完毕后，再根据公司级计划制订部门级计划就会更加有的放矢。当部门级计划讨论拖延时，不影响公司级培训计划的实施。

③明确各培训项目信息。培训项目信息包括培训月份、培训类型、培训名称、培训方式、参加人员范围、重点参加人员、费用预算等。对于重点参加人员，在培训后要进行考核。

④与部门讨论。部门级的培训计划要与各部门经理进行讨论。在讨论中，各部门经理可能会提出增加培训内容和培训预算等要求。培训预算要严格控制，但培训内容可以增加，当然主要通过内训的方式解决。另外，培训经理要向部门经理讲清楚：部门级培训由培训经理协助部门进行，而不是由培训经理全权负责，否则在培训实施过程中容易出现管理纠纷。

⑤告知当事人。在培训需求调研中会发现一些工作能力与岗位要求不相符的员工（主要是工作态度好，工作技能不符合的第三区员工），公司除了在培训计划中将他们作为重点培训参与人员以外，最好将工作技能不合格的信息告诉当事人，让他们有一种培训压力，这样会使他们更加积极主动地参加培训。

（5）案例——锦江之星连锁酒店培训体系

锦江之星连锁酒店在全国31个省市、340余个城市有超1300家连锁店、20000多名不同性质的员工（数据统计截至2018年8月底）。员工流失率一直稳定在4%以下，远低于行业15%的平均水平，员工满意度始终保持在96%以上（数据来源：问卷网）。

锦江之星的高速发展，与公司拥有自己的管理学院和一套完善的培训体系是分不开的。在业内，有一句流行语：“要人才，就去锦江之星挖！”有了满意的员工，才会有满意的顾客。企业的核心价值理念能否成为企业全体员工的共识，需要高层管理者以身作则，积极推行；需要中层管理者充分理解，贯彻实施；需要基层工作人员在具体工作中体现。但这一切，都得益于锦江之星对企业文化和业务技能的重视（表8–1）。

表8-1 锦江之星的三级培训体系表

对象	内容	课程	目的	培训方式
中高层管理人员	企业文化手册："老三篇"《管理者必修》《员工必读》和《员工手册》被列为必修课，也是每位新员工入职教育的第一课。"老篇"的价值体系包含了企业的愿景、使命、价值观，以及公司倡导的精神、理念和行为准则，渗透公司经营、管理、服务的各个层面和各个环节，对企业和员工的精神与行为起着统领作用，是企业和员工共同遵循的行为准则和规范。企业的核心价值理念能否成为企业全体员工的共识，需要高层管理者以身作则，积极推行：需要中层管理者充分理解，贯彻实施：需要基层工作人员在具体工作中体现	"地区经理研修班""总经理专修班""中高级管理人员培训班""加盟业主培训班"	提升高层管理者的战略思维、政策水平、创新能力、管理实务，使他们成为经济型酒店管理的专家，并成为身体力行、大力推动优秀企业文化的主导力。如果按照企业文化地图来分的话，这里面"道"的成分更多	自己的文化自己讲。管理者人人都是培训师 课堂讲授式、案例交流式、主题研讨式、游戏拓展式、团队训练式等，根据不同的培训内容和对象选择不同的培训方式。如对高层的比较理论的课程就较多地采用课堂讲授式的培训方式；需要感悟和体验的课程采用游戏拓展式的培训方式；如果需要员工对某一问题进行深入探究，并达成共识，则比较适合采用主题研讨式的培训方式
门店经理及中层骨干		"旅馆开业团队培训班""旅馆优秀员工提升班""市场销售人员培训班""IT维修专员培训班"	使基层管理人员和专业技术人员提高实际管理能力和专业水平，能够理解并贯彻企业领导者所倡导的企业文化的精髓，成为大力传播和主动践行企业文化的核心力量。这里面以"法"的内容为主	
基层工作人员		开展服务技能、服务礼仪方面的培训，包括销售、消防、安全、铺床等内容	使基层员工树立职业理想，掌握职业技能，提高员工的综合素质，激励员工更好地为客人服务，将核心价值理念落实在日常的工作中，成为实践企业文化的基本力量。主要涉及具体执行上"术"的层面	

8.1.3 培训教学与组织技巧

（1）培训教学设计

【培训教学的概念模型】

概念模型的本质是概念的集成和图像化，因此，首先要了解"概念"与"图像"这二者与概念模型的关系，在此基础上，探究概念模型于培训的价值。

①什么是"概念"。所谓概念，就是指出复杂事物各基本要素之间关系的知识，这些关系包括分类、结构，以及他们彼此的相互作用。随着关系的深入，概念模型愈发复杂，表达的内涵也更加丰富。

"分类"是最简单的阐释各要素之间关系的形式，对应的也是最容易构建的概念模型。如果概念模型能够呈现事物各要素之间的结构关系，相对而言更完善。例如，"房柱图"就清晰地呈现了基础、支撑、顶层各要素之间的结构关系。

概念模型如果能直接反映要素之间的因果、转化、制约、平衡等相互作用，则更为完善。比如，"情境领导II"这门课程的整体模型，不仅反映了员工不同的发展阶段、领导类型的四种分类，也形象化地借助二维模型反映了不同领导形态的内在含义差异。同时，它还通过颜色的对应和钟形曲线，反映了员工发展阶段的动态变化和对领导形态的决定作用。

②巧用"隐喻元素"。从上文可见，构建概念模型离不开图像的辅助作用。图像形成过程中常会用到一些基本的隐喻元素，这些元素的变形与组合又能形成新的隐喻。构建模型时，如果能很好地利用这些隐喻元素，本体和喻体就能实现最佳匹配。

概念模型一方面能帮助学员快速建立整体印象，方便记忆理解；另一方面也能为培训师阐述复杂内容提供结构依据。因此，合理运用模型能让培训师切中要害，让学员一点就通，甚至可以进一步扩展学员对复杂事物的理解。

③如何做好有效培训教学设计

首先，培训者需要提出好的问题与探索方向；其次，时刻注意回到问题的现实层面，信息收集环节不能闭门造车；最后，选择一个最佳的基本隐喻元素，一个凝练、形象、含义丰富的概念模型便由此产生。

（2）人员组织技巧

【前期的沟通确认】

①培训老师选择：

a．邀请哪些部门的领导、技师、工程师等来担任本次培训的讲师，要提前注意沟通确认；

b．要多次沟通，不能只打个招呼，就没后续了；

c．首先要沟通本次培训的目的和课件内容设计思路，了解老师对各种资源的培训需求，不仅是配合，还要保证最后的培训效果。

②对培训老师的要求：

a．了解学员的情况和需求；

b．制作培训教材，PPT；

c．准备所讲内容的考试题；

d．不断提升自己的培训技能。

③组织者需要的准备：

a．人员分工：讲师组、设备组、后勤组，明确每个人的责任、重点；

b．收集培训教材，统一PPT模板；

c．培训登记表、笔、纸；

d．培训通知的发布（包括参与人员名单、课程表、时间安排、培训纪律）；

e．组织培训考试；

f．培训效果的评估总结，满意度调查等；

g．注意事项：培训时间一定要根据公司业务和部门工作时间合理安排，尽量放在淡季或工作不忙的时间段。

【正式培训】

①场地布置：提前一天布置培训场地。打扫卫生，摆放桌椅，检查茶水到位情况；检查音响设备，调试开场音乐效果，投影仪，白板，白板笔，擦地准备，培训教材，PPT播放是否正常，话筒，翻页笔电池等检查；检查背景墙，条幅准备情况；指定专人现场拍照录像，保留历史影像。

②培训提醒：提前一天再次通知参加培训的人员，让他们提前安排好时间。

③清点人数：提前半个小时到场；提前十分钟提醒大家准备开始；确认培训老师是否提前到场；提前五分钟点名，宣布培训纪律，领导讲话。

④把握培训进度：组织人员不要擅自离开。不要想着培训一开始，就可以走了。组织人员要全程陪同、跟进。同时要做好突发事件的应对措施，并对本次培训重点进行监控。

⑤评估和问卷调查：结束后让学员填写培训效果评估表或问卷调查表，及时了解培训效果。

⑥组织考试：培训结束后，组织学员统一考试。

⑦总结汇报：对此次培训活动的实际情况进行分析总结，将成绩和不足、培训效果、满意度等汇总成工作报告，提交给领导。

8.2 指导

8.2.1　技能指导主要目的

职工岗位技能培训是让企业和员工双方受益的双赢活动，对企业的发展起到不可或缺的作用。一个注重员工培训的企业，对提高全民素质，提高就业率和保障社会稳定方面都具有更好的社会影响。企业员工通过不断培训，技能就会有新的提高，员工在生产中的操作得到了进一步规范，工作效率也进一步提高，企业生产设备就能发挥出最大的功效，各流程的衔接也会更加流畅，从而使生产成本得到了节约，最终形成“培训—技能提高—企业发展—培训”良性循环的过程。

8.2.2　技能指导内容规范

技能是运用已有知识经验来完成特定目标的操作程序，它是通过练习来逐渐熟练掌握的。为了使学习者能更好地掌握相关技能，培训人员需依据动作技能的发展阶段和基本特征对学习者进行科学指导，使学习者逐渐熟练掌握相关技能，并在掌握这些动作技能的同时，结合专业理论知识，将其应用于实践，并在实践中来发现和解决问题，发展各方面能力。在专业技能训练中，培训人员要充分发挥其主导作用，将理论与实践相结合，更好地指导学习者掌握专业技能、掌握相关专业知识。

（1）要有明确的练习任务

一般来说，有明确的期望和目标的动作技能学习比无明确期望、无明确目的、任务模糊的学习更为有效。因此，每次练习都要有明确的任务，并要让学习者理解练习的目的和任务，具体地说，就是要让学习者了解“做什么”和“做到什么程度”。

那么，如何让学习者了解每次练习应该要“做什么”和“做到什么程度”？首先，要有预先制定好的认知目标和技能目标。在一定的教学时段中，要想让学习者通过一定的活动达到预定目标，明确的任务是必需的。在某一具体任务中，学习者通过相应的学习活动来掌握相关专业理论知识和相关的专业技能来完成这一任务。因此，布置的任务要明确、具体，避免学习者在接到任务后无所适从。比如，主播在直播中的成交数量，可分为几个阶段，成交数量要求可从低到高，每一阶段要达到的目标都是不同的，要求是逐渐提高的。其次，要有明确的任务，要充分体现培训人员在当次教学活动中的主导作用，有效引导学习者在这一教学时段中做什么，做到什么程度。明确要做什么，达到什么要求，使学习者接到任务，马上能了解任务的内容，而不会无所适从。

（2）要有正确的动作示范

学习者明确了做什么以后，下一步怎么做呢？比如说，主播在直播之前需要熟悉本场直播的流程以及直播的脚本等，这就需要培训人员做出详细的示范，一次示范是不够的，有些人掌握得比较快，笔记记得比较清楚，虽然上播不够熟练，但是也能看着笔记一步步做下去；有些人做不到，这时培训人员要善于观察，可以有针对性地进行小组示范。在示范过程中，可一边示范，一边让学习者说出下一步的动作，然后再让他们练习。几次练习之后，再次集中，用准确规范的流程再示范一次，这次示范要结合学习者在练习过程中出现的问题进行。对技能的认知是技能形成的重要环节，通过几次不同阶段的示范，应能较好地达到这一要求。

（3）指导学习者掌握正确的练习方法

知道了怎么做，并通过初步的练习，学习者已对相关的技能有了比较清晰的认识，但是要想熟练掌握技能，学习者仍需反复练习。这时，要充分发挥学习者的主体作用，直至能把流程连贯起来。一方面，要让学习者克服畏难的心理或偷懒的念头，让他们积极主动地练习。有的学习者协调性比较好，也肯动脑子，能及时地自我总结和反省，很快掌握动作要领。但有一些学习者悟性差，虽然反复练习，还是不得要领。这时要充分体现培训人员的主导作用，指导他们掌握正确的练习方法，以达到事半功倍的效果。要让流程步骤上升为技巧，只有反复练习才能熟能生巧。正确的练习方法能让学习者学得好、学得快。练习一阶段以后，可以让学习者考虑为什么要这样做，还能不能采用其他的方法，各种方法有什么优缺点，从动手到动脑，再从动脑到动手，让学习者学会分析，学会比较，学会总结，学会发现问题、解决问题。

（4）给予及时合理的反馈

学习者做得怎么样，做得好不好，怎样才算合格，培训人员必须及时给予评价。给出评价之前，可以让学习者自我评价或同学之间相互评价。只有及时地评价、分析，学习者才知道自己到底做得怎么样。如果不合格，原因是什么，找出原因，下一次做的时候才能有的放矢，及时对自己的动作做出调整。培训人员也可以及时了解学习者动作掌握的情况，哪些方面出现的问题是共性的，哪些问题是个别学习者容易出现的，等等。比如，在评价中可以有两栏，一栏是自测，一栏是培训人员测，做完就评价，评价完马上可以分析，分析错误或者误差的性质和原因。通过及时反馈，不仅能让学习者对自己的掌握情况有明确的认识，同时也能让培训人员清楚任务完成的情况，既有利于学习者的练习和提高，也有利于培训人员及时调整教学进度。除了个别的分析之外，培训人员每次都可以对当天的总体情况和出现得比较频繁的情况进行分析和讨论总结，通过不断总结和反省，提高训练的效果。

总之，要从学习者的技能形成和认知规律的角度，科学指导，循序渐进，通过任务驱动，将理论与实践有机结合，正确引导学习者在训练过程中举一反三，融会贯通，有效地提高学习者的专业能力和社会能力。

8.2.3　技能指导实施步骤

（1）第一步：观察倾听

当学员提出疑问时，培训师需要倾听并记录，有以下三点需要注意。

①目光交流。培训师的目光始终注视提出疑问的学员。

②积极响应。在学员进行提问时，通过积极肯定的语言与动作给予学员鼓励与肯定。语言可以使用“嗯”“是的”“对”和“非常好”等，动作可以使用微笑、点头或大拇指等。

③不要打断。中间不打断，完整听完后再进行答疑，并询问“还有其他问题吗”。

（2）第二步：完整复述

培训师将提问者的疑问完整不变地复述一遍，有四点原因：

①让提问学员确认自己的话已经被正确听到；

②让其他学员也能够听得清晰；

③让提出疑问者有一个澄清疑问的机会；

④让培训师有思考疑问的时间。

（3）第三步：提炼概括

当完整复述后，就需要将疑问内容进行提炼概括。如果一个大问题需要尽量分解，如果是多个问题则需要进行分类，选择其中的核心问题，并使用认知迁移中的向上迁移技巧对问题界定范围。

在提炼概括时，需要挖掘学员提出疑问背后的情绪，是对培训师的不满还是寻求自我表现等。

（4）第四步：疑问确认

将提炼概括后的问题让提问者进行判断是否概括正确，并在白板上书写，确保培训师完全理解问题并可供其他学员思考。

（5）第五步：理解鼓励

对学员提出疑问的行为表示理解，并予以鼓励，进行正强化。

（6）第六步：解答疑问

每次回答时，只回答一个问题。对于学员提出的疑问，在解答时可以分为以下三种方式：滞后回答、无须回答和即时回答。

滞后回答。提出的疑问与当前培训内容无关，与稍后培训内容有关，可以滞后回答。采用滞后回答时需要将问题放入“问题停车场”，即：在黑板上另辟一块区域，书写“问题停车场”，将所有待回答问题写在“问题停车场”中，就像把问题作为车辆停在停车场一样，当培训内容进行到相关疑问时，再进行解答。

无须回答。提出的疑问与培训内容无关，无须回答。无须回答的疑问需要经过以下两个步骤：课后解决与引导回归，如表8-2所示。

表8-2　无须回答步骤

步骤	说明及案例
课后解决	非培训内容相关问题不占用课堂时间，引导学员课后解决 例 培训师：李华，你说的问题我也正在思考，我们下课一起探讨好吗？
引导回归	将学员的思考重心从与培训无关的问题中解脱来，转移回归到当前的培训内容中 例 培训师：你关于……的观点是个好想法，我不想丢掉它，但是你关于……的话我更感兴趣，我们先回到那个上面好吗？

即时回答。提出的疑问与当前培训内容相关，需要即时回答。即时回答是解答疑问中最常见的种类，它由四个步骤组成：转移大众、处理疑问、总结概述和询问感谢。

①转移大众。与培训相关的问题也是所有学员的问题，培训师需要将目光从提问者转向所有的学员。

②处理疑问。对于即时回答的疑问，可以分为以下4个等级：

A．浅显易懂，培训师和学员能够轻而易举地完成；

B．切题适中，培训师和学员经过思考都可以完成；

B．深入提高，培训师和学员需要经过思考，只有部分学员能够完成；

C．超难无解，培训师和学员都无法回答。

针对“处理疑问”中的四个等级，以下提供11种方法，每种方法对应的四种问题级别详如表8-3所示。

表8-3　处理疑问方法矩阵

方法	疑问			
	浅显易懂	切题适中	深入提高	超难无解
引导思考	√	—	—	—
转嫁他人	√	√	√	√
反问学员	√	√	√	√
全体讨论	—	√	√	√

续表

方法	疑问			
	浅显易懂	切题适中	深入提高	超难无解
重要问题	—	—	√	√
直接回答	—	√	√	—
向下迁移	—	—	√	√
部分回答	—	—	—	√
拖延滞后	—	—	—	√
转移话题	—	—	—	√
坦诚承认	—	—	—	√

a．引导思考。由于问题浅显易懂，可引导学员思考并自行回答，可以使用引导提问的方式；

b．转嫁他人。通过转嫁给其他学员的方式来回答疑问，可以通过抢答或抽答；

c．反问学员。先通过反问提问者已有的想法来处理疑问。培训师掌握学员当前的状态，并可以启发学员自己思考；

d．全体讨论。通过所有学员全体讨论的方法来处理疑问；

e．重要问题。当问题需要学员思考时，可以使用“重要问题”方法来进行衔接；

f．直接回答。培训师根据问题直接回答，直接回答方式最省时间，但无法引起学员的思考；

g．向下迁移。通过向下迁移，找出当前类属的下层类属；

h．部分回答。培训师对疑问不完全回答，只回答部分内容；

i．拖延滞后。拖延滞后是将问题暂且搁置到课后，培训师寻找资料进行回答；

j．转移话题。当前问题无法解决，可以通过将当前话题转向其他话题的方法来实现，但由于最终没有解决疑问，可能会引起学员的质疑；

k．坦诚承认。经过思考后仍然无法回答，培训师可以坦诚地承认自己不知晓。切不可不会乱回答，当学员一旦证实培训师的误答，培训师的信任度将大大降低。

这11种方法并不一定只使用一种方法就能够直接解决疑问，有时需要使用多种方法。如在反问学员后，仍未能作答，就使用全体讨论等方法。

③总结概述。解决疑问后，需要总结整个解决疑问的过程，包括问题、使用的方法以及处理问题的结果三部分。总结概述可以帮助学员加深对问题的理解。

④询问感谢。完成总结概述后，视线回到最初的提问者，询问问题是否解决，并予以感谢。

（7）第七步：回到培训

学员提出的疑问并不在正常的课程安排中，所以在结束解答疑问后，需要回到正常的课堂培训过程中。

8.2.4 技能指导考评标准

（1）ASK模型，高效优化团队

①ASK模型是什么？

A——Attitude（态度）；

S——Skill（技能）；

K——Knowledge（知识）。

②态度：主要包括哪些方面？

标准：对数据和内容要保持乐观、自信的心态，保持勤奋，对剧本打磨要有耐心，不轻易产生畏难情绪和放弃。

优化方法：利用FFS理论（Five Factors & Stress）为标准进行管理，FFS理论是一种独特的思维方式，它为管理者提供一种充分发挥下属能力的强项思维，从而提高团队竞争力。

③技能：主要包括哪些方面？

标准：处理问题的应变能力，团队沟通的亲和力，表达能力，时间观念。

优化方法：

a. 编剧（模仿+创新）。

b. 导演（拆片）。

c. 运营（积累+套用公式）。

④知识：主要包括哪些内容？

标准：对赛道和竞品了解，关注和看过的视频很广泛，能够举一反三，通过一个热梗想到很多玩法。

优化方法：教会团队自主学习。

（2）不同岗位考核标准

通常将考核分为两部分：关键绩效指标KPI（Key Performance Index）（结果、数据）+关键胜任能力指标KCI（Key Competency Index）（过程、态度）。

培训师需要在每个岗位中从不同的维度来对该人员进行考核，每个维度可设置1～10个分数值，团队人员根据自己所获得的分值来进行绩效考核。

高级技师 / 一级

第一篇
专业基础知识

第 1 章

选品策划

知识目标

1. 理解营销产品的特征，产品购买率和产品复购率的计算方法
2. 熟悉热销产品的预判方法、产品质量信息的内容

技能目标

1. 能够根据营销产品分析其具备的特征
2. 能够计算产品的购买率和复购率
3. 能够选择适当的方法对热销产品进行预判
4. 能够进行产品质量信息的收集

职业素养

1. 拥有爱岗敬业、诚实守信、遵纪守法的职业道德
2. 具备团结合作、吃苦耐劳、勇于创新的职业精神

1.1 营销产品概述

1.1.1 营销产品的含义

所谓营销产品是指能提供给市场，用于满足人们某种欲望和需要的任何事物，包括实物、服务、场所、组织、观察、主意等。可见营销产品的范围非常广泛，可以是电视机、空调等实物，也可以是律师、注册会计师等人员，甚至可以是一种观念或主意，如广告公司的创意等。

营销产品在市场营销组合中的地位十分重要，因为消费者的需求是通过营销产品实现的，任何一个企业制定战略时，首先要回答的是用什么营销产品使企业和目标市场发生联系，再考虑市场营销组合的其他三项决策（价格、渠道、促销）。

1.1.2 营销产品的特征

营销产品的特征是产品自身构造所形成的特色，一般指产品的外形、质量、功能、商标和包装等，它能反映产品对顾客的吸引力。营销产品的特征是影响消费者认知、情感和行为的主要刺激物。这些特征是凭借消费者自身具有的价值观和过去的经验来评价的。

营销产品的特征主要包含以下七个方面。

①**兼容性**：指营销产品和消费者当前的印象、认知和行为相一致的程度。如各种口香糖、润喉糖等，即不需消费者的上述行为变化就可使用。

②**可试性**：指一种营销产品所能提供的有限试用或能分成微小数量以供试验的程度。

③**可观察性**：指营销产品及其效用可被其他消费者感知的程度。

④**效益周期**：指消费者体验营销产品益处的快慢程度。

⑤**简易性**：指营销产品为消费者明白和使用的容易程度。

⑥**相对优势**：指一种营销产品较之其他产品类型、产品形式和品牌持续性所具有的竞争性优势。在某种情况下，相对优势可以通过技术开发来获得。

⑦**营销产品象征性**：营销产品象征性来自产品或品牌对消费者的意义，消费者在购买、使用营销产品中的体验。

1.2 热销产品概述

1.2.1　热销产品的含义

热销产品是指市场上很紧俏、销路很好、没有积压滞销的商品。任何商品，只要受到消费者欢迎，销路好，都可称作热销产品。热销产品有以下三个特征。

①代表性：指无论在价格，风格，还是目标消费群体上都符合店铺的整体定位。简而言之，你的店铺卖的是狗粮，那么你就不能用猫粮作为热销产品。

②可持续性：指这款商品能跟其他某款商品进行关联销售，或者具备升级换代的能力。关联销售即某款上衣和某款裤子搭配起来非常不错。升级换代就类似于手机、电脑等商品的升级换代。一款具有关联销售和升级换代能力的商品可能是热销的，因为它们具备持续性。

③稳定性：指供应链优势明显，库存量大、生产速度快、品质稳定。热销产品的意义就是通过这款商品带动整个店铺商品以及品牌的发展。所以，商品质量必须要好、库存必须充足，这样才能让客户对店铺有好印象并产生复购行为。

1.2.2　热销产品的预判

热销产品的预判可以根据帕累托法则，即20%的商品的销售额可实现全部销售额的80%，而剩下的80%商品的销售额则只实现总销售额的20%，其中占销售额最大份额的20%的商品，视为热销产品。

热销产品的统计辨识的具体方法有历史资料法、竞争对等法和数据信息统计法。

（1）历史资料法

历史资料法又称经验法，是指参照历史同期的销售统计资料，在总的商品品种中选择出销售额排名在前20%的品种作为热销产品。

（2）竞争对等法

竞争对等法，是指通过调查并统计竞争对手的热销产品的情况，进而确定自己的热销产品。传统的方法是到竞争对手卖场去观察货架上的商品空缺率，通过陈列在货架商品的空缺情况，可以初步得出结论：如果陈列货架商品空缺多，该商品销售良好，可列为热销产品的备选目录。利用竞争对等法判断热销产品要注意竞争店店址、卖场面积、经营品种等因素应具有相似可比性，以保证参照借鉴的实效性；同时还要注意，由于获得信息与下一步商品采购有时滞，所以这些信息对选择下一年热销产品的参考价值可能更大些。

（3）数据信息统计法

数据信息统计法，是指根据本企业汇集的历史同期的销售信息，来选择热销产品的方法。这些信息资料主要是：销售额排行榜、销售比重排行榜、周转率排行榜、配送频率排行榜。这四个指标之间存在密切正相关性，核心指标是销售额排行榜。根据销售额排行榜，挑选出排行在前20%的商品作为热销产品。如某超市经营的商品品项总数为7000种，则销售额排名第一至第1400的商品就构成前20%的商品目录。采用数据信息统计法，可使信息完整、准确、迅速，是超市尤其是规模较大超市选择热销产品的首要方法。

1.3 复购率

1.3.1 产品购买率的含义

产品购买率，是指在一定时期内购买某一产品的消费者数量占购买同类产品消费者总数量的比例，比如，购买联想电脑的人数与购买电脑总人数的比例，就是联想电脑的购买率。

产品购买率计算公式如下：

产品购买率=购买该产品的人数/购买同类产品的总人数×100%。

1.3.2 产品复购率的含义

产品复购率，是指消费者对该品牌产品或者服务的重复购买次数，重复购买率越高，则反映出消费者对该品牌的忠诚度就越高，反之则越低。

影响复购率的基础要素主要是商品质量、服务质量、物流满意度。次之是商家的运营方法和营销触达。

①商品质量。商品才是复购率的核心因素，其实品牌不分线上线下，用户愿意从哪里购买，商品和宣传就应该出现在哪里。现有的很多品牌过于热衷运营细节及销售推广，最后变成品牌依赖。做企业不要急，不要卖“穿”价格，如果你可以少打折扣甚至原价卖出去，才代表你的品牌是用户需要的、喜欢的、不可或缺的。

反过来讲，如果你的商品质量问题较大，使用再多的策略、手段、工具均不可能带来复购率，对于用户而言，不仅连一锤子买卖都做不成，而且由于电商的退换货机制，可能连一次购买都未最终完成。

所以，商品是命脉，所有的方法均是在商品质量过关，且都是在商品同质化基础之上而言的。

②服务质量。电子商务交易平台的买卖双方，隔着电脑，隔着网络光纤，隔着地域上的千里万里，唯一的联系便是跟客服的在线交流，所以人们看到网络上超现实的亲切用语均从

电商平台发起。因此，在这个交流的渠道上无论如何不能慢待用户，对于用户发起的疑问、请求均要快速、专业、客气地响应。这样用户满意度可以保持在一个较高的水平，好的情绪是产生复购率的强大动力。

③物流满意度。用户在评价物流快递服务时，服务速度是最重要的因素，其次是服务质量、服务态度等。由此可以看出，用户在评价物流满意度时大多受感性因素影响。

1.4 产品质量信息数据库

1.4.1　产品质量的含义

产品质量是指产品满足规定或潜在要求的特征和特性的总和。这里的规定是指国家或国际有关法规、质量标准或买卖双方的合同要求等方面的界定；潜在要求是指人和社会对产品适用性、安全性、卫生性、可靠性等方面的人为期望；特征是指用来区分同类产品、不同品种的特别显著的标志；特性是指不同类产品所特有的性质，即品质特性。产品质量特性依产品的特点而异，表现的参数和指标也多种多样，反映用户使用需要的质量特性归纳起来一般有6个方面，即性能、寿命（即耐用性）、可靠性与维修性、安全性、适应性、经济性。可以说，产品质量是产品具备适用功能，满足规定和消费者需求程度的一个综合性概念。

产品质量的含义具体包括以下三个方面。

（1）产品质量的内容或基础是产品特性的总和

产品“特性”是指不同产品特有的性质，如保温瓶的保温性能、电冰箱的制冷性能。由于产品的使用价值必须通过产品的各种特性来体现，所以，产品特性的总和是产品质量的根本内容，它由若干要素构成。产品必须具备能够满足人们某种需要的特性，否则就不具备应有的使用价值，从而失去产品的意义。

（2）产品质量的基本要求是产品特性满足的需要总和

这里的满足需要包括几层含义：一是从顾客的角度考虑，产品要符合要求，如符合技术指标，符合产品适用性能，符合合同规定，符合能够满足消费或使用的欲望。二是要考虑社会的需要，即要符合法律、法规、环境、安全、资源保护等方面的要求，如有的产品在某一国家或地区，顾客从具体消费和购买能力上有需要，但该国家或地区在总体规划上不允许发展，那么，这样的产品就不能“满足需要”，不具备所要求的质量。

（3）产品质量是一个动态概念

其表现在具有时间性、空间性和消费对象性，不同时代、不同地区、不同的消费对象，对同一产品有不同的质量要求，并随着科技进步、生活水平的提高和社会的发展而不断变化。

1.4.2 产品质量信息的含义

产品质量信息是反映企业产品质量和产供销各个环节的基本数据、原始记录以及产品使用过程中反映处理情况的各种情报资料。它是质量管理的耳目，也是一项重要的资源。产品质量信息包括以下四类。

（1）工作质量信息

上级有关质量问题的各种指令、文件、法令、计划、任务；企业的各项规章制度、岗位职责、经济责任制；各项工作标准、技术标准、各种工艺文件；各类质量报告；5M因素（5M因素包含：人—Man，是指哪些问题是由人为因素造成的；机—Machinery，指软、硬件条件对于业务经营及管理的影响；料—Material，指新产品的研制与开发、产品种类、性能及客户对产品的认知度等；法—Method，是指业务经营的方式、方法是否正确有效等；环—Milieu，是指影响业务经营的内部和外部环境等）的各项管理制度、内容和工作方法；供应商的有关资料；检验与测试手段及制度等与工作质量有关的信息。

（2）工序质量信息

工序及工序质量管理资料；5M因素的定量分析资料，关键、特殊工序的能力分析资料，工序能力审核资料等与工序质量有关的信息。

（3）产品质量信息

产品的国际标准、国外先进技术标准及国外近期先进事物样品的实测指标；产品的技术水平、性能、质量指标、可靠性、安全性、可维修性、耐用性等指标，在国内、国际同行业中的地位等资料；合格率、废品率、返修率等指标。成本及消耗资料；产品的技术改造规划；市场调查、销售服务及客户反馈的资料；零部件及外协外购件的实用质量资料；产品设计图纸、各种技术文件、档案、使用说明书；新产品、新工艺开发计划；新产品试制、实验、检测、鉴定、小批及批量生产资料等与产品质量有关的信息。

（4）质量管理信息

包括国家有关质量管理工作的各项规定、条例和办法；公司方针的展开及实施计划、方案、考核等资料；问题的具体情况及定量分析资料；企业质量管理规划、制度及标准化、效能资料；质量管理体系资料；全员性质量管理活动和质量管理小组资料；质量管理培训教育计划、规划及实施资料；骨干人员情况资料等与质量管理工作有关的信息。

要使质量信息得到有效的传递与处理：首先，应明确信息的种类；其次，规定相应的处理程序；最后，建立有效的监督考核机制等。

1.4.3 产品质量信息数据库

产品质量信息数据库是指在计算机与通信技术基础上形成的对质量信息进行收集、整理、分析、传输和存储的数据库。建立产品质量信息数据库的目标是获得正规的持续信息流，为决策和控制提供及时、准确、全面、系统的质量信息。

通过建立一个功能完善的产品质量信息数据库来加速质量数据信息化进程，可以弥补ERP系统（即企业资源规划）在质量管理上的不足，主动监控质量变化趋势、指导生产过程改进，避免不合格产品的发生，降低产品的质量损失和生产成本，从根本上确保企业产品实物质量及自身竞争力的不断提升。

1.5 产品供应链和产品开发

1.5.1 产品供应链含义

产品供应链是指从物料获取并加工成中间件或成品，再将成品送到用户手中的一些企业和部门的业务活动及其相互关系构成的网络，它包括物料来源、产品生产、运输管理和仓库管理甚至需求管理等环节，通过这些功能的集成把产品和服务提供给最终用户。供应链实际上是产品生产和流通过程中所涉及的原材料供应商、生产商、运输商、批发商、零售商以及最终消费者组成的供需网络系统，每一条供应链中包含着供应商、生产商、配送中心、运输商、零售商及消费者之间的一种相互依存的互利关系。

1.5.2 企业产品开发

企业产品开发就是企业改进老产品或开发新产品，使其具有新的特征或用途，以满足市场需求的流程。产品既然和人以及其他生物一样有一个从出生、成长到死亡的过程，这就要求企业必须不断进行产品开发，以在激烈的市场竞争中生存、持续下去。现代科技的发展，使产品生命周期在迅速缩短。因此，企业产品开发，对企业具有极为重要的意义。

产品开发战略是由企业现有市场和其他企业已经开发的、而本企业正准备投入生产的新产品组合生产的战略，即对企业现有市场投放新产品或利用新技术增加产品的种类，以扩大市场占有率和增加销售额的企业发展战略。

产品开发战略是企业对市场机遇与挑战、内部资源能力的优势和劣势所进行的全面的、前瞻性的思考和认识，也是深思熟虑后的选择和决定。产品开发战略能避免企业临时地、随意地、盲目地开发一些没有市场价值的产品，而忽视了那些真正能够提升市场竞争力的产品机会。产品开发战略是企业产品开发的路线图，指引产品开发的方向和路标。

（1）领先型开发战略

采取这种战略，企业努力追求产品技术水平和最终用途的新颖性，保持技术上的持续优势和市场竞争中的领先地位。当然它要求企业有很强的研究与开发能力和雄厚的资源。

（2）追随型开发战略

采取这种战略，企业并不抢先研究新产品，而是当市场上出现较好的新产品时，进行仿制并加以改进，迅速占领市场。这种战略要求企业具有较强的跟踪竞争对手情况与动态的技术信息机构与人员，具有很强的消化、吸收与创新能力，缺点是容易受到专利的威胁。

（3）替代型开发战略

采取这种战略，企业有偿运用其他单位的研究与开发成果，替代自己来研究与开发新产品。研究与开发力量不强、资源有限的企业宜采用这种战略。

（4）混合型开发战略

以提高产品市场占有率和企业经济效益为准则，灵活、混合使用上述几种产品开发战略，即混合型开发战略。

第 2 章

直播销售

知识目标

1. 理解多媒介传播不同平台的特征
2. 熟悉营销效果的监控与优化方法

技能目标

1. 能根据多媒介不同平台的特征，分析优劣势
2. 能不断根据营销效果进行方案优化

职业素养

1. 拥有敏锐的市场嗅觉，灵活应变
2. 具备基础的数据分析与应用能力

2.1
多媒介传播概述

2.1.1 多媒介含义

在推广中，需要多平台进行输出，包括小红书、抖音、快手等，以不同平台和账号形成的多个传播路径，通过内容建设和账号运营，带来粉丝的增加，形成统一的认知。这些不同的账号和不同的平台体系，就是多媒介。

结合中国移动互联网数据库2023年11月数据，从日活、人均时长、平台特征几个维度，对抖音、快手、B站（哔哩哔哩）和小红书做了平台对比，如表2-1所示。

表2-1 多媒介平台对比

平台	对比项			
	日活	用户类型	内容形式	带货方式
抖音	8.8亿	用户男女均衡，以19~30岁年龄阶段用户为主，一二线城市用户偏多，南方用户偏多	表演剧情，Vlog、颜值出镜等丰富多样的短视频展示形式，内容质量持续增高并逐步向营销发展。随着抖音运营越来越精细化，具有差异化的优质内容仍然可以获得好的流量推荐	带货模式主要分为两种——短视频带货和直播带货，除官方抖音小店外可直接链接至淘宝、京东等电商平台产品
快手	3.47亿	男女比例均衡，30岁以下用户占比70%，三四线城市及农村用户偏多，占比约55%，北方用户偏多	快手的KOL多是草根出身，生活类短视频占比最高，接地气的段子更受用户欢迎。快手拥有浓厚的“直播”氛围，粉丝黏性高，用户对于自己喜欢的KOL愿意主动点赞、评论、分享，互动率高	以直播间带货为主，快手对短视频广告审核比较严格，社交、直播相关产品一般不能上。可链接至快手小店、有赞、淘宝、魔筷等平台
B站	1.03亿	男女比例均衡，16~25岁用户占比高达78%，一线城市用户偏多，付费意识强	生活、娱乐、游戏、动漫、科技是B站视频主要的内容品类，是国内最大的二次元社区	信息流广告、明星+UP主垂直矩阵引流种草，可链接至淘宝、京东等电商平台，通过评论区加购买链接和优惠券链接等形式呈现
小红书	2亿	以女性用户为主，90后用户占比高达70%，一二线城市用户偏多，用户种草心智成熟	从分享海外购物经验起家的社区平台，到美妆、护肤、母婴、美食、家装、旅行等触及到人们生活全方位的种草平台，展现形式分为图文笔记和短视频两大类	以KOL产品测评和种草为主，直播带货和小红书商城为辅，可链接淘宝

2.1.2　多媒介传播的含义

在不同的媒介中，采用相关的内容创意和数据运营，形成对各个平台上相应潜在客户的推广和对客户的影响力，以达到传播的目的。以多个窗口进行传播，可以称为多媒介传播。

2.2 营销效果监控

2.2.1　营销效果的含义

营销是通过系统的运营手段达成销售结果的过程。因此，营销效果是对运营过程进行评估的过程，效果显著意味着运营手段得当，达到了预期结果；反之，意味着运营没有达到预期的结果，营销效果未能满足预期。

营销效果的好坏，主要跟以下五个方面有关。

①供需关系：当你的产品或服务，不被目标客户所需要，或者没有找准目标客户，是很难达到营销目的的。强需求下配合适当的营销，效果自然好，然而供需关系都是相对的，会因时因地因人而异。

②市场竞争程度：虽然产品和服务是有需求的，但是市场竞争太激烈了，也很难保证营销效果。

③是否让顾客得到了最大的“便宜”：顾客的消费心理随着消费主力从70后、80后变成90后、00后，发生了巨大的变化，客户追求的是性价比，要的是感觉占了便宜而不是真的便宜，因为现在的顾客对产品质量和外观的要求都很高。

④顾客的信任度：营销的最高境界，是取得客户的信任。

⑤产品或服务本身的质量以及售后：营销的载体，还是在产品或服务本身，如果产品没法让客户放心和满意，就很难建立起口碑，营销会越来越艰难。

2.2.2　营销效果的监控与优化

营销监控：营销效果最直观的评估是是否达到了预期的结果。在达成结果的过程中，可以设计不同环节的关键参数，通过对参数的评估，由此实现对营销效果的监控。例如，ROI，就是对营销效果进行评估的参数，意味着投入产出比（或者费销比），这是直观地将成果进行数据化的评估方式。

监控的实施可以根据在营销过程中和已经完成营销后来进行不同的参数设置。

过程中：流量（客户数量）、转化率、客单价、留存时间、互动力（活跃度）五个方面的参数，都是对正在进行的营销活动进行评估的参数。

完成后：ROI（费销比）、老客新客比、退款退货率等都是对营销结果进行评估监控的参数。各个平台都有不同的参数设计方式，整体具有相似性。

营销优化：营销优化就是在进行营销的过程中，根据参数数据，及时进行策略调整，以推动相应的数据改善的过程。

例如：在营销过程中发现进入的流量较少，需要进行一定的投流，通过购买流量的方式，让定向的潜在客户，进入直播间，形成对销售的扶持。

针对性地进行策略优化，适当地调整相关费用的使用方向，适当地对费用预算进行改变，这都是营销优化的过程。

在营销优化的过程中，包含六个方面的优化路径。

流量不足——通过推流和粉丝通等手段，形成流量增加。

现场气氛不足——现场设计活动形成互动氛围。释放福利，加大粉丝积极性。

转化率较低——促销和连带销售同步进行，带动转化提升。

挖掘忠实客户——让忠实客户通过转发带人，形成新的流量，给予忠实客户最高福利。

调动价值感——释放库存，带来强大的购买动力，形成价值感。

乘胜追击——在运营过程中，已经出现了较好的反馈，必须加大力度，乘胜追击，带来更大的影响力和转化能力。

2.3 直播相关概念释义

2.3.1 直播概念界定

网络媒体自身还没准确概括出网络直播的界定，为方便起见，不妨参照传播学及电视现场直播的概念给网络直播下个简单的定义：在现场随着事件的发生、发展进程同步制作和发布信息，具有双向流通过程的信息网络发布方式，其形式也可分为现场直播、演播室访谈式直播、文字图片直播、视音频直播或由电视（第三方）提供信号源的直播。网络媒体具备海量存储、查询便捷的功能。

随着网络技术和智能设备的发展与普及，直播的条件日趋成熟，直播由于具有实时性与强互动性，深受用户的喜欢。除了影视节目的直播，目前人们讨论最多的主要有秀场直播、娱乐直播、带货直播和会议直播。本书侧重于讲商业化的带货直播，以及如何通过直播带来商业化价值。

带货直播：就是通过在不同平台的直播，将销售和活动直接传达到消费者面前的过程。

2.3.2 直播用户概念

直播用户：通过收看直播，形成互动、交流、交易的群体。这个客户群体，已经随着各个平台直播的成熟，规模逐步扩大。

现在，主要的直播平台包括淘宝（天猫）直播、京东直播、拼多多直播、唯品会直播、视频号直播、抖音直播、快手直播等。在这些平台上，通过收看直播，与主播和相关商品发生潜在交易的可能，这就是直播用户。

直播间效果的好坏，可以通过数据来评价，主要有以下几个。

场观：从开播到直播结束，累计进入直播间的总人数。

平均停留时长：每个用户在直播间看播的时长。

CTR：直播间点击率，计算方法是直播间点击数/直播间页面曝光量。

CVR：购物车商品转化率，计算方法是购物车成交人数/购物车点击人数。

GPM：直播间千次观看成交额，计算方法是直播间总成交额/总观看人次 × 1000。

UV价值：用户价值，代表的是每个直播间用户给直播间带来的价值。

ATV：直播间客单价，计算方法是直播间总成交额/成交笔数。

第 3 章 视频创推

知识目标

1. 理解视频矩阵的含义
2. 熟悉视频关键数据的分析方法

技能目标

1. 能根据自身定位进行矩阵账号孵化
2. 能分析视频的关键数据

职业素养

1. 拥有矩阵账号的全局观
2. 具备扎实的数据分析能力

3.1
视频内容

3.1.1　视频矩阵释义

现代互联网营销，已经进入短视频时代。短视频平台主要有抖音、快手、哔哩哔哩、视频号等。视频矩阵，就是在一个平台（或者多个平台）上，以多个账号形成相似内容的推广模式，以吸引具有相似特质的粉丝。

3.1.2　视频账号孵化

要孵化视频账号，就要逐步形成账号价值，进行有效运营。在孵化过程中，粉丝的增加是最终的目标。为了实现粉丝的增加，可以考虑在多方面进行系统的孵化运营。

细分定位——每个账号都有独立的定位，用定位形成取舍，形成对不同粉丝的吸引和关注，也对粉丝的喜好进行了有效区分。

垂直内容——账号要有针对性，内容具有独立的空间，垂直领域的内容更容易获得消费者认同，也更容易得到平台的推流。

价值塑造——为消费者找到成为粉丝的理由，消费者能从这里得到什么，这是必须进行的价值塑造的思考。

差异塑造——拥有独立的个性和视觉感，能迅速形成记忆和差异识别，这是让粉丝快速认同你的根本原因。

持续运营——保持持续的运营，进行有节奏的更新，让平台认定其具有足够的活跃度，为更好地推送给粉丝奠定基础。

3.2
视频创推

3.2.1　视频创推含义

通过视频创作，将信息包含在视频中，通过在互联网上的推广，形成对信息的推广，为视频带来流量，集聚粉丝。

3.2.2　视频数据

视频账号要注重六个关键数据。

完播率：视频完整观看人数与视频总观看人数的比例，完播率是最重要的参数。

点赞率：有意识地请粉丝（观众）进行点赞，这是评价内容好坏的参数。

评论率：话题是否具有探讨的价值，是否具有延展性，这是通过评论来实现的。评论的增加，意味着话题具有较高的吸引力。

转发率：转发的背后是利他，为什么别人会转发，因为这个是可以帮助到更多人的。

复播率：视频能被粉丝反复观看，说明能给粉丝带来真正的价值。

活跃度：主要指作品更新频率，作品更新一定是有计划的，不同阶段频率不同。

通过对数据的提升，也带来了粉丝数量和质量的提升，账号也实现了有效的孵化。在垂直领域吸引粉丝，是让粉丝知道什么时候是更有价值的开始，才能为后续的粉丝变现带来价值。

第二篇
专业知识

第 4 章

产品确定及规划

知识目标

1. 理解热销产品的特征、统计和管理
2. 熟悉复购率计算的意义及产品复购的影响因素
3. 理解产品质量信息数据库的价值和意义、产品质量信息数据库构建的原理，掌握产品质量信息数据库组建方法
4. 掌握供应链的发展阶段、供应链管理运用特点、供应链基本结构和类型以及供应链流通流程
5. 熟悉产品供应链的基本特征、产品供应链的构建及产品供应链的管理
6. 掌握新产品选择的影响因素及新产品开发工作内容

技能目标

1. 能够进行热销产品预判，能够进行销售统计
2. 能够进行产品复购率的分析与计算
3. 能够进行供应链的管理与优化
4. 能够进行新产品设计

职业素养

1. 具备数据化运营判断决策的职业意识
2. 拥有敢于创新、不断试错的职业行为

4.1
产品分析

4.1.1 热销产品概述

（1）热销产品的特征

①具有代表性。一个热销产品一定要具备代表性，可以是经营商品中的代表款式。例如，企业是卖厨房用品的，就不能用五金工具当爆款。热销产品不论是在价格、风格，还是在目标消费群体上，都切合企业的整体定位，并具有代表性。

②具有高性价比。追求极致的性价比是大部分购物人群的选择。一款商品如果款式好看、质量好、做工精细，同时价格适中，就很容易成为热销产品。

③存在多次复购的可能。通过商品本身的品质与企业的服务，让客户成为企业的老客户、回头客。对于大部分的人来说，购买新企业的商品是有风险的。在原企业购买过，对商品产生了一定的了解，只要服务到位，性价比高，再次购买的话，客户多数还是倾向于在原有的企业购买。

（2）热销产品的统计

如今，越来越多从事经营的人都在为一个问题而头疼，那就是感觉热销产品越来越少，不知道应该经营什么商品才好，如果盲目进行一些商品销售，将会造成销量忽高忽低的情况，甚至出现滞销。那么，如何利用大数据判断热销产品呢？

①根据点击率。首先，应该关注这款商品的点击率，对于一款商品的销售趋势，企业应该通过在网上销售的点击率来判断它是否有成为爆款的潜质。

②查看转化率。对于转化率这个指标，企业同样应该重视起来，可以删除那些转化少的词，同时，也可以删除点击量大却无转化的词。

③关注收藏率。收藏率是统计热销产品数量中较容易查看的指标，而它的前提就是点击率，收藏率越高的商品就越有可能成为爆款。

④看全网数据。在分析指标的时候，一定要比对全网数据，特别是对于一些新品，如果指标大于行业均值，可以重点关注，说明该产品有成为爆款的可能性。

⑤看历史数据。作为大数据来说，不仅要横向比较，还应该纵向比较，要看历史数据，比如去年某款商品销量极好，也可以以此作为今年的参考数据，分析每年的增长幅度。

（3）热销产品的管理

热销产品在企业经营中占有绝对的地位，是企业管理的重点。为了使热销产品真正热销起来，不缺货，企业应做好以下工作。

①优先采购。在制订采购计划时，应将热销产品采购数量指标的制定和落实作为首要任务，要保证热销商品供货的稳定和足量，保证热销产品在所有门店和各个时间都不断档、缺货，这是保证热销商品的前提条件。

②优先存储。在配送中心，要将最佳库存量留给热销产品，要尽可能使热销产品在储存环节中物流线路最短，要尽量做好保管工作。

③优先配送。在热销产品由配送中心到门店的运输过程中，企业应要求配送中心优先安排充足运力，根据门店订货、送货的要求，保证热销产品准时、准量、高频率配送。

④优先上架。理货员应该在商品配置图中，将店铺最好的区域、最吸引顾客的货架，指定留给热销产品，并保证热销产品在卖场货架上有足够多的陈列量。热销产品一般应配置在店铺中的展示区、端架、主通道两侧货架的磁石点（吸引顾客的注意点）上，并根据其销售额目标确定排列数。

⑤优先促销。促销计划的制订及实施都应围绕热销产品，热销产品的促销应成为店铺促销活动的主要内容，各种商品群的组合促销也应突出其中的热销产品。

⑥优先结算。在要求热销商品供应商足量准时供货的同时，超市也要承担向热销产品供应商按时足额付款的义务。只有按时足额付款，才能与提供热销商品的品牌供应商建立良好的合作伙伴关系，才能保证充足的热销货源，才能与供应商分享市场占有率提高的利益，才能有效地做大供应商品牌，提升产品销量和增强对供应商的控制力。

4.1.2　热销产品预判

（1）热销产品预判的价值

热销产品预判对于企业而言，无论是满足客户需求，还是生产、运输、促销等方面，都有很大的意义。

①有效地满足客户需求。客户对于热销产品的需求量很大，也很容易做出购买决策，且对于交货期的要求很高。他们总会希望立即，至少是在合理时间内收到所购买的产品，享受所需要的服务。如果企业对热销产品根本没有预判，或是预判不准确，就会总是不能满足客户对交货期的要求。随着市场竞争的激烈，企业为此而丢失的订单会越来越多。

②合理地安排企业的库存。对于任何一个企业而言，其流动资金都是有限的。无论是生产企业安排生产，还是贸易公司安排采购，都是在一定资金范围内进行的。如果能够准确预判热销产品，就可以有效安排库存，减少因库存不足或时间长而给客户带来的不良影响。

③有计划地安排生产。对于任何生产企业而言，其生产能力都是有限的。如果可以准确地预判热销产品，不仅可以提高其采购订单的满足率，而且也有利于企业与供应商的长期合作，使企业处于良性循环的状态下。

④很好地改善运输管理。根据热销产品预测进行运输安排，对于距离较近的经销商或客户，可以采用集中运输的方式，既可以节约运输成本，还可以减少运输时间，减少破损率。

（2）常见销售统计方法

销售量是指企业在一定时期内实际销售出去的产品数量。它包括按合同供货方式或其他供货方式售出的产品数量，以及尚未到合同交货期提前交货的预交产品数量，不包括外购产品（指由外单位购入、不需要本企业任何加工包装，又不与本企业产品一起作价配套出售的产品）的销售量。具体统计方法有以下几种。

①采用送货制（包括到港交货与出港交货）的产品：在与运输部门办好托运手续后就算销售量，统计时以承运单位的日戳为准。

②采用提货制的产品：在与需方办妥货款结算手续，并开出提货单后即算销售量，统计时以提货单上的日期为准。

③采用买主分类法的产品：按其不同的分类统计已售出的产品数量。如：按顾客年龄统计儿童、青年人、中年人、老年人购买某一产品的数量，或者按顾客所在区域统计销售量等。

④无论采取上述哪种统计销售量的方法，若出现下面几种情况，必须冲减销售量：第一，交货后退回的本年度合格产品，并再次入库的，应冲减销售量，如顾客发现对产品的品种、规格或性能购买有误时，要求退货的产品；第二，交货后退回修理的产品，如果修复后另待销售的，应冲减销售量。

通过销售量核算，可以分析企业产品促销计划完成、超额完成或未完成的原因；销售量的升降趋势；市场占有率变化趋势以及从销售量的构成上分析销售品种的变化、新用户的变化、销售地区的变化、销售对象所属部门或主管的变化等，从而为制定促销策略提供依据。

企业在进行销售统计时，最常用的统计工具是利用Excel软件建立销售统计报表来进行统计与分析。通常企业会建立统计台账，各企业的统计台账可能不一样，如果企业是生产企业，那还要建立产品产量台账；企业属商业企业，产品产量就不必建立，有进、销、存就可以。一般作为统计资料，可以利用Excel表格，按照销售产品的名称、类别、数量、单价、金额等项对每日销售的商品进行统计，月终计算当月各种商品销售的总数量、总金额，再根据上报报表的项目，进行填报即可，如表4-1所示。

表4-1　销售统计报表

序号	产品名称	产品型号	单价/元	上月销售量	上月销售额/元	本月销售量	本月销售额/元	同比增长	备注
—	—	—	￥789	266	￥209,874	299	￥235,911	11.04%	—
—	—	—	￥550	133	￥73,150	120	￥66,000	-10.83%	—
制表人：								制表日期：	

4.1.3 产品复购率的计算

（1）复购率计算的意义

①提高投入产出比。企业竞争越来越激烈，尤其是在电商领域中，广告成本日益上升，

获取一个新用户所需要花费的成本是老用户的9～10倍，甚至更多。这是一个耗时耗力更耗资金的过程，不仅让新客户对卖家产品有足够了解和认可，同时还需要一定的考虑周期，在反复对比中才可成功交易。

在促成新客户成交的过程中，一系列的宣传广告成本、促销活动大幅度提高即卖家盈利相对减少。因此，企业必须时刻关注复购率，进而提高投入产出比，获得更大的利润。

②提高产品市场份额。随着电商红利的逐渐消失，电商卖家需要获得更大的市场份额，对此，老用户的贡献是至关重要的，复购用户本身的消费贡献也越来越得到关注。例如，根据数据统计，2023年漫步者蓝牙音箱交易有1/3来自于老用户的回购。

③增加循环效应。老客户如果对自己购买的产品及享受的服务足够满意，就会无形之中推荐自己购买的产品。一项研究表明：一个忠诚的老客户，平均可以影响25个消费者，诱发8个潜在客户产生购买动机。过半的老客户都能带来新的销售业绩，所以说复购客户资源是每个项目的宝贵财富，是企业形成的一种良性循环效应。

④降低新品入市的成本。复购客户基于对卖家的信任会更迅速地尝试卖家的新品，降低了新品入市的成本，带动产品销售。

⑤更快地了解市场信息。通过复购率，卖家可以充分分析不同区域消费者及他们的习惯，地域差异和产品的反响。90天内复购率达1%～15%是用户获取模式，店铺可以把更多的精力和资源投入新用户获取和转化的过程中；90天内复购率达15%～30%是混合模式，店铺应该平衡新用户转化和老用户留存投入的精力和资源；90天内复购率达30%以上是忠诚度模式，店铺可以把更多的精力和资源投入用户复购上。

（2）产品复购率的分析与计算

产品复购率通常有两种计算方法。

①按照客户计算：即在单位时间段内，重复购买人数与总购买人数之比，再乘以百分之百，则为产品复购率。例如在一个月内，有100个消费者成交，其中有20个是重复购买的消费者，则产品复购率为20%。

②按交易计算：即重复购买交易次数与总交易次数的比值，再乘以100%。如某月内，一共产生了100笔交易，其中有20个人有了二次购买，这20人中的10个人又有了三次购买，则重复购买次数为30次，产品复购率为30%。

4.1.4 产品质量信息数据库的建立

（1）产品质量信息数据库的价值和意义

随着科学技术的进步和社会经济的发展，商品质量的高低关系到企业的存亡，关系到人民的生命和财产安全，更关系到国家的安全和发展。因此，必须加强商品质量管理，建立质量信息数据库。它的价值和意义体现在以下几个方面。

①能够统一进行质量数据管理。数据库是一个统一的数据集成管理平台，将各个生产制造环节、各个工厂组成成分、各类资源、设备、人员操作等数据信息进行科学分类和统一管理，使各个部门和管理人员及时获悉相关的以及整个体系的质量管理数据，有效消除质量信

息孤岛现象，避免重复数据，减少人工统计纰漏，降低人工管理工作负荷，提高质量数据统计、分析的准确度和效率，提高数据分析与现场质量状况的同步反应效果，提升整个企业的质量管理水平。

②实现便捷的质量信息查询。产品质量信息数据库拥有强大的数据查询功能，提供充分的自定义条件查询方式和数据导入、导出功能，用户可以根据条件设定，如产品型号、生产日期、种类、原材料等条件，轻松访问、筛选出所需要的质量分析数据，对企业的质量管理改进以及相关决策具有充分的指导意义。

③实现快捷的数据维护功能。产品质量信息数据库支持快捷地建立、维护、修改、更新系统中的数据值，以十分简单的方式实现系统的初始化和数据维护与管理，从一个数据端进行更新，可以实现全系统的映射，保证数据的即时性与准确性。

④保证为全企业提供充分的数据支持。产品质量信息数据库是一个全面强大的数据统计分析系统，能够清晰地按照类别统计、整合数据，保证企业的每个部门、每个负责人、管理员以及每个人员的质量数据需求，并可以按照需求，调用出相关数据，不需要人工合并、整合数据等操作，轻松实现报表生成与反馈报告。

（2）产品质量信息数据库构建的原理分析

产品质量是产品实现全过程的结果，产品质量有一个从产生、形成到实现的过程，在这个过程中的每一个环节都直接或间接地影响到产品的质量。为了表述产品质量形成的这种规律性，美国质量管理学家朱兰提出“质量螺旋模型”，如图4-1所示。所谓质量螺旋，是表述影响质量的相互作用活动的概念模型，是一条呈螺旋上升的曲线，它把全过程中各个质量职能按逻辑顺序串联起来，用以表征产品质量形成的整个过程及其规律性，通常称之为“朱兰质量螺旋”或者“质量环”，它大致包括市场调查研究、新产品设计和开发、工艺策划和开发、采购、生产制造、检验、包装和储存、产品销售以及售后服务等重要环节。

产量质量信息数据库的构建遵循朱兰质量螺旋模型，产品质量从产生、形成到实现的各个环节都存在着相互依存、相互制约、相互促进的关系，并不断循环，周而复始。每经过一次循环，产品质量就提高一步。

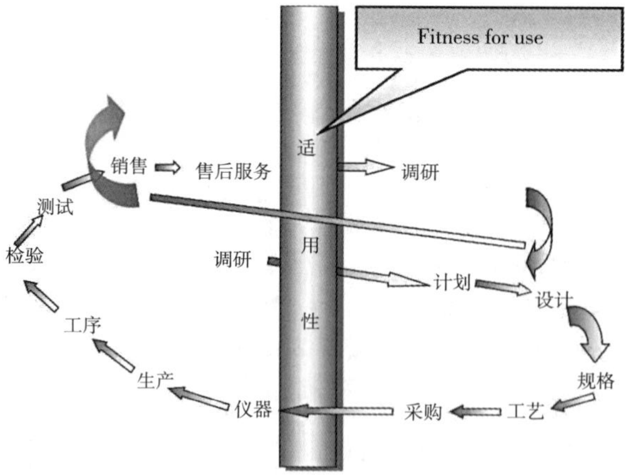

图4-1　质量螺旋模型

（3）产品质量信息数据库组建方法

产品质量信息数据库的组建需要经历以下几个步骤。

①调研：产品管理业务过程调研、产品相关数据现状调研，这是组建产品质量信息数据库的基础，也是最重要、最困难的阶段。

②信息建模：主要是对产品质量相关部分进行建模，包括产品/服务/资源关系模型、产品数据属性、模型及实体关系细化、产品数据库表结构。

③模型检验：选取一部分产品，管理相关数据导入，信息模型在导入过程验证完善，之后发布完善后的模型及使用指南。

④数据清理：模型指导下进行产品管理相关数据清理。

⑤产品改进：根据产品数据信息进行数据跟踪与整理，及时对产品质量进行管理和改进。

4.2 选品策划

4.2.1　供应链渠道

（1）供应链的发展阶段

供应链的发展大致经历以下几个阶段。

①物流管理阶段。早期的观点认为供应链是指将采购的原材料和收到的零部件，通过生产转换和销售等活动传递到用户的一个过程。因此，供应链仅仅被视为企业内部的一个物流过程，它所涉及的主要是物料采购、库存、生产和分销诸部门的职能协调问题，最终目的是优化企业内部的业务流程，降低物流成本，从而提高经营效率。

②价值增值阶段。进入20世纪90年代，人们对供应链的理解又发生了新的变化：首先，由于需求环境的变化，原来被排斥在供应链之外的最终用户、消费者的地位得到了前所未有的重视，从而被纳入了供应链的范围。这样，供应链就不再只是一条生产链了，而是一条涵盖了整个产品运动过程的增值链。

③网链阶段。随着信息技术的发展和产业不确定性的增加，今天的企业间关系正在呈现日益明显的网络化趋势。与此同时，人们对供应链的认识也正在从线性的单链转向非线性的网链，供应链的概念更加注重围绕核心企业的网链关系，即核心企业与供应商、供应商的一切向前关系，与用户、用户的用户及一切向后的关系。供应链的概念已经不同于传统的销售链，它跨越了企业界限，从扩展企业的新思维出发，并从全局和整体的角度考虑产品经营的竞争力，使供应链从一种运作工具上升为一种管理方法体系，一种运营管理思维和模式。

当前，供应链已经成为企业的重要战略资源之一，供应链是企业保持强势竞争不可或缺的手段，无论是制造行业，商品分销或流通行业，无论是从业还是创业，供应链都将是企业掌控所在领域的重要方面。

（2）供应链管理运用特点

供应链管理有以下几种特点。

①供应链管理是把所有节点企业看作是一个整体，实现全过程的战略管理。供应链是由供应商、制造商、分销商、零售商、客户和服务商组成的网状结构。链中各环节不是彼此分割的，而是一个环环相扣的有机整体。供应链管理把物流、信息流、资金流、业务流和价值流的管理贯穿于供应链的全过程。它覆盖了整个物流，从原材料和零部件的采购与供应、产品制造、运输与仓储到销售等各种职能领域。它要求各节点企业之间实现信息共享、风险共担、利益共存，并从战略的高度来认识供应链管理的重要性和必要性，从而真正实现整体的有效管理。

②供应链管理是一种集成化的管理模式。供应链管理的关键是采用集成的思想和方法。它是一种从供应商开始，经由制造商、分销商、零售商，直到最终客户的全要素、全过程的集成化管理模式，是一种新的管理策略。它把不同的企业集成起来以增加整个供应链的效率，注重的是企业之间的合作，以达到全局最优。

③供应链管理提出了全新的库存观念。传统的库存思想认为：库存是维系生产与销售的必要措施，是一种必要的成本。因此，供应链管理使企业与其上下游企业之间在不同的市场环境下实现了库存的转移，降低了企业的库存成本。这也要求供应链上的各个企业成员建立战略合作关系，通过快速反应降低库存总成本。

④供应链管理以最终客户为中心，这也是供应链管理的经营导向。无论构成供应链的节点的企业数量有多少，也无论供应链节点企业的类型、层次有多少，供应链的形成都是以客户和最终消费者的需求为导向的。正是由于有了客户和最终消费者的需求，才有了供应链的存在。而且，也只有让客户和最终消费者的需求得到满足，才能有供应链的更大发展。

（3）供应链基本结构和类型

供应链意味着在上下游企业之间形成一条从供应商到制造商再到分销商的贯穿所有企业的"链"，把所有相邻企业依次连接起来，实现了管理的"纵向一体化"。这条链上的节点企业必须达到同步、协调运行，才有可能使链上的所有企业都能受益。供应链是围绕核心企业，通过对信息流、物流、资金流的控制，从采购原材料开始，制成中间产品以及最终产品，最后由销售网络把产品送到消费者手中的。它是一种将供应商、制造商、分销商、零售商，直到最终与用户连成一个整体的功能链状结构模式，如图4–2所示。

图4–2　供应链基本结构

供应链包含所有加盟的节点企业，从原材料的供应开始，经过链中不同企业的制造、加工、组装、分销等过程直到最终用户。节点企业在需求信息的驱动下，通过供应链的职能分工与合作，以资金流、物流为媒介实现整个供应链的不断增值。

供应链的运作方式分为推动式和牵引式两种。

①推动式供应链的运作方式以制造商为核心，产品生产出来后从分销商逐级推向用户。分销商和零售商处于被动接收地位，各个企业之间的集成度较低，通常采用提高安全库存量的办法应对需求变动，因此整个供应链上的库存量较高，对需求变动的响应能力较差。

②牵引式供应链的驱动力产生于最终用户，整个供应链的集成度较高，信息交换迅速，可以根据用户的需求实现定制化服务。采用这种运作方式的供应链系统库存量较低。

从理论上说，牵引式供应链要比推动式供应链效率高，占用资金少，但是由于行业和产品的特点，这两种供应链将会长期共存下去。

（4）供应链流通流程

供应链给企业提出了一个全新的管理理念：并不是企业内各部门之间建立起分工协作的一套流程就是供应链，也不是几个企业签订一个销售或供应协议就算供应链。整条供应链的关系相当复杂，涉及很多成员，每个成员都是供应链的一个环节。通常可把供应链上的成员分成三部分：供应链的上游是供应商，它提供服务或提供原材料、零部件等；供应链的中间是一个核心企业，通常是一家大型生产企业，它在整条供应链中起支柱作用；供应链的下游是销售商和消费者（图4–3）。各部分的相互关系是：首先，由消费者传递需求信息，经销售商传递给核心企业，核心企业根据需求信息采购原料，安排生产；其次，从上游传递价值、质量和创新等信息到下游，方便了供应链上各环节选择利己的服务和产品；最后，从下游反馈变化了的真实信息给各环节，有利于服务于他人的成员改进服务或产品的质量及降低成本，进而增强整条供应链的市场竞争力。

供应链上的各企业应对自己的强项有明确的认识，根据优势互补的原则，选择合作伙伴，强强联合组成的供应链才是最好的。

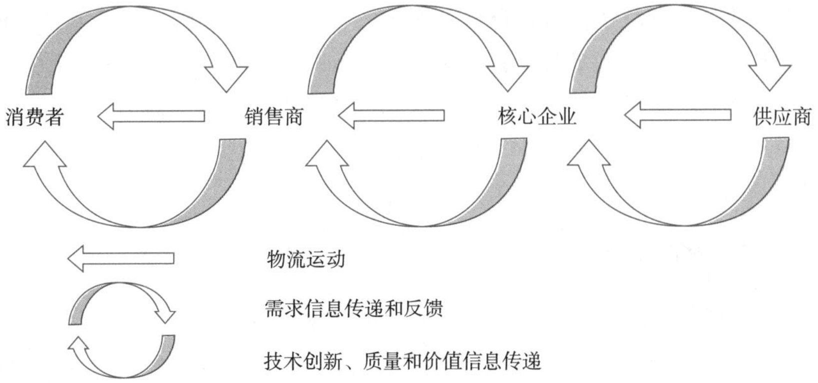

图4–3　供应链流程图

（5）供应链的管理与优化

供应链的管理与优化包括计划、实施及执行评估三个阶段，这三个阶段形成三个系统，三个系统都要考虑到客户需求。

①计划系统。计划系统的目的是使合适的产品在适当的时间和地点交货，此系统有助于执行订单、收集客户信息以及使信息沿着整个供应链流动了解消费者的需求。这是供应链管理成功的关键，零售商利用其终端接近消费者有利于零售商采集准确的市场销售信息，启动消费者需求信息在供应链的传递。需求预测和补货是计划系统的组成部分。消费者需求信息沿供应链传递直至原材料供应商，其需求的商品沿供应链将反向到达零售商。在电子商务环境下，信息通过网络通信设备在整个供应链上流动，使各参与方可以共享，供应商、生产商和销售商根据获得的准确信息制订各自的供应计划、生产计划和销售计划，尽可能消除商品流通中多余的库存。计划系统要设定三个目标：第一，收集客户的有效需求信息；第二，跟踪需求的变动；第三，从需求信息中挖掘出包括安全库存周转量和补货频率在内的库存投资需要信息。

②实施系统。传统的实施阶段包括客户订单执行和存货控制等应用系统，而新型的实施系统更注重运作效率，要使日常商业运作流水线化和自动化，就要有新的解决方案。提高效率的关键一步是将主要的商业应用提升为一个简单的集成系统。这一集成系统既能运作于整个商业过程，又能降低成本、提高生产率，只有这样，产品才能在供应链中高效流动。实施系统的跨职能集成已成为企业关注的焦点，在实践中认识到跨职能优化要比某一职能的局部优化产生的效果好。例如，库存最小化目标与生产能力利用率最大化目标常常发生冲突，这使企业不得不在生产成本、库存和客户服务之间权衡，以便最大限度地利用现有的物力、人力和信息资源。所以，可以说实施系统的目的是将订单履行采购、生产和销售管理的职能综合起来，以加强供应链的合作。

③执行评估系统。执行评估的过程是对供应链运行情况的跟踪，这有利于企业制定较为开放的决策，对变动的市场做出灵活有效的反应。执行评估可以使用网络技术工具，如数据库系统，对信息进行审核和分析，但多数商业运作系统与传统汇报工具是基于交易处理而不是为了获取决策支持信息而设计的，必须进行改造才能用于分析评估。一些企业正在开发集成数据库以解决信息处理问题，这种数据库可以提供数据分析工具，使企业能够在不影响运作系统性能的前提下分析商业信息，还可利用Web软件做预先分析。在成千上万的可用信息中过滤出企业所需信息是很重要的，软件媒体可以帮助客户制定出适应各企业情况的信息挑选标准，还可以帮助企业对其商业运作进行预先监督并在其主要商业活动中及时反映出来。

4.2.2 企业产品开发

（1）新产品选择的影响因素

网络营销中所谓的新产品，其含义与科学技术领域的新产品有所不同，它不一定都指新的发明创造，而是凡是能给顾客带来某种新的满足、新的利益的产品，都可称为新产品。具体包括全新产品、换代新产品、改进新产品和仿制新产品四种类型。企业在进行新产品选择时，要根据实际情况和产品的特点进行选择。

①全新产品。全新产品是指采用新技术、新原理、新结构、新材料制造的前所未有的新产品。这类产品与技术型产品有时有相同意义，都是科学技术的重大发明和创造，代表了科学发展史上的新突破，具有时代意义。例如，电灯的发明，电话、飞机、传真机、计算机的问世等。此类产品的研制一般所需的时间比较长，要求的技术条件比较高，成本投入比较多，而一旦打开市场局面，便会表现出很强的生命力。

②换代新产品。换代新产品又称部分新产品，是指在原有产品的基础上，采用新技术、新材料、新工艺制造的具有新性能、新结构的产品。此类产品保持了原有产品的基本状况，但又有一些新的性能或功能，有利于满足消费者的新需求。例如，普通雨伞发展到自动雨伞，电子计算机的更新换代，模拟电视到数字电视，等等。此类产品由于利用了原有的设备和技术条件，所以，企业承担的风险较小，即使不成功，企业也不会受到太大的损失。

③改进新产品。改进新产品是指对市场上现有产品的质量、性能、规格、型号等进行改进而生产的产品。它主要是提高质量、增加用途或实现多样化，以满足不同消费者的需求。如某些药品剂型的变化，由丸剂改为水剂，更便于患者服用和药效的吸收；服装中口袋、领型的变化，剪刀制成可折叠式，携带方便且安全等。

④仿制新产品。企业模仿市场上已有的产品性能、结构而生产的产品。此类产品在引进和仿制时应从专利产品的缺陷入手，进行必要的改造，生产出具有不同特点的产品，避免全盘照抄。例如，A企业生产的减肥茶已流行于市场，而B企业对该产品加以仿制，也推出了不同品牌的减肥茶，对B企业来说，这也是一种新产品。

（2）新产品开发工作内容

新产品开发工作主要包括：制订产品开发计划及统筹和协调设计开发、更改产品外观设计、结构设计等相关工作。具体包括以下几个内容。

①制定新产品开发任务书。

②制订产品开发计划。

③首件产品确认书。

④设计更改申请书。

⑤新产品评审记录。

⑥样品制作单。

⑦新产品开发。

⑧按开发任务书及产品开发计划要求绘制产品工艺图纸。

⑨工艺图纸的设计评审，其中设计评审包括但不限于以下内容：产品能否满足设计目标、工艺参数、质量保证、工艺性与生产能力等要求。

⑩新产品试制完成后，须安排相关部门对其进行评审，包括但不限于：样品与设计要求的符合情况、图纸修改、产品零件表/工艺流程/作业指导书，如有需要可同时制订小批量试制计划。

⑪开发完成：新产品已稳定生产，将全部资料整理、分析、归档。

（3）产品设计步骤及方法

新产品开发是一项艰巨复杂、风险大、成功率低的工作。据统计，新产品开发的失败率在90%以上。造成失败的原因有很多，如市场分析失误、产品本身存在缺陷、广告宣传力度不够等。为了降低新产品的失败率，企业应按照科学的程序来进行新产品开发。通常情况下，新产品开发的过程包括寻求创意、筛选创意、形成产品概念、可行性研究、研究试制、试销、正式上市七个阶段。

（4）新产品开发途径

①独立研制。即企业依靠自己的经营状况和科技力量，独立研制具有特色、技术创新的新产品。这种方式需要花费大量的人力、物力和财力，风险较大，需要时间较长，而一旦成功可给企业带来可观的经济效益。我国不少大中型企业都设有自己的科研机构，独立进行新产品的开发研制。

②协作研制。即企业与企业、企业与科研单位或高等院校之间进行协作来开发研制新产品。采用这种方式可以弥补企业技术力量的不足，加快企业技术进步，加速新产品的开发进程。

③技术引进。指企业开发某种新产品时，从外部引进新技术。这包括引进样品进行仿制，引进先进的生产工艺和生产线等。这种方式可节约研制费用，迅速研制新产品，因而是当今企业开发新产品所采用的重要途径之一。但是企业在采用这种方式时，要结合本企业的自身能力和特点，做到经济可行，并且把引进企业与创新结合起来。

4.2.3 产品供应链的建立实务

（1）产品供应链的基本特征

供应链主要具有以下特征。

①复杂性。因为供应链节点企业组成的跨度（层次）不同，供应链往往由多个、多类型甚至多国企业构成，所以供应链结构模式比一般单个企业的结构模式更为复杂。

②动态性。供应链管理因企业战略和适应市场需求变化的需要，其中节点企业需要动态的更新，这就使得供应链具有明显的动态性。

③面向用户需求。供应链的形成、存在、重构都是基于一定的市场需求而发生，并且在供应链的运作过程中，用户的需求拉动是供应链中信息流、产品流、服务流、资金流运作的驱动源。

④交叉性。节点企业可以是这个供应链的成员的同时又是另一个供应链的成员，众多的供应链形成交叉结构，增加了协调管理的难度。

（2）产品供应链的构建

供应链的构建主要包括物流网络设计、信息网络设计、关系网络设计（即供应链组织结构设计）三个基本方面。

①物流网络设计。物流网络设计是供应链构建的基础，也是最为重要的内容，是实现货物快速、高效时空转移的前提。物流网络设计主要包括物流节点设计（包括节点数量的确定、位置的选择、容量的规划、服务市场分配等）和物流线路的设计（主要包括运输网络类型的确定、运输方式的选择、运输线路的优化等）。

②信息网络设计。现代企业与传统企业的一个重要区别就是信息技术的广泛应用，这已经成为供应链成员之间进行沟通和协调的基本手段，是供应链有效运行的重要保障。供应链信息网络的设计主要包括网络技术的选择、设施设备的配置、不同成员企业间沟通协议的确定等内容。

③关系网络设计。关系网络设计即供应链组织网络设计，也是供应链整个结构中上下游企业间相互协调的机制与制度、相互间关系的管理、不同企业在供应链中的角色确定，以及企业（尤其是核心企业）在供应链环境下进行的组织结构设计等。

（3）产品供应链的管理

供应链管理就是对整个供应链中各参与组织、部门之间的物流、信息流与资金流进行计划、协调与控制，其目的是通过整合，提高所有相关过程的速度和确定性，使所有相关过程的净增价值最大化，以提高组织的运作效率和效益。

供应链管理实行的是一种集成的管理思想和方法，它执行供应链中从供应商到最终用户的物流计划、组织、协调和控制等职能的一体化管理过程。实行供应链管理可以使供应链中的各成员企业之间的业务关系得到强化，改变过去企业与外部组织之间的相互独立关系，使其成为紧密合作关系，形成新的命运共同体。供应链管理可以显著提高物流效率，降低物流成本，大幅度提高企业的劳动生产率。

供应链管理主要涉及四个主要领域：供应、生产计划、物流和需求。供应链管理应该遵循以下原则。

①以客户为中心。企业以往总认为效率和成本比客户重要，这种想法使许多企业提供相同的产品和服务给不同层次的顾客，以求降低成本。供应链管理的观点则截然不同，它不但将主要精力放在满足客户日益增长的需求上，而且从战略上采取服务客户的思想，企业根据不同细分市场要求的客户服务水平，提供多样化的产品和服务，以满足客户多样化的需求。针对复杂、成熟的客户提供高层次的服务，对简单、不成熟的客户提供低层次的服务。很多企业已成功地实施了这一战略。

②相关企业间共享信息、共享利益、共担风险。供应链管理强调供应链整体的集成与协调，要求链上企业围绕物流、商流、资金流以及信息流进行信息共享与经营协调，实现稳定的、高效的供应链关系。供应链管理需要各成员的实时、准确的信息，为了实现信息共享，应做到：建立统一的系统功能和结构标准；统一定义，设计信息系统，实施连续的实验、检测方法并运用恰当的技术方法提高运行速度以降低成本；力求业务信息需求与关键业务指标一致。成功的供应链能够创造更多利润并应在链上合理分割各成员间的利益；若因互相推诿、互设障碍而导致整个供应链效率低下，进而造成的风险和损失，也会分摊到每个成员。所以大家应齐心协力、抛开私利、共享信息，以便节省时间，加快生产速度，提高服务效益，各成员才能从中获取最大的回报。

③应用信息技术，实现管理目标。物流信息化是现代物流的基本要求，也是实现管理目标的手段。物流信息化表现为物流信息收集的数据化和代码化、物流信息处理的计算机化和电子化、物流信息传递的标准化和实时化。高效率供应链管理的实现，既需要快速的物流、资金流，更需要快速、正确的信息流，而网络技术和电子商务应用的发展，为信息的快速、准确流动提供了保证。如果一个包括制造商、配送中心、批发商、零售商的供应链内部建立了外联网（Internet+Intranet），在通信安全的基础上实现了信息共享，则各个零售商的顾客消费数据、某个产品的市场销售情况和消费者意见都会通过网络快速反馈到制造商，制造商再对产品进行合理改进，这将有利于提高产品的市场占有率。快速、正确的信息流可以使整个供应链对市场需求作出快速反应，从而给供应链带来极大的效益。

第 5 章

直播销售

知识目标

1. 理解媒介传播的类型
2. 熟悉市场营销策略优化方案的制作方法
3. 掌握直播用户运营的方法和提升购买率的方法

技能目标

1. 能制订多媒介传播计划
2. 能对市场营销策略进行优化
3. 能制定直播用户运营方案
4. 能制订提升用户购买率的计划

职业素养

1. 拥有持续学习、保持自己知识和技能更新的学习精神
2. 具备较强的行动力和完美的执行力

5.1 营销计划的制订

营销，指企业发现或发掘准消费者需求，让消费者了解该产品，进而购买该产品的过程。营销就是A为B创造对方想要的价值，建立与维持关系，以获得回报的思维过程。思维过程表达式：STP+4P+CRM。

STP：企业通过消费者洞察与市场调查，了解消费者有哪几类（S市场细分），自己面对哪类消费者最有优势（T目标市场选择），自己要在这类消费者大脑中占据“最”什么或“第一”什么的位置（P定位）。

4P：完成STP之后，企业为消费者制造产品价值与塑造品牌价值（4P之产品与价格）、提供产品与品牌价值（4P之渠道）、传播产品价值与品牌价值（4P之营销）。

CRM：做好上述价值创造工作，就可以通过客户关系管理（CRM）与内外部消费者建立并维持关系，并持续获得产品利润与品牌利润的回报了。

5.1.1 媒介传播概述

触达消费者需要通过媒介的载体，这就是媒介传播。

（1）媒介传播的基本类型

①自我传播：基础性的人类传播活动（感知、记忆、思维、想象、情感），指个人接受外部信息并在人体内部进行信息处理的活动。

②人际传播：人际传播是最典型、最直观、最大量、最丰富的社会传播活动，也是人与人的社会关系的直接体现。

③群体传播：群体是具有特定目标和共同的归属感、成员间存在着互动关系的个人的集合体。

④组织传播：有一定规模，更具有系统结构性，是组织所从事的内部和外部信息活动。通过信息传递的过程将组织的各部分、各岗位联结为整体，保障目标的实现和组织的生存发展。

⑤大众传播：大众传播时代是以19世纪30年代大众报刊的诞生为标志。大众传播指专业化的媒介组织运用先进的传播技术和产业化手段，以社会上一般大众为对象进行的大规模的信息生产和传播活动。

⑥国际传播：通过大众传播媒介进行的跨越民族国家界限的国际信息传播及过程。国际传播包括由外向内的传播和由内向外的传播。

（2）传播基本特点

媒介按照传播方式可以分为传统媒介和新媒介。

①传统媒介。传统媒体的传播方式是单向、线性、不可选择的。它集中表现为在特定的时间内由信息发布者向受众传播信息，使受众被动地接受，没有信息的反馈。这种静态的传播方式使得信息不具流动性。

②新媒介。新媒体的传播方式是双向的，传统的发布者和受众现在都成为信息的发布者，而且可以进行互动。微博、播客等新的传播方式，使得每一个人都成为信息的发布者，个性地表达自己的观点，传播自己关注的信息。传播内容与传播形式等完全是“我的地盘我做主”。

（3）媒介传播的方法和途径

通过媒介实现传播，在新媒体时代，已经发生了根本性的变化。传统媒体，是基于单向发布的传播时代，以区域的有效覆盖和实际千人到达为重要的参考指标。以千人到达率为重要的参数，实际到达以概率为基础，具有较大的模糊性。新媒体是通过自身内容创造，实现对外传播的价值，分为两种不同的状况。

通过自媒体平台所提供的流量购买平台，通过向平台支付费用购买，形成向目标客户群有效推送，并最终实现传播的目的。

通过自身内容创造，形成消费者的认同，在满足平台流量推荐的背景下，被平台推送到不同的消费者之中。

新媒体的到来，可以精准地进行测算，以在相关人群的露出为主要方式，进一步升级为浏览和表单回复。

（4）多媒介传播计划的制订

目标群体：设定目标群体，了解企业的传播对象是谁，他们有什么特征，为什么他们会接受企业的传播内容，这是对目标客户进行系统写真的过程。

传播目标：通过传播要达到什么目标，比如是要覆盖多少人群，还是为多少人群带来更多的认知来实现相应的转化。按照传播的阶梯理论，从最初建立知名度到最终形成口碑，是一个不断设立传播目标的进阶过程。

设定预算与ROI指标：设定预算与投入产出比，在预算范围内，选择最佳的产出方式。原则上，预算需要明确可以调动的资源和资金，在ROI（投入产出比）的框架范围内，预算多意味着产出多。

媒介分解：媒介是需要形成矩阵的，在不同的平台和账号下，进行不同的投放计划，每个媒介都有不同的客户群体和平台算法，因此，要精准分解媒介平台，实现精准传播。

形式探讨：在不同的媒介上，有不同的表现形式，如图文形式或者视频形式，形式探讨是达成最有效的投放的关键要素。

检讨与复盘：传播后，要及时进行复盘和检讨，发现问题并解决问题，提出更好的解决方案，为后续更好地传播奠定基础，不断优化过程。

5.1.2 营销效果监控与优化方案的设计

（1）市场营销监控的基本内容

营销计划书的制订主要可以分解为七个步骤。

①营销状况分析：首先需要通过对相关市场、产品、竞争对手、用户环境因素等背景资料进行分析，了解市场动态及市场的趋势，洞察用户需求，研究竞品优劣势。然后分析本企业的机会在哪，找出差异化定位，指导整体的营销策略，根据不同的渠道制定不同策略。可以从以下几个维度来进行分析：市场环境分析、用户分析、产品分析、媒介投放分析、竞对现状分析、竞对渠道分析等。

②SWOT分析：围绕企业及相关产品找出主要的市场营销机会和威胁、优势与劣势，以及面临的主要问题，每一个企业只有分析市场机会与问题，找出优势与劣势，才能扬长避短。

③营销目标：主要包括销售额、市场占有率、利润目标、市场占用目标、市场扩张目标和品牌发展目标。

营销目标是营销计划的核心内容，它将决定营销策略和行动方案的拟定。

④营销策略：这是营销计划尤为重要的一个环节，这部分主要是完成目标计划的主要途径和方法，包括目标市场的选择、市场的定位战略、产品策略、品牌策略、定价策略等主要决策。

⑤计划方案执行：执行方案将营销战略和策略具体化为可操作的措施，它以时间、人员、资源、经费等要素，规定着哪些是能导致目标实现的行动，哪些是会防范和干扰目标的行动，避免计划的失败。

⑥费用预算：对收支计划的量化，实现销售预算所需支付的费用进行预算。它以销售预算为基础，要分析销售收入、销售利润和销售费用的关系，力求实现销售费用的最有效使用。

⑦效果预测及监控：作为营销计划的最后环节，由主要用户监控整个计划过程，并选择相对应的控制方法。

（2）市场营销监控的基本方法

方案在执行的时候，可以借用“5W2H”分析法，来帮企业更加清晰地知道每一步应该怎么走，目标是什么，通过什么样的路径才能达到想要的结果，如图5-1所示。

（3）市场营销优化的意义

市场状况是在不断变化的，每次营销活动都是一个检验的过程，只有及时地复盘检验，发现问题，并及时对问题的解决方案进行优化，才能不断实现更新的价值。优化市场营销有四个方面的重大意义。

①及时复盘，发现问题。通过及时的复盘，及时发现过往所发生的问题。

②探究问题本源，找到新的解决方案。从发现问题到发现本质，真正挖掘出问题本源，通过对因的理解，建立对果的解决路径。

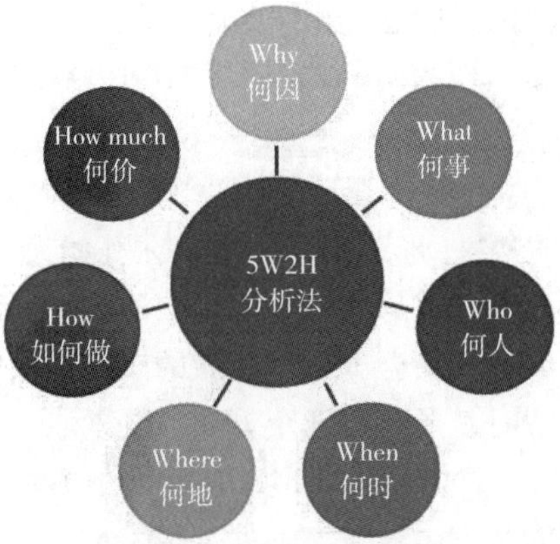

图5-1　“5W2H”分析法

③掌握市场行情，及时制定应对策略。通过优化，可以及时掌握市场行情，为未来制定有效的新的解决方案。

④对团队磨合以及对竞争对手的状况做及时整理。每次营销都是一场战役，团队与竞争对手的状况，都会对战役形成影响。及时发现，及时整理，及时解决。

（4）市场营销优化的策略

在进行市场营销策略优化时，一般采用PDCA的模式。PDCA循环是美国质量管理专家休哈特博士首先提出的，由戴明采纳、宣传，获得普及，所以又称戴明环。全面质量管理的思想基础和方法依据就是PDCA循环。

PDCA循环的含义是将质量管理分为四个阶段，即Plan（计划）、Do（执行）、Check（检查）和Action（处理）。

用PDCA进行策略优化，共有八个步骤。

第一步，分析现状，发现问题。

第二步，分析影响因素。分析各种问题中的影响因素，在这个阶段，可以用的方法有很多，例如鱼骨图、“5W2H”分析法、4M（质量管理体系中的要素之一，4M指Manpower人力、Machine机器、Material材料、Method方法/技术）管理等。

第三步，分析主要因素。只有找到主要因素，才有办法解决问题。

第四步，采取措施。分析到主要原因之后，针对主要原因采取措施，在采取措施的时候，要考虑下面的几个问题，为什么要制定这个措施？要达到什么目标？在什么地方去做？由谁来做？什么时候做？怎么做？需要投入多少？这就是“5W2H”分析法。采取的措施一定要有开始的时间跟结束的时间，每一个目标都必须要有一个期限，没有期限的目标等于没有目标。

第五步，执行。按照措施计划的要求去做。执行分解到相关的组织体系中是实施，每个相应的人员都会在其中承担相应的职能。

第六步，检查。检查就是把执行结果与要求达到的目标进行对比。检查的目的是看实施过程有没有效果。

第七步，标准化。把成功的经验总结出来，制定相应的标准。

第八步，把没有解决或新出现的问题转入下一个PDCA循环中去解决。

（5）市场营销策略优化方案的制作与编写

营销策略方案的优化，需要一张蓝图绘到底。在开始设计营销策略时，就要把情报信息、基本分析、主要策略、预期结果等都以更加明晰的方式予以表达，在进行相应优化时，可以针对不同的环节提出新的优化措施，通过前后的对比，形成对策略的优化。

在制作市场营销优化方案时，要重视四个方面的要素。

①基本环境与背景要素：通过对基本环境和背景的收集、分析，对可能的趋势进行判断，这是未来进行各项工作的基础。

②客户理解与画像：通过对客户的画像，得出客户的需求点，通过对兴奋点、需求点、爆发点的分析，实现客户需求的真实挖掘，找到能对客户形成销售转化的策略基础和依据。这个过程中，也会适当地对竞品策略予以提及，尤其是对竞品的价格策略予以关注。

③营销核心策略：如何获得流量，如何进行转化，如何能带来客户的持续合作，这需要通过具体的策略来实施。如流量来源，可以是通过投放费用获得一定的流量（各个平台的方式有所不同），对需要投放的金额进行预算，在获得流量后，可以采用什么方式，形成转化率的提升，如现场福利、优惠组合促销、抽奖等，价格促销是相对最有效但是也是最需要慎重对待的方式。

④营销目标：将目标具体设计到金额、SKU（库存量单位，即库存进出计量的基本单元，可以是以件、盒、托盘等为单位）数量，通过细致的分解，做到最有效的推进。

将各项指标和策略在一个完整的表格体系中予以体现，将方案设计得连贯有效，如表5-1所示。

表5-1　市场营销策略优化方案

模块	细分内容	具体描述	时间进度1	时间进度2	时间进度N	运作结果	补充优化	新对策
基本环境与背景要素	基本概述							
	自身FABE							
	行业趋势							
	竞争对手							
客户理解与画像	性别							
	年龄							
	媒介喜好							
	价值观							
	消费观							
	收入阶层							

续表

模块	细分内容	具体描述	时间进度1	时间进度2	时间进度N	运作结果	补充优化	新对策
营销核心策略	引流	短视频						
		直播						
		抖+						
		千川						
		粉丝带人						
	转化策略	福利						
		抽奖						
		组合促销						
		爆品集合						
		库存控制						
	粉丝增加	求关注						
		粉丝福利						
		私域运营						
		打爆氛围						
	复购目标	预告预售						
		私域活跃						
		直播预热						
		短视频预热						
营销目标	销售金额							
	销售分解							
	直播脚本							
	费用预算							
	ROI目标							
紧急应对	爆仓	超卖处置						
	冷场	氛围调动						
	流量匮乏	如何引流						

注：
FABE：分别代表Features（特征）、Advantage（优点）、Benefits（利益）、Evidence（证据）。FABE法则是非常典型的利益推销法，它通过四个关键环节来处理顾客关心的问题，从而实现产品的销售。
抖+（DOU+）：一款抖音平台的视频加热工具，DOU+购买并使用后，可实现将视频推荐给更多兴趣用户，提升视频的播放量与互动量。
千川（巨量千川）：巨量引擎下的电商广告平台，为商家和抖音创作者们提供抖音电商的营销一体化方案的工具。
ROI：投资回报率，即总投资交易所得的收益或亏损，一般以年度回报百分比表达。

通过系统完整的方案设计，形成连贯性和对比性，能更好地为优化市场营销策略方案提供帮助。每个具体的参数都有具体的对比，已经实现较好目标的，复盘后继续保持策略；而部分不能达到的，通过新策略的实施予以提升。

该方案表格是一个完整的工具和工作方法，表格可以不断向后延续，形成很清晰的方案思维内容，持续地进行方案修正和销售的达成，可以逐步发现与形成规律。结合部分数据统计，形成一体化的方案并持续推进。

5.2 直播规划

5.2.1 直播用户运营概述

直播用户的定义：指的是进入直播间的每一个观众，而不只是关注自己的粉丝。

用户运营的定义：就是围绕用户来做一系列的产品和运营机制，本质是为了提升用户价值和延长用户生命周期的一种运营手段，使用户从最初的流量，成为最终的付费用户甚至是自带传播效应的口碑用户。所以，用户运营最终的核心目的是用户的最终付费转化、传播复购。

（1）直播用户的特点

在对直播用户运营之前，先要了解自己的目标群体是哪一类人群，再根据人群特征，有针对性地采取相应措施，达到事半功倍的效果。直播用户大致可以从性别、年龄、活跃时间、情感需求这4个维度进行分类。不同维度的用户，消费习惯也存在较大差异，可以根据自身情况，选择适合自己的人群来推广直播。

①性别。

男性：关注的直播类型多为游戏、户外、才艺、运动、车品、猎奇等。该类用户比较注重商品的质量及实用性，购买商品目的明确，购买行为迅速。消费过程中有强烈的自尊和好胜心，这也是为什么很多娱乐主播的绝大部分打赏用户都是男性的原因。

女性：关注的直播类型多为美妆、健身、旅游、美食、教育等。该类用户注重商品的实用性、便利性、创造性，对外观比较敏感，容易因为一时的情感产生冲动消费。

②年龄。

a．少年儿童群体。从纯消费向社会性消费过渡，从模仿型向个性消费过渡，消费的情绪从不稳定发展到比较稳定过渡。这类人群没有什么消费能力，但是有一定的说服能力，能够用自己的方式说服帮忙付款的人。随着智能电子设备的普及，这类人群的数量呈现稳步增长趋势，不容小觑。

b．青年群体。追求时尚、追求个性、追求感性、表现自我、容易冲动。喜欢具有时代特色的产品，注重设计感。这类人群是现在直播用户的主力，超过70%。这类人群有一定的消费能力，也是大部分主播GMV的主要贡献者。

c．中老年群体。理性购买、经济实惠、注重便利、讲究实效、需求单一、惯性较强。

他们不会太多地追求时尚，对于花哨的产品包装和复杂的功能不感兴趣，对方便的食物，耐用的消费品有强烈的消费兴趣。这类人群数量相对较少，同样，针对这类用户的主播也不多。

③活跃时间。

a．“早鸟出窝”型（早上5：00～9：00）。

用户人群：老人、学生、白领、宝妈（适合养粉，消费能力一般）。这个时间段的观看人群，是有“工作身份”的人，这个时间段是最佳的养粉时间段，粉丝即流量。

特点：早上直播的主播少。

b．“日上三竿”型（上午9：00～12：00）。

用户人群：中小型企业的老板、中层领导（更能增加稳定收入的群体）。

特点：上午流量很大，并且还可能是高消费人群，比如中小型企业的老板，这个时候可能在店里守店，或是刚刚开完会，这群用户有稳定的收入。但是时间碎片化，不会一直在直播间。

c．“午休小憩”型（中午12：00～14：00）。

用户人群：白领、网络从业者（有一定消费能力）。

特点：经历一上午的劳作，大部分用户只想好好休息放松，刷刷视频、逛逛直播间打发时间。所以选在这个时间段直播的主播们，就要想想如何让用户们得到心灵上的慰藉，深入聊天能出单，也是积累粉丝的过程。

d．“轻松下午茶”型（下午14：00～19：00）。

用户人群：白领、中小型企业的老板、网络从业者。

特点：从这个时间段开始，可以说基本所有的主播和用户都开始活跃了，人们的状态和心情也会慢慢地松懈下来，工作量不大，都在玩手机，寻找好玩的直播间，对直播内容的要求也更高。

e．“饭后甜点”型（晚上19：00～23：00）。

用户人群：消费能力超强人群，所有人群都集中。

特点：这个时间所有的兼职主播，大主播全体出动。晚上大家时间集中，因此也适合长时间或是利用碎片化时间观看直播。但是，八成观众会被小时榜主播吸引，不利于新主播。但对有基础粉丝的主播有利，也更利于产生用户消费。

f．“夜猫子”型（凌晨23：00～05：00）。

用户人群：学生、失眠患者、自由职业者。

特点：熬夜现在是常态，除了失眠人群之外，游戏玩家、学生党和自由职业者是熬夜的主力军。这部分人群主要特点是戒备心弱、心理需求大、容易冲动。凌晨是人心理防线更弱的时机，也是增强粉丝黏性的好时机。

④情感需求。

a．轻松消遣的心理。网络直播最直接的目的是解决人们在闲暇时的碎片化娱乐需求，现代化快节奏、高强度的生活方式让人们少有释放内心感受的机会，而网络直播的出现让这种无法快速宣泄的状况得到了极大的缓解。主播在直播间不断抛出幽默的段子、展示具有可观赏性的歌舞，又或者主播只是在随意地聊天和吃饭等看似稀松平常的内容呈现，却能给予观众心灵慰藉和轻松一刻。在观众结束白天紧张忙碌的工作后，不想再接收沉闷严肃的信息，而趣味十足的直播节目正好满足观众对即时娱乐的需求。

b. 追求认同感。网络直播受众在观看直播时会不由自主地把自己融入屏幕中的虚拟世界里，而主播可以看成受众在虚拟世界中的投影。受众从主播身上寻找共鸣，主播的成长环境、直播状态以及生活经历等都会引发受众强烈的归属感和认同感。屏幕中的主播虽然在虚拟空间中拥有很高的人气，但褪去直播光环后，主播和普通人并无不同。相比现实生活中极少会接触到的明星，主播更加贴近受众的真实生活圈。受众在主播身上的投射反映了自身对生活的期望和认可程度，借助主播极富渲染力的表演而达成“期望目标”。

c. 满足虚荣心。网络直播的另一特点是具备“打赏”功能，例如秀场类直播中，打赏礼物有“游艇”“鲜花”“钻石”等虚拟商品，观众选好礼物，充值金额后实时赠送给在线主播。如果观众赠送的礼物价格不菲，其名字会出现在直播屏幕上，其他观众能立刻注意到，主播更会对出手阔绰的观众表现出强烈的关注与感谢。这时打赏礼物变身虚拟符号，彰显观众在网络直播世界中的身份等级，极大满足了用户的虚荣心。很多打赏行为都是对社会现实的一种逆反心理写照，人们只关注直播表面的喧嚣，不会深究任何人的实际状况，这给试图满足虚荣心的观众提供了唾手可得的机会。

d. 满足“窥私”欲望。人是天生带有好奇心的动物，好奇心促使人类社会发展。在法律的约束下，人类的好奇心被限制在安全的范围内，窥私欲望不得逾越正常的法规尺度。人们受到社会伦理道德的约束，对窥私他人的行为本质上是不认同的，视为不雅之举。但直播平台却主动将主播们吃饭、休息等隐私暴露在观众面前，刻意把直播间安排在卧室等居家环境中，观众不再会为围观主播的个人隐私活动而内疚，满足了观众相当程度上的窥私欲望。

（2）直播用户的选择

直播用户的选择是根据直播特色或者产品属性这两个变量决定的，如果在一场直播中，这两个变量有一个发生变化，那么就要相应地在直播用户选择上做调整。从直播间形式来看，可以把直播间分成“杂货铺型”直播间、“专柜型”直播间、泛娱乐型直播间。

“杂货铺型”直播间：该类直播间直播风格以及主播一般都是一样的，但是每场直播产品不一样，直播间会出现各种各样的跨界产品，可能今天是食品，明天是家电，这些不同产品之间的用户会有部分重叠，但要做到每次直播都有增量，就需要在运营上覆盖更多的人群。根据不同直播产品的属性，分别从使用对象及实际购买对象的性别、年龄、地域、兴趣爱好等方面推送到相应用户手中。

“专柜型”直播间：该类直播间多为品牌直播间或者知识类直播间，如鸿星尔克、李宁、格力等品牌直播间，以及拍摄教学、摄影教学、运营教学等知识类直播间。他们的产品基本上是固定几个品类，通过阶段性地邀请大牌主播或者明星+自有主播店播的形式进行带货。这类经常换主播的直播间就需要根据主播的风格，或者邀请的明星、大牌主播的粉丝特征进行用户选择。

泛娱乐型直播间：该类直播间包括的范围就很广了，户外运动、旅游、才艺、聊天等都算这一类。这类直播间用户相对来说较明确，用户根据兴趣爱好来进行选择，这类用户相对来说较为稳定，也比较忠诚。

用户的选择归根结底还是根据自身直播情况，结合直播用户分类的几个维度，几个维度的交叉部分就是自己的目标用户群。当然，有些带有地域使用性质的产品还需要加上地域这个因素。

（3）直播用户运营的内容

直播前的用户运营内容：分析主播特性或产品属性，选择目标人群，为直播间流量投放做准备，设计好互动环节、福利环节、促单环节，设计直播剧本。

直播中的用户运营内容：后台推流、事故处理。没有出现意外直播事故时，按照剧本执行好每一个环节。

直播结束后的用户运营内容：订单跟踪维护、社群维护、售后服务、后台粉丝答疑。

（4）直播用户运营的方法

如何做好用户运营？一要主动寻找，主动发现目标人群；二要嘴甜，互动建立联系；三要引导，引导加深关系。

发现目标人群。前面章节讲了如何选择用户，选择好了目标用户之后，要设计和强化目标人群与直播之间的关键利益触点、痛点或槽点；直播内容、话题、流程设计与目标同步、目标清晰聚焦且最多不要超过3点，有主次区分。

互动建立联系。直播不仅需要主播和内容，主播引领、话题设置和激励互动模式都需要精细化设计，更像一场导演好的大戏，精彩纷呈；抓住用户反馈的焦点，动态管理用户情绪，对每场直播的焦点话题都应该掌握清楚。如果你想追求一个异性，你会怎么做？当然是先上去搭讪破冰，再聊聊家常送送礼物，培养感情基础。直播间用户的运营也差不多，主播首先要和观众建立关系，避免还没开始就结束的悲剧，建立关系的方式主要有以下几种：①主动和观众打招呼；②与观众问答互动；③抽奖送小礼物。

引导加深关系。发现和找到头部用户及强互动目标人群后，一定要设计简便易行的转化通路，提供再次互动的机会。有目的地引领这些核心用户从直播场景进入后续平台，持续沉淀有效用户。入驻自有平台后，即可有针对性地进行转化，将观众转化为粉丝。引导转化的几个小技巧：①主播通过脚本+手势引导；②贴纸+弹窗引导；③粉丝权益引导；④关注抽奖引导；⑤建立粉丝社群。

（5）直播用户运营方案的制定

根据运营过程，可以分为售前、售中、售后三个阶段，每个阶段有着独立的运营方案。

①售前。

a. 挖掘产品价值，明确FABE（卖点），进行产品搭配设计。

b. 匹配消费者，对客户进行画像。

c. 设计客户“兴奋点”，设计客户成交剧本。

d. 进行直播剧本编撰。

e. 推流预算与推流环节设计。

f. 销售目标设计与销售分解。

g．销售道具和物料前期准备。

h．销售预备会。

②售中。

a．流量与活跃度提升。

b．直播现场氛围提升与爆款应用组合。

c．现场福利逐步释放。

d．流量增加与推流实施。

e．商品上架销售与库存信息及时更新。

f．主播+助播现场增加声势，带动销售气氛，推动加粉工作的进行。

③售后。

a．及时发货并建立客户联系。

b．及时将客户纳入私域并进行二次开发。

c．鼓励客户进行好评返现和其他活动。

d．预热下次爆款和主要产品，带动积极性。

e．提升社群活跃度，保障私域价值。

f．发放私域福利，促进客户成为深度合作客户。

5.2.2 产品购买率概述

（1）产品购买的影响因素

①消费者个人因素。

消费者收入水平：消费者的收入水平对消费者的购买决策具有决定性的影响。需求是指消费者能支付得起的需求。消费者的收入水平直接决定着消费者所在的社会阶层，消费者的购买决策受其所在社会阶层的普遍消费习惯的影响，如消费场合、消费价位等。

消费者消费习惯：消费者的购买决策受其消费习惯的影响。对于日常生活用品、易消耗品等，消费者的购买地点一般比较固定；消费者对于某一产品品牌、外观、材质等存在着偏好，从而使符合消费者偏好习惯的产品更容易被消费者接受。

消费者的家庭、亲戚朋友：消费者的家庭、亲戚朋友因素对消费者的购买决策有着重要影响。消费者的购买决策有可能因为家人或朋友的一句话而发生改变；消费者的购买决策会因为家人或者周围亲戚朋友的消费经验而发生改变，这是因为消费者有时对家人或者朋友更加信任；消费者购买的商品受朋友圈子的消费水平的影响。

消费者的年龄阶段：消费者的年龄阶段对消费者的购买决策有着不可忽视的影响。青年、少年对比较新潮的产品更感兴趣，而中年人、老年人更钟情于不变的版式；中年人、老年人购买商品的决策更加稳重，受销售员的影响比较小。

消费者的受教育水平和职业：消费者的受教育水平和职业影响消费者的购买决策。消费者的分析思考能力受教育水平和职业的影响，从而影响消费者的购买决策。

②社会生产力的发展水平。

供给决定需求：如果没有丰富的产品供给，就不会有消费者的购买决策，在国家消费品紧缺的年代，许多消费品都是通过国家政府等直接分配所得。

交通物流因素的影响：交通的发展水平和交通工具对人们的活动范围有着重要影响。如果没有汽车、火车、飞机，普通的消费者很可能很少跨市、跨省甚至跨国消费；如果没有发达的物流系统，网络购物就会受到很大限制，人们也会很少考虑从网上购买商品。

社会消费文化的影响：如果社会上奢侈之风盛行，受攀比因素的影响，人们会更加看重品牌因素，看重产品价格因素；如果绿色环保的消费习惯盛行，那么人们在消费时会考虑消费品对环境的影响等。

③消费环境因素，距离因素。

人们会倾向于在自己的活动范围之内消费，倾向于在距离自己比较近的地方消费。人们追求生活的便利性。

门店消费环境的因素：不同的人对不同的消费环境有着不同的喜爱程度，有的消费者喜欢比较热闹的消费环境，有的消费者喜欢比较安静的消费环境，消费环境的氛围影响消费者的购买决策。

商家服务态度因素：不同的销售员有不同的销售业绩，这说明消费者受销售员对于产品的理解程度、介绍水平和服务态度的影响。

售后因素：对于大宗商品或者价格比较高的商品，产品的售后服务对消费者有重要影响。很少有人去买售后没有保障的贵重商品。

④产品因素。

产品对于消费者的重要程度：对于生活必需品、易消耗品，消费者很可能根据自己的消费习惯就近购买；如果产品对于消费者比较重要，可能消费者就不会太注重距离、价格等因素而决定购买。

价格因素：对于同种商品，消费者会选择价格比较低的；对于能满足消费者同一需求的产品而质量有差别，不同收入水平的消费者会选择不同价格的产品。普通消费者更倾向于质优价廉的商品。

品牌因素：处于不同社会阶层和收入水平的消费者会选择不同档次的品牌。产品的知晓程度，广告导向影响消费者的购买决策。

质量因素：消费者购买产品购买的是产品的使用价值，如果产品不能满足消费者的需求，或者产品质量有问题，影响消费者的使用，那么消费者很可能会转而购买其他商品。

外观、材质因素：符合大众消费口味的产品更受消费者欢迎。虽然不同的消费者对产品的外观、材质有不同的要求，但产品制造既不能天马行空，又不能墨守成规，这样才能受到消费者欢迎，吸引消费者购买。

替代品、互补品的影响因素：如果替代品能同样满足消费者需求，消费者便会考虑其他因素而决定购买哪一种产品。如果互补品的一方限制另一方功能的发挥，便会降低消费者的购买欲望，进而影响消费者的购买决策。

（2）产品购买率的分析计算

产品购买率的计算公式是：购买率=某一产品消费者数量/同类产品消费者总数量。

要计算分析产品购买，主要统计的是两个数据：一是所有渠道的销量；二是同类产品的总销量。统计时，需要的数据是销售笔数，而非销售件数。

（3）产品购买率的核算

在进行产品购买率的核算时，关键原则就是数据的准确性，主要有以下三点：①计算购买量时，是否把所有渠道考虑到，是否有遗漏；②大部分的产品是有退货率的，产品退货率是多少，行业的退货率是多少；③产品购买量的统计周期是否一样。

（4）用户购买率提升策略

①确定重点客户，深度沟通，建立信任。要想提升购买率，第一步需要筛选、确定重点客户，分析他们的产品需求与决策的重要信息。从需求出发与顾客深度沟通，做到足够了解顾客，也让顾客了解产品，该产品与竞品的区别；跟顾客建立信任，有了信任基础，成交就不是问题了。

②营造销售气氛。国民消费的一个习惯，就是跟风。在设计营销方案时，主要考虑以下几个问题：为什么顾客要买？为什么顾客要找我买？为什么顾客现在就要买？根据产品特性与消费者特征搭建匹配的消费场景，营造出让消费者感到舒服的销售气氛，帮助顾客成交。

③与专家积极配合，借助老顾客。现在的网购，顾客对产品的认知，仅仅停留在文字、图片和视频上，要想让顾客选择本企业的产品进行购买，就要对产品或品牌进行背书。比如，30年老中医教你调理肠胃，如何挑选滋补品；妇产科医生教你产后塑形，如何挑选合适的孕产内衣；心理学教授教你如何与孩子相处，怎么建立亲子关系，可以读哪些书。还有一个，就是借助老顾客，让他们现身说法是很有说服力的，但借助老顾客需要注意两点：第一，提前沟通与设计；第二，真诚、真实，不然会起到反作用。

④抓住最佳促销时间。营销是有黄金时间的，很多销售是从顾客的消费痛点入手，慢慢地导入产品，最后解决顾客的疑虑。但要提升用户购买率，每个环节的节奏很重要，当把消费痛点铺垫到位，产品价值也传递清楚，就可进行促单和催单了。

⑤解决顾客疑虑，对症下药。通过对顾客的消费分析，可以知道顾客为什么购买该产品，在选择产品时有哪些疑虑，在营销时，就要提前打消顾客的疑虑，把他们担心的问题提前提出并解决，在可以实现的范围内做一些风险承诺和负风险承诺。

第6章

视频创推

知识目标

1. 了解视频矩阵的主要特征、基本功能和分类，视频矩阵的作用原理及设计原理
2. 明晰视频账号的功能及其分类
3. 了解视频推广发展的趋势及推广步骤
4. 了解视频数据变化的监控原理

技能目标

1. 了解视频矩阵的作用原理并且能够独立设计矩阵
2. 掌握视频账号的维护与管理，提出相对应的孵化策略并能够制订相对应的推广计划
3. 掌握数据变化的监控原理

职业素养

1. 有高度敬业精神及责任心
2. 具备团结协作的团队精神

6.1 视频内容

6.1.1 视频矩阵

（1）视频矩阵的主要特征

视频矩阵又称视频号矩阵。简单来说，视频矩阵特征是以某个核心视频IP为中心，多账号布局，通过它们相互关联、相互影响所打造的网络营销方式。

视频号矩阵是根据视频号的目标用户，构建营销矩阵，从而达成分块营销、市场细分、多号曝光的营销方式，对关注点不同的用户采取差异化的营销方式，以求最大限度地保证营销的精准性。例：企业通常会创建自己的官方视频号，但同时还会注册一个辅助类的生活视频号。前者用于传递企业的产品信息以及营销活动，塑造一个正式官方的公众形象，是视频号矩阵的中心；而后者是从贴近消费者生活的角度，宣传企业的产品与服务，形象会更加接地气。

（2）视频矩阵的基本功能和分类

视频矩阵基本功能主要体现在以下四点：①多号互推，相互导流，形成协同宣传效果；②提升广告曝光效应，满足不同预算的客户；③试错空间更大，更容易突破；④账号与账号之间连接，通过横向的运营策划打通粉丝，更好地区分和承载不同的商业价值。

视频矩阵基本分类主要有以下四种：①家庭类：由个人IP再次打造家庭其他成员IP；②MCN公司：打造不同性格的人物IP；③个人：个人账号做好后另起个人小号；④团队：总号带分号，总号账号须优质，带动分号。

（3）视频矩阵的作用原理

现如今网络平台上每天产生的内容过于庞杂，而每个用户吸收信息的时间是有限的，企业要传播的信息想引起更多的目标用户的关注，必须从他们的兴趣出发，针对不同的人群，创建不同的内容，根据视频号粉丝的群体画像进行视频号定位细分。这也可理解为针对不同的用户对象，每个视频账号要表达的内容和侧重点不同，才能切中用户关心的内容痛点，将你要传播的信息，通过分类型、分账号，结合视频网络话题属性，用户就可以轻松便捷地关注到企业想要传播的内容。以此布局视频矩阵，达到同一时间用不同的内容表达方式，在不同的账号上把企业要传播的核心信息“引爆”，从而提高视频曝光率。

（4）视频矩阵的设计建立

①围绕企业、品牌、服务搭建。以品牌为中心，拓展出产品、服务、售后等矩阵账号。

②围绕主播、网红搭建。以网络达人、大V为中心，搭建账号矩阵是一种极为常见的模式。每一个网红、每一个领域都有自己的上限，当遇到瓶颈期之后，很多网红往往在同一领域甚至其他领域重新开辟账号，结合自己的成功经验、已有粉丝基础，快速搭建矩阵账号，有的会用大号带小号。

③围绕家庭关系搭建。家庭成员是一种天然的矩阵，他们不仅可以同时在某一个“主角成员”的作品中出镜，还可以以拍摄者、非出镜的“神秘成员”的角色，吸引主账号粉丝的关注。

④围绕团队搭建。团队型矩阵是仅次于网红型矩阵的一种做法。团队型矩阵一般会有一个明显的“优势账号”，在这个账号中有团队的多个成员出镜。“优势账号”火爆之后，借助它的影响力，团队成员各自开辟新号引流，甚至通过“优势账号”为团员引流，将主账号粉丝价值最大化。

⑤围绕某一种成功模式搭建。围绕成功模式搭建矩阵的玩法，多以垂直领域账号为主，这一类矩阵搭建主要分两步走：第一步，找到一种成功模式；第二步，快速批量化复制。

6.1.2　视频账号

（1）视频账号的功能

视频账号是以视频形式承载基本信息的自媒体账号，主要有四大功能：①传播新闻、娱乐、知识等资讯信息；②传导价值，传授经验和传递能量与情感；③人与人之间的生活体验分享与互动；④商业广告传播营销。

（2）视频账号的分类

①商品导购类。美妆博主推荐穿搭，推荐购物，推荐商品，它们的本质等都属于商品导购类。

②知识传播类。知识传播类就比如教你使用软件Photoshop或者是唱歌弹吉他等，它们都是通过内容去吸引潜在的兴趣人群，然后把目标人群引到个人社交软件上售卖自己的课程或服务。

③娱乐搞笑类。娱乐搞笑类比较适合网红达人，打造轻松愉悦的气氛。

④记录生活类。记录生活类多是萌宠、家庭喜剧、工作记录、晒娃比较多的一些账号。

⑤科技类。科技类就是评测新的手机、数码产品和技术软件，它们大部分都是和一些厂商进行合作，去评测一下他们的产品，例如手机多好、多么实用，或者是推广一些前沿技。

⑥政府、企业官方媒体类。传播当下时事政治，新闻事件；传播企业文化、企业产品等。

⑦游戏类。游戏类录像或游戏解说，吸引一批跟游戏相关的人群。

⑧二次加工类。人们平时看的影视作品，通过二次剪辑叙述的方式再次展现，这些都属于二次加工类。

（3）视频账号的维护和管理

视频账号的维护和管理重点在于获得视频平台的推荐权重。

视频账号维护与管理的五大维度分别是：账号完整度、垂直度、活跃度、健康度、互动度。

①账号完整度。账号的完整度可以从账号昵称、账号主页简介、账号页面背景、账号视频列表封面等方面的风格统一性上体现。

视频账号要想获得用户的关注，就必须使用户意识到账号的价值所在。拥有一个简单易记、价值突出的账号昵称；几句话展现账号核心价值的主页简介及引导关注的关键脚本；页面背景对核心价值的直观画面展示；直观有序的视频列表；标题清晰且具有吸引力的视频封面，可以使得进入主页浏览的用户，快速了解账号的核心价值，从而确定是否符合他的兴趣，做出是否长期关注的决策。

②垂直度。视频的内容和某博主想要吸引的粉丝属性一致就叫垂直。在现如今主流的以推荐机制为底层逻辑的视频平台，如果某博主今天发了一个旅行类别的内容，推荐了之后大家给他点赞评论了，系统就会认为喜欢该博主内容的用户全部都是旅行爱好者，之后就会把他的内容推送给更多的旅行爱好者，可是他在第二天发布音乐类别的作品，可能视频传播数据会很差，其原因是在如今的推荐算法时代，视频传播的逻辑是基于算法推荐，根据他过往发布视频的类型和人群，分配最感兴趣的用户。若该博主垂直度不够，发布内容混乱，平台就无法将他的内容传播给真正感兴趣的人，从而导致播放数据不佳，也无法获得更大的流量推荐。每次把流量给到该博主都没有产生很好的效果，长久之后平台就会判定给予他的流量是一种浪费，结果就是减少流量推送，直至没有流量。

③活跃度。视频平台的其中一个判定指标就是日活跃用户，也就是说一天之内有多少持续稳定的用户观看，所以保持稳定优质的内容输出才会获得用户和平台的重视，获得更多的用户关注。

④健康度。健康度就是用户对内容的满意程度。它可以理解为作品对用户的吸引程度，体现形式就是观看作品的完成度。用户观看视频的完整度越高，同一用户观看同一账号的时间与账号总的观看视频时长的比例越高，账号获得的流量资源推荐就越多。

⑤互动度。多和评论的粉丝进行互动，互动度自然也会上来。粉丝喜欢账号中的作品，花时间给作品评论，运营者的每次回复即是与一个陌生的粉丝进行情感关系的增强，从而增强了用户黏性，增加了粉丝对视频的关注持久性与稳定性，也是给了账号多次的曝光机会。

（4）视频账号的孵化策略

视频账号孵化一定要找准账号的定位，定位关乎视频账号的生死存亡，好的定位能让企业管理者在后续的运营中事半功倍。

一个完整成熟的账号，准确的定位方式需要做以下七大策略：明确运用目的、选择账号领域、确立核心价值、选择表现形式、打造差异化记忆点、确立内容结构风格、在发布初期还要有策略性地根据数据进行调整，优化账号的竞争力。

①定位运用目的。对于视频这一新的销售形式而言，规划好视频内容与商品之间的各个环节，设计好用户体验流程，用内容刺激用户产生购买欲望和行为。从内容到销售的环节，整个流程的体验非常连贯。

②定位账号领域。对于内容创业者来说，选择自己擅长、有经验、有资源、热门的领域，这样更容易获得大量关注，从而打造出优质的视频账号。

③定位核心价值。只有为用户创造价值，才能成为有价值的视频账号。提供优质的内容，也是一种核心定位。对于泛娱乐账号，账号内容的吸引力很重要，“网络达人”要有人格魅力、有个性、真诚，注重内容的用户体验；而对于垂直领域账号，要想商业变现能力强，内容专业度很重要。无论是泛娱乐账号还是垂直领域账号，有用或者有趣至少要占其一，要想长远发展，就要通过内容为用户提供价值，打造账号的核心竞争力。

④定位表现形式。在确定了目的、领域后，就可以根据实际需求和团队情况，选择合适的表现形式。视频内容常见的表现形式有：个人生活记录、剧情演绎、动画、音乐混剪、视频创意、个人展现知识讲解、素材+配音+音乐混剪、图片文字混剪、新闻记录等。

⑤明确账号差异化。在充斥着形形色色模仿视频的平台上，要想吸引眼球，就要与众不同，还要打造个人专属的标志，让粉丝看到一个不一样的账号。

⑥内容结构与风格。搭建好账号的基础框架后，一定要根据基础框架进行内容方向的策划，以保障内容的定位来落实，在长期的执行中方向不跑偏。

⑦数据驱动内容优化。视频在发布后，需要视频展现、点击播放、用户互动、关注等数据，用数据验证账号的定位是否合适，用数据引导账号内容的优化。

6.2 视频推广

6.2.1　视频推广概述

视频推广传承网络视频推广，来自英文Online Video Promotion，缩写为OVP。

网络视频推广是网络视频营销的新概念，是指以视频为载体，通过在视频中添加合适的推广信息，将各种视频短片以各种形式放到互联网上，达到一定宣传目的的营销手段。为的是获得更多流量，从而达到网络营销及品牌建设的目标。

（1）视频推广的优势

①网络视频媒体较传统媒体而言，网络视频推广具备信息时效性强、信息量更大等诸多方面的优势。视频推广，是将传统媒体的二维形式，转换为多维形式，有效地将文字、图像

和声音有机地组合在一起，传递多感官的信息，使得宣传效果更广、更具针对性。网络视频可以将信息24小时不间断地传播到世界的每一个角落，并且可重复性观看，这是传统媒体无法达到的。从传媒的技术发展角度看，首先网媒视频的普及使用弥补了消费者从传统媒体无法获取的内容缺陷，数据库查询和精确搜索缺陷；而传统电视领域不可能接受网络短剧或草根创作者的内容，网络媒体由此成为消费者喜爱的内容形式。

②网络用户忠诚度高。据资料显示，电视并不能集中人的注意力，电视观众40%的人同时在阅读，21%的人同时在做家务，13%的人在吃喝，12%的人在玩赏植物，10%在烹饪，9%在写作，8%在打电话。网上用户55%在使用计算机时不做任何他事，只有6%同时在打电话，5%在吃喝，4%在写作。也就是说相对传统媒体，网络用户的专注度更高，并且网络用户都有着自身的浏览习惯，网络宣传可以很好地掌控这些数据，易于锁定受众群体，起到更好的宣传效果。

③视频推广宣传成本更低。相对传统媒体，网络媒体的宣传成本低，宣传面积更为广泛有效，并且延伸性更好，用户可以随时了解到更为详细的资料。其次网络媒体更容易操控，信息变更更为快捷，可以让用户第一时间了解所需的资料。

④视频推广的发展与应用。从移动网络4G时代以来，信息传播的主流媒体已经从图文类向视频类升级，视频形式的信息传播已体现在生活的各方面，如娱乐、教育、生活记录、经验分享、新闻传播、广告营销、社交沟通等。随着5G时代的到来，相信视频将会有更大，更为广泛的应用场景。

（2）视频推广的方法

如今移动互联网时代，视频推广平台如雨后春笋般涌现，要想实现最大规模的推广必须采用多平台、多账号的视频推广布局，最大限度地达成推广效果。

一条视频可能耗费一个团队数天时间，所以并不建议内容创业者将某平台作为视频发布的唯一平台。一方面，多平台的分发并不会增加太多的工作量；另一方面，在全网多平台发布，能把单条视频的效用发挥到最大化，有助于刺激多处流量增长。企业可以根据自身的情况，布局多账号的视频矩阵或在不同的内容平台上创建同名号。多平台分发可以提升内容推广的速度、力度、效益，同时减少账号名称在其他内容平台被盗用的风险。

视频推广目前有四种方式，从简单到复杂、账号总量从少到多分别有对应的多平台同名号视频推广、一对一强关联号视频推广、多号单领域视频推广、多号多领域视频推广。

①多平台同名号视频推广。多平台建立同名账号，当视频发布时，进行同步分发。多平台布局能大大地提高内容的效益，在多个平台上都有相应的流量产生，甚至同一个内容还可能在其他平台上爆发。内容的生产本身非常耗时、耗力、耗资源，与此相比，同步分发这一动作所耗费的时间、精力微乎其微；不同平台的数据（包括曝光量、互动量、商业转化情况等核心数据）对比可以作为数据监测的参考对象，可以通过多个方面的数据监控内容运营情况，这种做法在新媒体行业中早已成为标准。

②一对一强关联号视频推广。一个账号能覆盖的粉丝数往往很有限，而且当账号发展到成熟阶段后，粉丝数的增长会变得非常困难。如果一个账号中每次出镜的固定人数不止一

个，那么在条件允许的情况下，可以尝试运营多个账号。

某个视频平台中就有这样一类账号，不单打独斗，两个账号之间关联极强，内容相关，互动频繁，互相引流。这样的一对一强关联号，一方面对塑造双方关系的人设更具有说服力，给人感觉更真实、更深刻；另一方面，把覆盖粉丝的范围扩大了。最常见的是以亲密关系为主的亲情号、情侣号、闺蜜号、朋友号等。

③多号单领域视频推广。有不少企业本身可能在某垂直领域里使用了多品牌战略，以覆盖更大的群体，提升精准营销的效率。企业在确定在某垂直领域中进行内容深耕后，在该领域进行视频多号布局是不错的选择。

④多号多领域视频推广。一般而言，只有专业的内容公司或者在不同领域都有商业布局的集团，才会进行多领域的账号布局。用大号为小号引流，拓宽单个账号的发挥空间，使“网红”孵化的效率与效益都大大提升。

根据企业的需求与团队情况，企业可以进行不同类型、不同内容、不同形式的账号建设，用不同的账号来推广不同视频以迎合精准人群的需求，为企业视频矩阵覆盖更大的粉丝群体。

（3）视频推广的步骤

完成视频推广的整个过程共分为进行视频内容策划、完成视频创意、拍摄前准备、视频拍摄、视频剪辑处理、上传视频、视频自身推广与管理、效果监控八大步骤。

①进行视频内容策划。通过视频内容策划，明确以下问题：第一，明确网络视频营销推广的实施目的及欲达到的目标；第二，确定网络视频营销推广的目标受众群体并分析目标受众特征；第三，制订网络视频营销推广的实施计划；第四，为了网络视频营销推广能够取得更好的效果，还必须对国内主流视频网站有非常清晰的认识，了解它们各自的特点，为后期视频的拍摄、宣传做好准备。

②完成视频创意。网络视频能否取得预期的网站推广效果，除了视频本身具备的视觉冲击力以外，更重要的一点是策划的视频要有出人意料的创意。可以通过参考网络上优秀的网络视频，通过灵活运用“头脑风暴法”“水平思考法”“联想法”和“逆向思维法”等方法，进行网络视频的创意设计，形成视频脚本。

③拍摄前准备。首先，准备道具：小型DV或数码相机一部，视频拍摄主题涉及的相关物品，“演员”服装等。对于初始团队来说，由于前期资金有限，推荐使用手机拍摄。例如，华为、iPhone的高端机型已经具备非常强大的功能，可以满足拍摄、剪辑、发布的要求。手机分辨率设置为1080P及以上（如果支持4K的话，调成4K），帧率设置在30帧以上；其次，场景布置：为了达到更好的效果，应进行拍摄选址和场景布置，特别是室内拍摄，需要进行比较专业的布置，以达到比较好的拍摄效果；再次，工作人员和“演员”到位：“演员”是诠释视频的主角，同时拍摄视频时要有一定数量的工作人员；最后，依据脚本进行拍摄前的排练，以达到较好的演出效果。

④视频拍摄。视频拍摄长度一般介于30秒至几分钟，拍摄时切勿抖动，要求拍摄多个镜头，其中根据需要，包括一定数量的特写、中景、全景、大全景等。

⑤视频剪辑处理。拍摄完的视频，还需要经过专门的制作处理，做成一个完整的剪辑版

视频才能上传到网上。

⑥上传视频。视频制作完成后，接下来就是将视频上传到视频网站。在上传视频时，首先了解视频网站对上传视频的格式、大小等的要求，再进行视频的压缩和格式转换，然后上传视频。

⑦视频自身推广与管理。网络视频上传成功后，要想起到预想的宣传效果，还必须对视频本身进行推广。视频的推广除了可以通过在视频播放页面点击与评价视频来提高排名和影响外，还可以通过微博、论坛等其他平台进行。

⑧效果监控。很多视频网站提供了网络视频的一些监测数据，如视频被点击播放的次数、被转载的次数、评论的条数、网站视频排名等。实时了解并统计视频在各个网站的播放效果，为视频营销方案的进一步优化做好准备。

（4）视频推广计划的制订

视频推广计划的制订需要完成以下步骤：视频平台用户分析、竞品分析、行业内短视频内容展现形式分析、过往的推广视频效果分析、制订推广计划与人员分工。

①视频平台用户分析。这一点可以从平台用户活跃时间、用户最喜欢点赞的内容形式、不同年龄喜欢看的内容、用户的基本属性、地域分布等几方面进行分析。数据来源可以参考视频数据平台，最后再根据得出的数据进行总结。

②竞品分析。竞品分析是指竞争对手在各大视频平台的视频表现形式和账号情况。查看竞争对手的内容，然后研究对方的数据，找到竞争对手的优势并加以学习，做到“知己知彼”。可供分析的内容有以下几类：固有数据，即作品数量、粉丝量（粉丝属性）、获赞；更新频率，即作品发布的规律；作品内容，即人设、剧本、拍摄、演员、画面、声音、封面、标题等；作品数据，即播放、点赞、评论、分享等。

③分析行业内视频内容的展现形式。分析同行业内不仅限于竞争对手的短视频账号，例如某人是教育行业的，可以关注短视频平台中教育行业所有的短视频内容表现形式，不同形式成本也不同，其中剧情模式成本最高，且变现能力较弱。知识讲解（无真人出境）的视频制作成本最低，流量最精准，变现成本最低，可以根据自己企业的需求制定内容表现形式。

④过往的推广视频效果分析。若自己有推广视频的历史数据，可通过对过往推广视频数据进行分析，主要分析账号标签，也就是前期视频输出的内容定位、粉丝属性，平台会根据这些数据自动给视频账号贴标签，目的是判断一下目前账号的标签是否与业务相符，找到问题原因并及时解决。

⑤明确推广目的，制订视频推广计划。一般分为以下四个阶段进行：品牌推广期、用户感知期、销售扩张期、品牌升级期。

第一阶段通过人设，向大量与品牌调性一致的受众输出。万变不离其宗，视频运营第一步，让大家知道自己的品牌；第二阶段通过爆款的内容视频、话题、活动，让受众更直观了解自己的品牌、服务理念，并有意愿进一步了解产品和体验产品；第三阶段将集中通过KOL（关键意见领袖）效应聚拢人群，通过商品橱窗、视频加入产品链接、直播的方式等来带动产品销售；第四阶段通过深度内容及多元形式，向受众展示自己更深度的品牌理念，打造铁杆粉丝。

⑥视频推广的人员分工。编导，即定视频的方向、写脚本、统筹整个拍摄计划；摄影，即设计分镜头，布光以及把控拍摄整个过程；剪辑，即视频拍完之后，根据剧本要求，对视频进行剪辑、包装。一般视频时长2～3分钟，或者1分钟左右；运营，即收到剪辑完的视频，设计视频封面、标题、简介、推荐位等，分发到各个平台，统计分析视频的数据，对各个平台的视频进行运营管理、用户互动等。

6.2.2 视频数据变化监控

（1）视频数据监控的分类

主要分为平台数据、账号数据、视频数据三大类。

平台数据：用户日活、用户使用时间、用户使用时长数据、用户画像数据、平台创作者类型数据、热门视频数据、搜索视频数据等。

账号数据：账号主页访问量、账号播放量、完播率、互动指数、粉丝净增量、活跃度、粉丝画像等。

视频数据：完播率、平均播放时长、点赞率、评论率、转发率、粉丝转化率等。

结合以上数据分析，可以更好地优化自己的视频与账号，提高视频曝光量与平台推荐权重，达到更好的视频推广效果。

（2）视频数据监控原理及综合案例分析

以抖音为例，想要通过数据去判断视频的质量，首先要知道抖音的推荐逻辑，一条视频在发布时，系统会去分析视频里的画面、文案、话题等信息的综合数据，去判断给你推荐多少流量，在视频被推荐给首批用户之前系统会进行分发审核，违规的视频就不会被推荐；首批用户看到视频后，系统会关注很多视频的数据指标，当这些指标数据正常时，系统会持续推荐，反之则会减少推荐。简单来说，在用户视角，抖音的推荐逻辑就是根据系统对用户的了解给他推荐他喜欢的内容；在创作者视角，是把好的内容推荐给有需要的用户。

怎么判断用户是否喜欢呢？用户的点赞、关注、评论、完播都代表他喜欢这些内容，这就是用来判断用户喜欢什么的用户标签，那系统怎么判断好的内容呢？

这就得说到关键的几个数据指标了，内容能见度、内容吸引度、内容交互力、内容获客力、内容转粉力，也就是后台的完播率、评论量、加购量、关注量、播放量、点赞量、私信量、购买量、复购量、转发量，当然数据指标肯定不止这些。

一般来说，普通账号分析播放量、点赞率、留言率、转发量这几个数据就可以，但是数据是不断变化的，这里给大家分享一个超实用的分析工具：表格计分分析法，一般选择24小时或者48小时进行分析，方便做横向对比（表6–1）。

表6-1　表格计分分析法

表格计分分析法（总分：40分，低于25分为低劣作品）				
播放量	2万以下：2分	2万~5万：6分	5万~10万：8分	10万以上：10分
点赞率	3%：2分	5%~8%：6分	8%~10%：8分	10%以上：10分
留言率	1%以下：2分	1%~3%：6分	3%~5%：8分	5%以上：10分
转发量	10次以下：2分	10~50次：6分	50~100次：8分	100次以上：10分

点赞、留言、转发指标都是各自数据除以播放量，对应计算总数值，数值越高代表质量越好。接下来，通过两个案例来对比分析。

数据案例一

案例一的数据：播放量45.6万，点赞率10%，留言率1.2%，转发量为60次（表6-2）。

表6-2　数据案例一

播放量	45.6万	10分
点赞率	10%	10分
留言率	1.2%	6分
转发量	60次	8分
综合分析	该作品播放、点赞率较高，粉丝认可度好，但是转发低，并且留言热情不高，说明粉丝认可内容，但是没有留言动力，说明作品缺少引导互动的话题，引导和讨论的槽点	
改进方向	增加互动话题引导	

数据案例二

案例二的数据：播放量1.7万，点赞率11%，留言率1.5%，转发量为80次（表6-3）。

表6-3　数据案例二

播放量	1.7万	2分
点赞率	11%	10分
留言率	1.5%	6分
转发量	80次	8分
综合分析	作品播放相对较低，没有上热门，点赞率高，评论率高，说明粉丝认可内容，有设置话题和槽点，但观点定位不清晰，话题较偏	
改进方向	提高脚本水平，梳理清楚观点，引导正确的话题性方向	

第 7 章 团队管理

知识目标

1. 了解团队架构的理论依据
2. 了解团队分工的调整方法
3. 掌握文化理念的建立理论
4. 掌握团队管理规范的制定方法

技能目标

1. 能够建立团队文化理念
2. 能够根据业务方向调整团队分工
3. 能够制定团队管理规范

职业素养

1. 培养团队协同合作精神
2. 工作积极认真，有责任感，具备基本的职业道德

7.1 团队架构

7.1.1 团队架构的设置

（1）团队架构的特点和类型

团队：通过成员的共同努力能够产生积极的协同作用。团队成员的努力会导致团队绩效远远大于个体绩效之和。从图7–1可以看到工作群体与工作团队的区别（图7–1）。

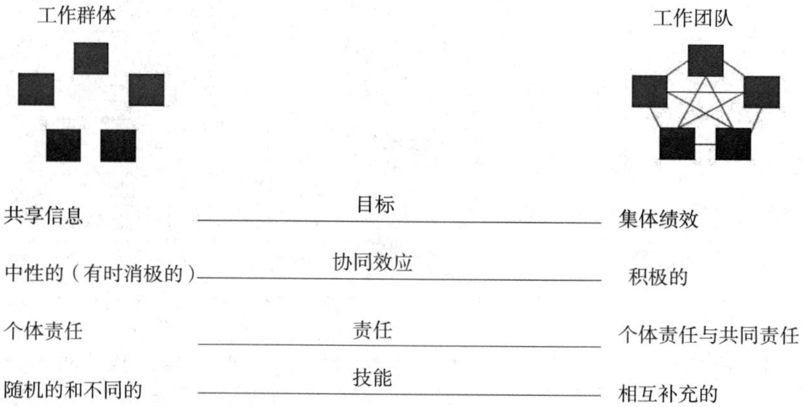

图7–1　工作群体与工作团队的区别

基于对团队的认识，可以发现，团队是具有共同使命、目标、责任，相互以技能进行支撑的体系。

团队拥有四个基本特征：集体绩效，是通过团队的努力，实现整体的收益方式；积极的，在团队中每个环节成员都以积极心态进行工作，不仅完成自身的工作绩效，也要协助他人共同完成集体工作绩效；个体责任与共同责任，团队中，每个岗位都有独立的KPI（关键绩效指标），而整体又有相关的KPI；相互补充的，各个岗位都有独立的技术要求，因此，只有相互支撑，协同补充，才能创造最高效的工作绩效。

常见的团队有四种类型：问题解决型团队、自我管理型团队、跨职能型团队和虚拟型团队（图7–2）。

问题解决型团队。团队一般由同一个部门的员工组成，以发现问题，解决问题为组建依据，通过流程设计、管理提升和问题发现，针对性地提出专项问题的解决方案。这在互联网营销中，可以为某品牌设置具体的问题解决型团队，为该品牌或者某项具体任务提出解决方案。

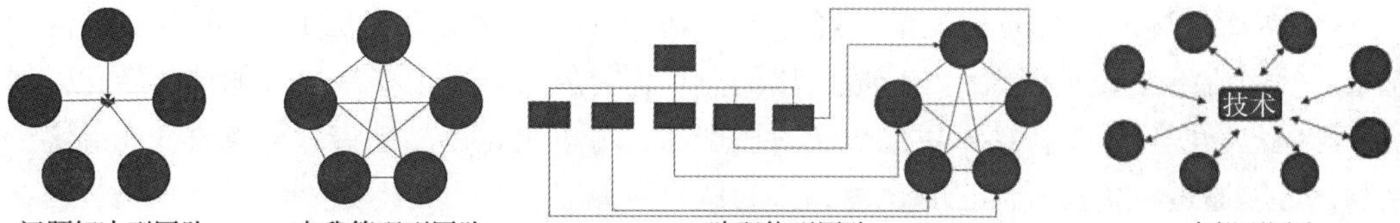

图7–2　团队类型

自我管理型团队。以结果为导向，形成自我管理的机制。通过团队成员的协作，构建出相辅相成的工作内容，逐步实现由主管承担的职责。该团队以解决问题和以特定核心岗位为关键，目标是实现自我管理。自我管理型团队的优势非常明显，就是以目标为导向进行自我管理，但是缺点也由此显现——可能缺少最终的主管角色。由于此缺点，决策会变得更慢，当冲突出现时，效率会大大降低，甚至会导致团队的解散。

跨职能型团队。一个完整的互联网营销团队，本质是一个跨职能型团队，每个体系都是进行多部门协作的最终成果体。例如：通过主播带来良好的女装销售的团队。这个体系就是一个完整的跨职能型团队，包括对于商品的选择/供应链/买手/采购，这是基于对产品的深度理解和对供应链管理体系的掌握；包括店铺销售运营/场控/主播，这是基于对产品如何销售的明确推动；包括品宣/网络媒体/媒介分发，这是基于逐步扩大主播粉丝量和影响力的团队。多个跨职能团队的组合，构建了完整的主播销售与推广体系。

虚拟型团队。以技术为重要的中间连接点，形成虚拟型团队的交互和明确界限，促进以团队形式形成最佳的工作绩效。

在互联网营销中，虚拟型团队的应用往往会出奇制胜。

（2）团队架构的内容

团队架构的内容，根据以目标、核心人员和岗位为导向，对应形成了三种不同的内容模式。

①以目标为导向：如以销售数据为目标，所有的团队成员都紧盯该目标，并分解出自己岗位所需要的具体工作职能。例如，某场直播活动需要完成200万的商品交易总额（GMV），那就要进行系统的分解，分解的工作有以下几项。

a．完成业绩。需要实现多少商品的销售和多少流量的进入，对于每个商品应该承担多少业绩，通过对商品买手（供应链）的梳理，将指标确立在商品上。对于流量如何进入，包括是否需要推流，是否发现了爆款形成了较高转化率，相应的职能人员都需要根据目标进行分解和找到流量来源的策略，并提出相应的方法。

b．销售进度。将全场分为三个阶段，第一阶段，热度导入期；第二阶段，爆款导入期；第三阶段，亮点导入期。每个阶段，首先思考如何达成该阶段所需要的销售目标，再分解到具体的产品、流量、促销活动、产品组合等方面，最后对任务进行设计并适当调整。

c．爆点的发现与实现。每次直播现场，总有些数据较好的时刻，如在线人数较多、成交率较高、客单价较高等，通过挖掘各个阶段的数据，迅速给予当前方式相应的策略提升，针对性地提升更好的数据。

d. 新流量达成。在原有流量已经稳定的基础上（不论是否充足），都可以尝试使用新流量，使用流量工具购买流量，形成阶段的热点，在原有基础上实现更高的销售转化。通过目标导向，为实现销售业绩，可以优化阶段产品，可以组合产品销售，可以改变产品定价和毛利，可以通过付费提升流量，也可以人为调整重点时刻氛围，但是一切以满足销售目标为导向。

②以核心人员为导向：在一个直播体系中，主播是核心人员和核心数据。如何在不同的阶段，提升主播的人气、流量、影响力，这是一个团队必须不断深入思考和实践的。提升主播影响力有以下几种方法。

a. 提高主播的知名度和影响力。通过不断提升主播粉丝数量，形成一定的流量基础，随着基数的扩大，业绩也就随之增高。可以通过参加各种活动，进行品牌推广，进行定向人群曝光等，让主播获得更多粉丝，这是一项长期工作。

b. 为主播获得更大流量。有效使用各种主播流量工具，及时提高主播曝光，如使用“粉丝通”，迅速带来流量的增加。

c. 让主播的转化率提升。通过对主播的数据分析，为主播确立主要的顾客画像，找到最佳性价比价格带，找到擅长的产品模式，形成这个领域中的专业价值和形象。信任是提升转化率的关键因素，而专业是获得信任的重要元素。

d. 实现主播复购率的提升。让粉丝成为忠粉，这项工作是长期的、艰难的也是必需的工作。如何能让忠实客户提升并不断形成购买意愿，这是对每个主播的价值以及产品价值的双重考验。

③以岗位为导向：在一个完整的互联网销售小组中，运营的职能往往异常重要。他代表着整个团队的核心力量，如何理解每次销售活动，如何理解每个人员职能以及如何实现各个岗位的紧密衔接，对最终实现为主播赋能有着积极的影响。好的运营，能把各个职能的专业人员应用好，能把团队的价值放大到极致。

（3）团队架构设置的理论依据

根据《组织行为学》对团队的架构依据，实现团队有效性，是打造团队的基本要求。

实现团队有效性，体现在外界条件、团队构成和过程三个方面。只有三个方面都满足，才能让团队的价值被放大，真正成为有效团队（图7–3）。

（4）团队架构的管理

①团队管理的基本原则：

a. 人尽其用，物尽其才；

b. 用工作量体现基本工作内容；

c. 定指标、定任务、定考核；

d. 激励为主、处罚为辅；

e. 没有完美的个人，只有完美的团队。

②目标管理。在本书同级第五章提到的PDCA循环中，利用PDCA循环对每个环节进行细化与表格化管理，如图7–4所示。

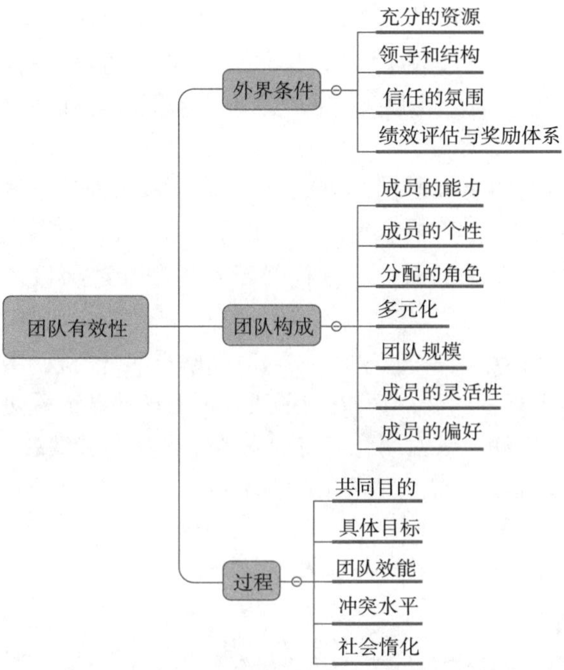

图7-3　实现团队有效性

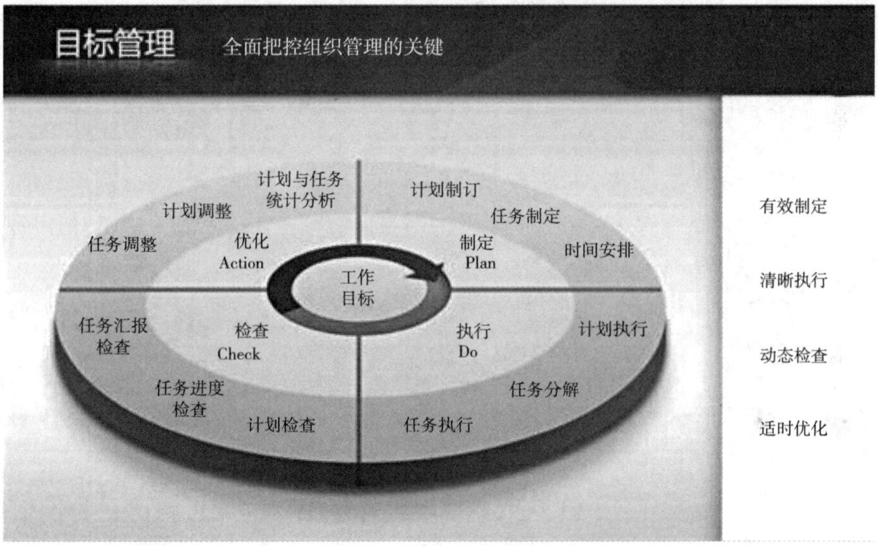

图7-4　目标管理

P——Plan（有效制定）——计划制订+任务制定+时间安排

D——Do（清晰执行）——计划执行+任务分解+任务执行

C——Check（动态检查）——计划检查+任务进度检查+任务汇报检查

A——Action（适时优化）——任务调整+计划调整+计划与任务统计分析

③时间甘特图。时间甘特图是一个以目标为导向的非常有效的管理工具，如图7-5所示。通过对具体事务的细分设计，以时间轴为导向，将各个阶段中的主要工作内容以及达成目标甚至主要人员和策略等都融合其中，可以实现多个职能体系的相互交流，最终实现共同任务。

时间甘特图通过活动列表和时间刻度表示出特定项目的顺序与持续时间。一张线条图，横轴表示时间，纵轴表示项目，线条表示期间计划和实际完成情况。直观表明计划进行开始时间，以及进展与要求的对比。这样便于管理者弄清项目的剩余任务，评估工作进度。

时间甘特图是以作业排序为目的，将活动与时间联系起来的较早尝试的工具之一。

时间甘特图包含以下三个含义：a．以图形或表格的形式显示活动；b．通用的显示进度的方法；c．构造时含日历和持续时间，不将周末节假日算在进度内，或者对其给予特殊的说明，如有些直播体系就是以周末为主要的时间节点。

项目名称	开始日期	结束日期	5/1	5/2	5/3	5/4	5/5	5/6	5/7	5/8	5/9
项目1	5/1	5/5									
项目2	5/2	5/3									
项目3	5/3	5/4									
项目4	5/4	5/6									
项目5	5/5	5/7									
项目6	5/6	5/8									
项目7	5/8	5/9									

图7-5　时间甘特图

7.1.2　团队分工

（1）团队分工的价值

根据精益化管理和阿米巴经营原则，团队分工会越来越精细，岗位会越来越明确，职能会越来越突出。通过有效的团队分工，实现人尽其才，创造最大的分工价值。

每个人都是在团队链条上的一个环节，各自独立出来，都不能产出极大的效应，但是在以结果为导向的体系中，每个环节一旦各司其职，就能让团队效能达到最高。

团队分工的价值，可以理解成具有共同的计划和目的、明确的目标、团队效能和心智模型，通过分工实现效益的最大化，不仅是实现1+1=2，而是创造出1+1>2的效益，如图7-6所示。

共同的计划和目的：有效团队首先会分析本团队的使命，设置目标来实现该使命以及制定战略来实现这些目标。如果团队能清晰地认识到自己需要做什么以及如何去做，那么往往会表现更好。

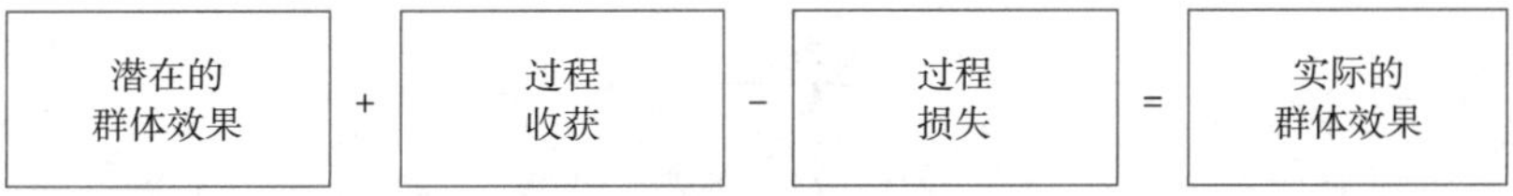

图7–6　团队分工价值

明确的目标：成功的团队会把自己的沟通目的分解成具体的、可测量的、切实可行的绩效目标。明确的目标会促进明确的沟通，有助于团队保持全神贯注的状态，致力于实现这些目标。

团队效能：有效团队很自信，他们相信自己能够成功，这种特征被称为团队效能。管理层可以通过两种手段提高团队效能：方案一，帮助团队实现较小的成功来树立该团队的信心；方案二，通过一些培训来提高团队成员的技术技能和人际技能。团队成员的能力越高，团队就越有可能会树立起信心并将其运用于实践。

心智模型：有效团队能够分享准确的心智模型——关于如何完成工作的知识和信念。团队成员的心智模型的相似性非常重要，如果团队成员对如何做事具有截然不同的看法，那么他们往往会就此进行争斗，而忽略了需要完成的目标。

团队分工的价值，就是在于把个体和团队的价值紧密融合，将团队目标融入个人目标中，以个人能力的提升带动团队能力的提升，进而成为有效团队。

（2）团队协作的原则

团队协作的原则，由精细、精准、及时、闭环、赏罚五个方面构成。

①岗位要精细：通过精细化分工，实现岗位之间的相互支撑与互补，实现目标的协同能力。

②人员要精准：依据人员能力和性格进行职能匹配，让专业的人成就专业的事。

③协调要及时：一个任务目标的实现，是多个岗位共同努力的结果，只有实现及时协调才能带来巨大价值。

④路径要闭环：在一个体系中实现完整的路径，可以实现完整的工作内容和职能，实现管理自洽。

⑤赏罚要分明：一个团队的成功，是奖罚体系的成功，能者多劳，多劳多得，为自身的KPI考核贡献力量。

（3）团队分工角色的理论基础

团队分工角色是由团队关键角色分工而来（图7–7）。

从图7–7可以注意到，对于团队的分工，是由九个关键角色分工而来，在互联网营销师的团队中，可以包括售前、售中、售后的团队，但是由于很多企业，在售前和售后都有与其他体系结合的团队，因此，更多的是以售中实现更好的目标而设立团队分工。

实现有效分工，掌握四个关键节点。

①有效性。所有的团队分工，都是为了实现最基本的有效性，只有在达到预期目标时，才能说一个团队分工是有价值的。如何让团队分工具有有效性，需要明确“什么岗位，做了什么动作，带来了什么成果”，由此实现了有效性。最终，有效性会和具体的行为动作具有

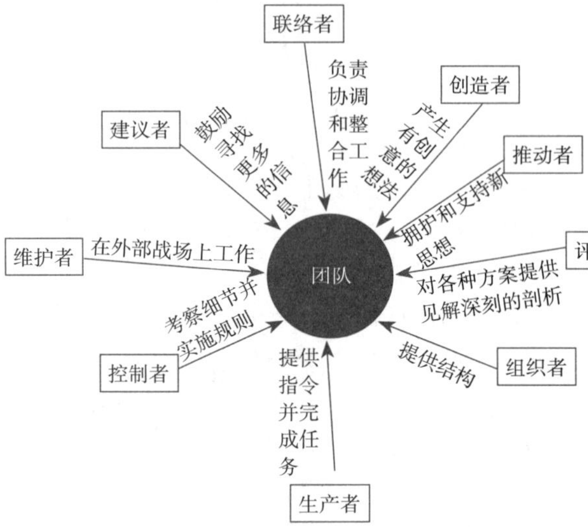

图7-7　团队关键角色分工

密切的关联。

②便捷性。团队分工是为了创造更高的效率和更专业的分工，因此，流程简单，组团方便，具有较大的便捷性，这是非常重要的。能组成一个立刻就能战斗的团队，是团队建设初期的重要原则。

③有利性。通过团队建设，能实现精细分工，实现最佳的投入产出比，为每个团队能创造更高效益奠定基础。因此，如何实现盈利，如何控制每个团队成员的成本，将固定成本控制住并以可变浮动成本与结果挂钩，成为具有盈利能力的团队非常重要，每个团队成员都是一个增长点，而不是一个成本负担。

④有血性。团队建设需要树立团队的价值观，以及为了实现价值观所共有的团队基本调性，一个有血性的团队，有激情、有目标、有欲望、有批判、有自我否定和挑战。因此，血性培养，对于带动团队积极性有着重要的意义。

（4）团队分工的优化调整

团队建设会根据阶段不同，进行团队优化和分工调整。

①初始阶段——最简体系。形成最小的阿米巴销售经营体，一个主播配一个运营（双子星结构）。

主播：负责销售达成，实现现场氛围的营造，通过自身努力，不断增加粉丝，增加权重，形成平台对主播的逐步认同，并最终给予流量的支持。主播，就是销售的终端，好的终端需要培养。

运营：围绕着主播之外的所有工作展开，包括招商、定位、流量设计、推流、场控等，协助主播实现最基本的销售达成。

②发展阶段——精细体系。开始实现多个岗位的精细化分工，尤其在售中环节，为了实现现场更好的流量和转化效率，由多个精准岗位的人员实现协同作战。按照目标导向原则和基本流程规则，在岗位中明确有效价值，通过专业岗位的塑造和人员实施，形成合力，带动

销售提升。本阶段中不同岗位的分工有以下几种。

主播：营造好氛围，注重专业，提升业务展现能力，面向客户展示产品的最佳体验。自信、专业、节奏、氛围，全场把控与消费者的沟通，实现产品销售的达成。

运营：实现定位和整体策略制定，协调全场人员的各项工作进程，对多个岗位进行促进、激励和督导，为主播创造最有效的直播效应。

场控：把控现场节奏，实现氛围的提升，带动消费者的互动和激情，设计方案，把控节奏提升效率，为更好地达成目标奠定基础；实现流量的增加和稳定，甚至带动部分消费者的冲动效应，指导全场人员配合氛围的提升，带动节奏的管控。

中控：及时解决数据问题，发现流量变化，关注客户在线状况，在发现问题的同时及时提出可能的解决方案，如提醒其他岗位人员展开推流手段，实现阶段更好的流量配置。

助播：配合主播做好直播工作，协调搭配和现场气氛，协助主播进行产品展示，并在关键时刻，协助主播进行产品讲解和描述，并以赞美和客观评价的方式，带给消费者有目标性的引导，实现更好的销售体验。这需要助播对产品有深刻的理解，也要对消费者有足够的认知。

③成熟阶段——一岗多员体系。在非常成熟的体系中，实现了T型结构，在每个岗位上，都实现了一岗多员，同时，也在广度上实现了更多的配套性岗位，具有积极的意义。

一岗多员：一个岗位的多个选择，可以在同等考核背景下，发现最优人才，实现人才的激励与淘汰，将赛马机制用于其中。在一岗多员的背景下，团队可以实现高强度的连续作战，各个岗位都能有充足的人员进行工作，防止了重大岗位缺失。

广度提升：有效型团队，是完整的产业链体系，从售前、售中到售后，都有完整的团队进行分工，彼此之间形成衔接，带来整体效益的提升。这不仅是销售本身的提升，对于如产品组合、品牌提升、预热与引流、关键客服等环节都有要求，只有各个环节都能达到更好的目标才能让团队具有强大的战斗力。

7.1.3　团队建构与分工的综合实践案例分析

案例一

店播体系的常规构建

2020年年末，随着平台达人流量的降低，达人带货能力受到了极大的限制，依靠第三方达人主播进行带货，已经不再成为主流。众多品牌商家，选择店播的方式，实现自身店铺的权重增加，通过主播带动公域流量和私域流量的提升，并带来业绩。

店播应运而生。

店播，顾名思义，就是在品牌店铺中进行播出，主播为品牌商的协同工作人员，甚至是品牌商内部工作人员。店播在初始状态，面临三个困境。

①店铺自身流量有限，不能如达人主播一样，有着较为丰厚的平台流量分配，更多的要依靠私域流量。

②品牌商如何实现销售转化，并不依靠单纯的降低价格实现。

③转化率较低，短时间内实现更高销售业绩的难度增加。

由此，品牌商对于店播体系团队设置就有了两个不同的策略。

策略1：以有效为导向，形成最佳团队组合，优化团队成本，实现投入产出比的尽快合理化。在这个策略导向下，构建最简单团队，以双子星模式展开运营，迅速让店铺业务得到展开，通过团队较为扎实和长期的工作，实现流量的逐步提升，并带动店铺权重的提升。这种策略虽然优势很明显，但是劣势也非常明显，由于店铺的流量非常有限，长时间店铺都不能真正形成有效的营收，会对店铺的持续增长带来压力，如果团队不能及时得到疏导，也会给团队的发展带来负面效应。

策略2：以满足经营需要为目标，尽快提升店铺权重，打造出店铺更多的流量，并实现私域流量的充分应用。此时，可以采用一岗多员模式，进行多人员配置，每天实现超过18小时的连续直播，带动店铺迅速提升权重，并由此实现业绩的快速增长。此时，成本较高，需要超过5个以上的专业人员，但是短期内店铺的收益不能覆盖成本，导致阶段内店铺亏损的增加，虽然可能快速带来最终流量提升和业绩提升，但是前期成本过高，也会给企业决策带来误判。

最终，往往形成这样的选择模式。

初创品牌（小品牌）：以双子星模式展开，在销售中逐步试错，找到可能的爆发点，并逐步提升店铺权重，为实现销售提升带来可能。经过3个月左右的试错，店铺业绩开始初步有所提升，但是与所期望的高业绩依然有较大的差距。

成熟品牌（大品牌）：以一岗多员模式展开，前期承担较大成本，也由此承担较大经营风险，以求快速实现店铺权重和业绩的提升。在经过2个月左右的尝试，店铺指标有显著改善后，主播带货能力提升，日销可观，具有了一定的抗风险能力。但是成本较高，不仅仅是人员成本较高，也在推流层面有着较大的压力，一旦在经营中不能控制风险，也会带来经营的失败。

案例二

成熟达人主播的价值呈现

2020年4月，杭州某头部公司的主播团队接到了一个轻奢饰品的直播业务。为了实现直播目标的顺利达成，该团队进行了详尽的售前售中工作分工策划，并最终取得了好成绩。

售前工作：选品专员进行产品选择，并实现了产品的搭配，形成了对产品的全面理解和掌控，对如何阐述产品价值，如何创造产品组合销售卖点，如何进行节奏管理进行了明确探寻。

售中工作：以精细分工为导向，对直播现场进行了全面的提升。现场工作人员达到了7人，分别在主播、助播、场控、中控等领域开展紧密的协同工作。运营全面掌控直播的节奏，对每个阶段的推流、销售数据、库存数据、要素整理等不断进行细致安排。7个人的团队，实现了现场的精准配合，不断推动直播间流量的提升，消费者体验感越来越好，氛围越来越热烈。随着连续几个爆款组合的推出，将在线人数、销售转化等指标进行了稳定提升。

所有人员各司其职，不断向其他人沟通所属模块的数据和分析结论，密切关注直播间的每个变化，不断将热点、兴奋点传达给主播，现场有条不紊，主播有的放矢，各个环节目标清晰手段明确。这场销售，最终以品牌商满意的结果收尾。

一个成功的销售体系一定是依靠团队的成功，精细化分工带来精细化管理，也带来消费者被精细化的区隔。

7.2 团队文化建设

7.2.1 团队文化理念建设

（1）团队文化理念价值【引用自汉哲管理咨询】

“当我听到文化一词时，我会伸手去拿我的勃朗宁手枪。”——汉斯·约斯特（Hanns Johst）

强有力的文化能够为组织提供稳定性，接下来借阿里文化的变迁来详细阐述。

阿里的文化变迁：从“独孤九剑”到“六脉神剑”再到“新六脉神剑”，文化的升级不断带来新的价值，也成为阿里重大决策时的重要依据。

①阿里文化的开创阶段：独孤九剑。所谓“九剑”，是指激情、创新、教学相长、开放、简易、群策群力、专注、质量、服务与尊重，前5个要点为创新维度，后4个要点为系统维度。“独孤九剑”的价值观，在阿里用了4年（图7–8）。

②阿里文化的发展阶段——“六脉神剑”。所谓“六脉神剑”，包含6个方面：客户第一（客户是衣食父母）、团队合作（共享共担，平凡人做非凡事）、拥抱变化（迎接变化，勇于创新）、诚信（诚信正直，言出必践）、激情（乐观向上，永不言弃）、敬业（专业执着、精益求精）。这次“六脉神剑”被分为公司维度和个人维度，在公司层面，需要通过团队协作和拥抱变化来支持客户第一；在个人层面，公司需要诚信、激情、敬业的人（图7–9）。

服务与尊重	群策群力	专注
质量	激情	创新
教学相长	开放	简易

图7–8　阿里企业“独孤九剑”的价值观

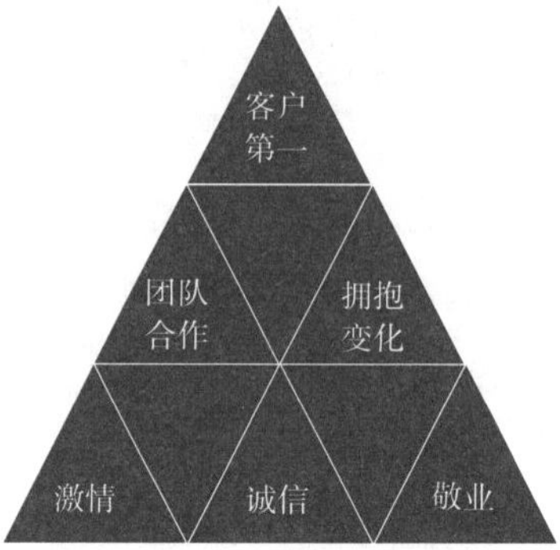

图7-9　阿里企业“六脉神剑”的价值观

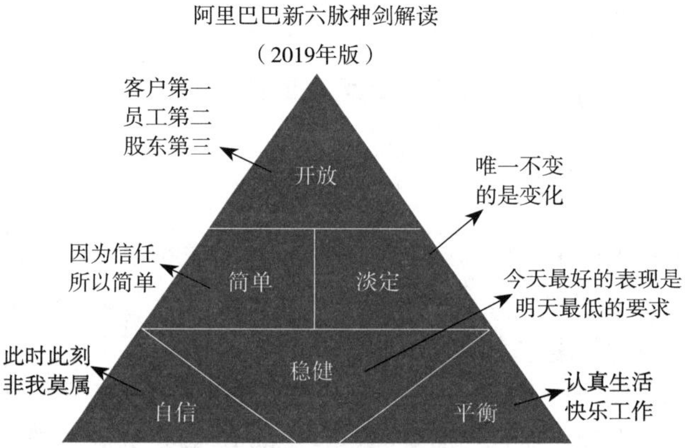

图7-10　阿里企业“新六脉神剑”的价值观

③阿里文化的迭代阶段——新六脉神剑。2019年9月10日，20岁生日的阿里巴巴正式发布“新六脉神剑”（图7-10）。

第一条：开放——客户第一，员工第二，股东第三。

第二条：简单——因为信任，所以简单。

第三条：淡定——唯一不变的是变化。

第四条：稳健——今天最好的表现是明天最低的要求。

第五条：自信——此时此刻，非我莫属。

第六条：平衡——认真生活，快乐工作。

不断发展的文化成为阿里巴巴的重要阵地，将价值观放入考核标准，所有的生意发展以价值观为导向，这是文化所带来的巨大进步。

（2）团队文化理念建设基础理论

组织文化指的是一套组织成员共享的、能够将本组织与其他组织分开来的意义体系。7个主要特征可以体现组织文化的本质。

①创新与冒险。员工在多大程度上受到鼓励可以进行创新和冒险。

②关注细节。员工在多大程度上被期望做事缜密、仔细分析和注重细节。

③以结果为导向。管理层在多大程度上重视的是结果和效果，而不是为了实现这些结果所使用的技术与过程。

④以人为导向。管理决策在多大程度上考虑到决策结果对组织成员的影响。

⑤团队导向。工作活动在多大程度上围绕团队而不是个体进行组织。

⑥进取心。组织成员的进取心和竞争性（而不是随和性）如何。

⑦稳定性。组织活动在多大程度上强调维持现状而不是成长和发展。

以上每个特征都表现为一个从低到高的连续体。根据这7个特征来评价组织，就能得到组织文化的一幅合成图，人们可以了解组织成员对于本组织、组织开展工作的风格、组织成员应有的行为方式所具有的共同理解。

（3）团队文化的组成内容

文化要成为一个员工可以感受到的具体事物，而不是天上的浮云，需要有一些具体的内容去承载文化。

①故事。很多团队中会流传着各种各样的故事，通常与以下方面的内容有关：发生在创建者身上的故事；规则被打破，团队发迹史；员工队伍的缩减；员工的重新安置；对以往错误的应对；组织的应急事件。故事能起到借古喻今的作用，还可以为如今的实践提供解释和支持。

②仪式。仪式是表达并强化组织核心价值观的一组重复性活动。这些核心价值观包括：什么样的目标最重要，哪些人至关重要，哪些人无足轻重。

③物质象征。物质象征向员工传递各种信息，包括：谁是重要任务、高层管理者期望的平等程度，以及哪些行为类型是恰当的。给予不同的层级不同的物质表达方式是建立区隔的开始。

④语言。许多工作部门都使用语言来帮助成员们认同组织文化，表明自己对该文化的接纳以及帮助维系该文化。随着时间的推移，组织往往会发展出一些特定术语，用来描绘与自己业务相关的设备、管理者、关键人员、供应商、顾客或产品等。

（4）团队文化理念特征

理念是一个人和企业的灵魂。

第一，企业的理念一定是全员的理念。不要只是高层或老板的个人理念，要防止老板或领导班子几个人随意讨论，就下发全员推广操作的做法。

第二，要大张旗鼓地进行宣传推广。要让每一名员工都知道，并尽可能地理解领会，让理念深入每一名员工的心。具体形式活动可以多种多样，如果能借助媒体效果会更好。

第三，印制成册，讨论学习。把理念以及由此理念衍生的理念系列，结合企业的视觉识别和行为识别，使之标准化后印制成册，成为企业员工随时随地可以浏览学习讨论的标准。

第四，让理念更好地为企业经营管理服务。围绕企业具体的操作流程、管理制度、行为识别的建立，做好理念和管理的融会贯通工作。

第五，坚持不懈，必有成效。企业只要坚持不懈重复上述理念并落实于企业日常的经营管理工作中，日积月累，企业的理念必将通过全员的日常行为体现出来，形成企业整体统一的行为标识。只要是好的理念顾客自然接受，顾客自然会购买你的产品，接受你的服务，心甘情愿地为你付费。

第六，企业理念识别系统的建立和完善，要伴随企业的发展全过程。企业不可能在最初创业时就有完整的理念识别系统，虽然老板可以喊几句漂亮的口号，但那不是理念。真正的企业理念就是深深融入每一组织成员的思想深处，物化为每一个经营管理的细节。企业理念在每一个企业员工身上都有烙印，在企业每一角落、链条上都能闪烁。因此，企业的理念不是朝夕之功。当然，作为企业还是希望尽快缩短理念认同的时间过程，因此企业在选聘人时，要注意理念的一致性，不要选聘理念悬殊太大者，有共同理念的人才容易共事。

（5）团队文化建设策略

在建设文化的过程中，有3个要素起到了举足轻重的作用：甄选、高层管理者和社会化。

①甄选。甄选过程有着明确的目标：识别并雇用那些有知识、技能和能力来成功开展工作的人。通常，能够满足某个工作需要的求职者肯定不止一位。决策者对求职者和本组织的匹配程度的判断会显著影响哪位求职者最终被雇用。这种试图确保员工与组织相匹配的努力，不管是出于有意还是无意，都会导致受聘员工的价值观与组织的价值观大体一致，或者至少与组织价值观中的相当一部分保持一致。

②高层管理者。高层管理者的活动对文化有着重要影响。高层管理者通过自己的言行举止建立起规范，并使其渗透到各个组织层级，其中一些规范涉及：组织能否鼓励冒险？管理者应该给自己的下属多大自由度？什么样的着装是得体的？什么样的行为可以得到加薪、晋升或其他奖励？

③社会化。不管组织在人员的甄选和选拔录用方面工作做得多好，新员工都不能完全适应文化的要求。由于新员工对组织文化尚不熟悉，所以他们可能会干扰组织中已有的观念和习惯。组织需要帮助新员工适应组织文化，这个适应过程称为社会化。

社会化可以被视为一个包括3个阶段的过程：原有状态阶段、碰撞阶段和调整阶段。这3个阶段过程会影响员工的生产率、对组织目标的认同，以及员工最终的去留（图7-11）。

最初的组织文化源于本组织创建者所持的经营理念，随着组织的成长，该文化会显著影响组织的甄选标准。高层管理者的行为确定组织的总体氛围，包括哪些行为可以接受，哪些

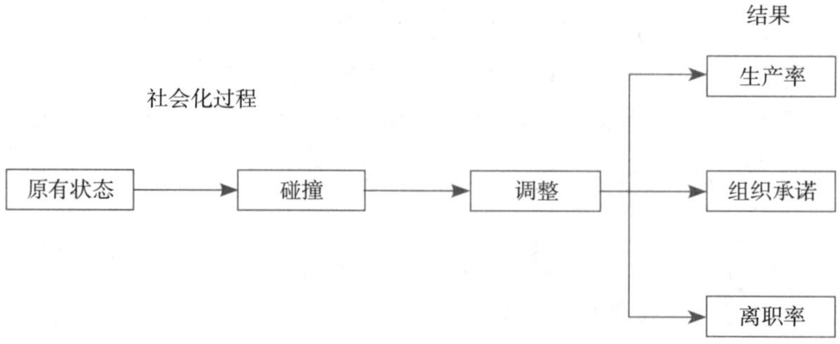

图7-11 社会化过程

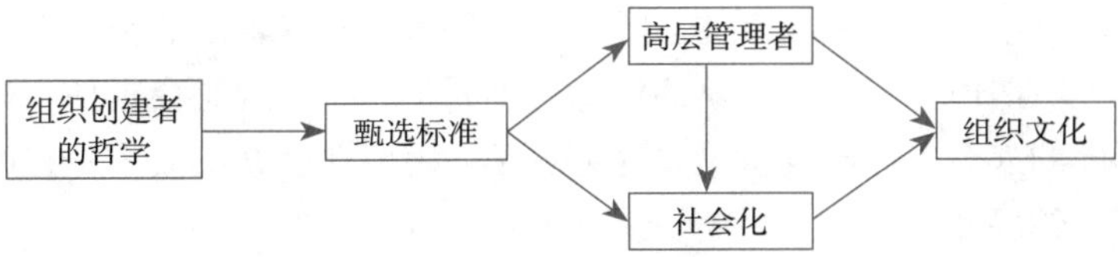

图7–12　组织文化的发展

行为不可以接受。员工社会化的方式取决于两点：一是在甄选过程中，新员工的价值观与组织价值观相互匹配的程度；二是高层管理者所偏好的社会化方法（图7–12）。

7.2.2　团队管理标准规范建立实务

（1）团队管理标准规范的意义

一个充满战斗力的团队，其思想必须是统一的，有了统一的思想，才能有统一的行动，整个团队的步调才能一致。

团队管理就是要借助他人之力完成预定的目标和任务，各级管理组织机构之间有集权和分权的关系，集权有利于组织活动的统一，便于控制；分权有利于组织的灵活性，但使控制变得困难。因此，集权与分权要适度，适合组织的任务与环境。一般而言，凡是关系到组织全局的问题要实行集权，但要通过授权使中层或基层具有一定的管理职责与权限，这也是行为规范原则的体现。

（2）团队管理标准规范的内容

团队管理标准规范，需要形成五个统一，以实现规范的落实。

①目标统一。没有目标的团队是无法存活的，目标是团队存在的意义，也是每个成员为之奋斗的理由。为团队设立目标，只是第一步，接下来才是关键的一步：把员工的目标统一到团队目标上。只有让每个员工都认同团队目标，并为此不懈努力，才能推动团队发展。因此，目标统一，是团队发展的基础。

②思想统一。思想是团队的力量来源，如果团队中的员工总是各怀想法，你说东他说西，分散的力量就不停拉扯，最终只能使团队崩溃。统一思想的重任，一般都会落在领导者头上。

著名企业家王永庆深谙此道，他认为，公司业绩不是靠嘴说出来的，团队管理得当，业绩自然增长。他重视的主要有以下三个方面：

a．希望领导者和下属达成共识，而且共识度不能低于80%，不产生大的分歧；

b．不要求下属具体做些什么，但要不断突破自我、坚持不懈；

c．领导的命令要得到严格执行，容不得任何敷衍和马虎。

③规则统一。规则是一个团队的底线，是每个成员的行事准则，让成员知道什么该做、什么不该做，如此团队才能进入良性运作。否则，总是突破底线行事的员工，总有一天，他会让团队偏离最初的轨道。这对于任何企业来说都是致命的。

④行动统一。行动是检验团队协作能力的重要标准，它需要的不仅是思想统一，更需要成员之间协调配合，需要有效的沟通互补等能力，而这些都是团队行动时必不可少的要素。

只有行动统一有序，整个流程才能更加流畅，各个环节才能将自己的作用发挥出来。

⑤声音统一。所谓声音，就是大家的观念。不同于思想，观念会更加多样和繁杂，针对每一个项目，不同的人会有不同的意见。这些意见一定要在公开层面统一，严禁形成“桌上一致，桌下乱套”的局面。

合理的观念冲突难以避免，但面对决策，一定要统一声音，就算大家在讨论过程中吵得再凶，决策一旦定下，就绝不能有异议。

（3）团队管理标准建立的理论基础

格伦·帕克（Glenn Parker）和罗伊·拉科塞尔（Roy Lacoursiere）绘制了一个图例，解释了团队发展的四个阶段。通过理解这些阶段，包括每个阶段的主要问题、典型的成员行为和有效的领导活动，可以帮助领导者促进团队朝着高士气、高绩效的方向快速前进（图7–13）。

在团队规范的阶段，合理利用每一个成员的知识和技能协同工作，解决问题，达成共同的目标。

（4）团队管理标准规范案例分析

案例一：建立标准团队岗位职责，带来标准行动方式。

在团队建设中，建立岗位职责，形成标准化管理是最普遍的方式。让所有的同一岗位的人，具有同等的职业操作能力和素养，快速实现团队的有效建设（表7–1，表7–2）。

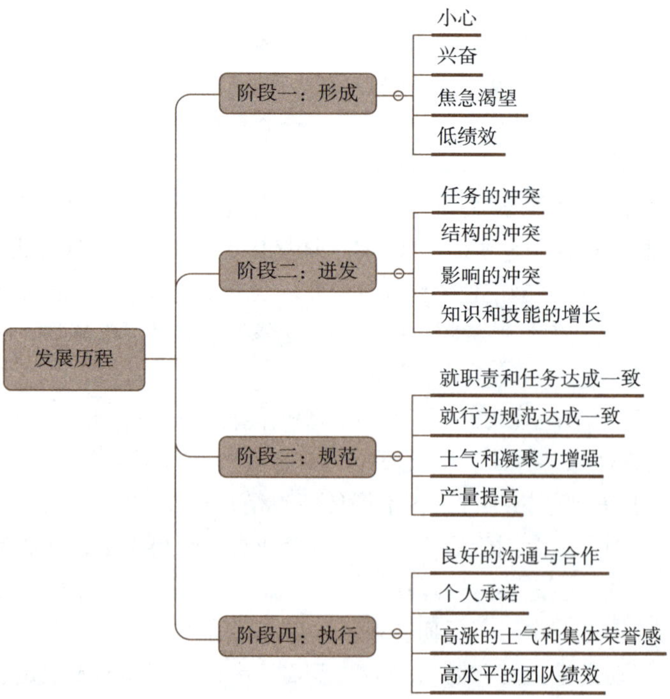

图7–13　团队发展的四个阶段

表7-1　直播运营岗位说明书

岗位名称	直播运营	岗位编号	—
所属部门	直播运营中心	职系（职等）	—
直接上级	店长	直接下级	—
工作概要：负责直播策划，制定直播策略，对业绩和团队目标负责。通过有效的吸粉和流量控制策略，助力主播达成销售业绩，对主播的状况从数据到现场表现等方面进行系统的改善和提升，让主播团队形成有效的提升路径			
在组织架构中所处位置：店长—运营—美工/直播助理等			
职责与工作任务			
职责一	职责表述：外部寻找主播，内部激励主播		
	工作任务	①通过各种平台，渠道招募，扩展、挖掘潜力主播	
		②管理优质主播，通过多种形式激励主播创造优质内容	
职责二	职责表述：负责主播的数据优化与提升		
	工作任务	负责电商运营数据分析、总结，及时达成各项运营指标，如流量运营、页面点击率及转化率指标、商品受欢迎程度指标等	
职责三	职责表述：负责协助主播实现团队营销目标		
	工作任务	①负责直播运营，配合运营团队实现营销目标，实现整体规划推广等经营性工作	
		②根据主播流量、粉丝反馈等对各运营细节进行监督和控制，及时调整主播吸粉策略，保证运营目标的达成，提高粉丝黏性	
职责四	职责表述：整合资源以提高产品市场占有率		
	工作任务	有效整合内外部资源，通过合理的方式提升产品市场占有率	
职责五	职责表述：负责与其他部门的沟通协调		
	工作任务	负责与其他部门的业务衔接和沟通协调工作	
工作权限			
人事权限	所负责的主播团队人事调整与晋升		
财务权限	与主播协商后的收益分配建议权		
业务权限	提升主播带货能力的各项策略和建议		
工作联系			
内部联系	运营部、生产部、研发部		
外部联系	主播，其他网络平台的红人		

续表

绩效指标			
KPI指标	①主播阶段业绩 ②主播稳定性与积极性 ③团队成本控制 ④团队稳定性和积极性		
晋升途径			
可直接晋升的职位	店长		
可晋升至此的职位	主播运营主管		
可相互轮换的职位	客服主管		
任职资格			
基本要求	有直播运营经验，懂得数据提升的引流方式，如Dou+投放，有较强的资源获取能力，有数据分析和制定策略的能力		
教育背景	大专以上学历，踏实努力能吃苦，有强烈的事业心		
培训经历	有过销售培训以及电商运营的培训		
工作经历	一年以上电商工作经验		
专业知识	熟悉直播的运营模式，熟悉各类目运营策略		
专业技能	数据分析，吸粉运营，对主播的数据能分析并制定应对策略		
特殊要求	反应灵活，思路清晰，责任心强，有较强的执行力和沟通协调能力，抗压能力强		
其他			
所用工具及设备	电脑		
工作环境	舒适、整洁		
工作时间	与主播时间吻合		
分析：	审核：	审批：	定编：

表7-2　带货主播岗位说明书

岗位名称	带货主播	岗位编号	—
所属部门	直播运营中心	职系（职等）	—
直接上级	—	直接下级	—
工作概要：负责直播带货，通过专业的直播，形成对粉丝的黏性增加，并实现带货业绩的提升			
在组织架构中所处位置：主播—运营			

续表

<table>
<tr><th colspan="3">职责与工作任务</th></tr>
<tr><td rowspan="3">职责一</td><td colspan="2">职责表述：选品与搭配</td></tr>
<tr><td rowspan="2">工作任务</td><td>①参与选品和搭配，以满足自身粉丝的需求</td></tr>
<tr><td>②提前熟悉相关产品的FABE，对卖点进行分析和总结</td></tr>
<tr><td rowspan="2">职责二</td><td colspan="2">职责表述：负责直播的现场氛围</td></tr>
<tr><td>工作任务</td><td>在直播过程中，通过自身的表演和专业推荐，带动直播间氛围，提升活跃度</td></tr>
<tr><td rowspan="3">职责三</td><td colspan="2">职责表述：直播带货</td></tr>
<tr><td rowspan="2">工作任务</td><td>①进行有效的商品推荐，实现直播带货</td></tr>
<tr><td>②通过对商品的促销、组合、表现，形成销售氛围的提升，实现业绩提升</td></tr>
<tr><th colspan="3">工作权限</th></tr>
<tr><td>人事权限</td><td colspan="2">对团队组建有建议权</td></tr>
<tr><td>财务权限</td><td colspan="2">主导团队的收益分配，对收益分配有重要的建议权</td></tr>
<tr><td>业务权限</td><td colspan="2">选择适合自身播出的商品类目</td></tr>
<tr><th colspan="3">工作联系</th></tr>
<tr><td>内部联系</td><td colspan="2">直播运营相关人员</td></tr>
<tr><td>外部联系</td><td colspan="2">各大平台、供应链、品牌商</td></tr>
<tr><th colspan="3">绩效指标</th></tr>
<tr><td>KPI指标</td><td colspan="2">①主播带货的业绩（销售额）
②直播促销管控，提升利润率
③粉丝满意度和粉丝认同</td></tr>
<tr><th colspan="3">晋升途径</th></tr>
<tr><td>可直接晋升的职位</td><td colspan="2">核心主管</td></tr>
<tr><td>可晋升至此的职位</td><td colspan="2">核心主播独立工作室</td></tr>
<tr><td>可相互轮换的职位</td><td colspan="2">—</td></tr>
<tr><th colspan="3">任职资格</th></tr>
<tr><td>基本要求</td><td colspan="2">通过直播，维护粉丝，通过与粉丝互动实现销售</td></tr>
<tr><td>教育背景</td><td colspan="2">大专学历以上</td></tr>
<tr><td>培训经历</td><td colspan="2">有过销售培训以及电商运营的培训，有主播现场表现、表演方面培训更佳</td></tr>
<tr><td>工作经历</td><td colspan="2">一年以上带货主播工作经验</td></tr>
<tr><td>专业知识</td><td colspan="2">熟悉服装搭配，熟悉主要配饰，熟悉消费者沟通策略，熟悉平台规则，有购物导购经验</td></tr>
<tr><td>专业技能</td><td colspan="2">表演技能，口才演说技能，消费心理判断技能，现场场控能力</td></tr>
<tr><td>特殊要求</td><td colspan="2">口齿伶俐，颜值在线，镜头感强，具有感染力。待人热情，善于与粉丝互动</td></tr>
</table>

续表

其他			
所用工具及设备	直播设备		
工作环境	舒适、整洁		
工作时间	与平台直播规划所要求的时间吻合		
分析：	审核：	审批：	定编：

通过标准规范的建立，形成了在人员招募、培养、共同目标建立等方面的统一标准。团队可以在此要求背景下，迅速地进行包括招募和培训在内的相关工作，稳定地进行推进。

案例二：形成可以进行复制扩张的商业模式。

杭州的主播公司发展迅速，究其原因，就是在标准化以后，实现了团队体系的复制与扩张。

例如，杭州较早的网红电商公司之一的某公司，本来只有一家淘宝店，年销售额在1亿元左右，在引入网红电商体系后，发现核心元素就是网红本身，以网红为服务对象，形成“一个网红一套班组”的模式，完全可以快速复制实现扩张。该模式有以下几部分。

首先，建立标准模式。在第一个网红电商的过程中，迅速地将网红电商成长的路径进行了试错，并找到了合适的组织团队架构与标准复制方法，由此建立了三个模块。

①网红粉丝增粉体系：该体系通过品宣和网红IP的设定推广，直接形成对粉丝的影响，通过适当的工具，在内容创造的背景下，带动更多的粉丝关注网红，以实现最终的销售目标。

②网红供应链体系：围绕着网红的服装生产，从选款、打版、选料、生产、仓储物流等方面全面展开，形成了专业团队服务专业人员的系统化格局。

③网红电商运营体系：全面推进网红的电商运营，以每次服装上新为时间节点，倒推所有的工作，在上新前，完成销售预热、预售和销售达成。通过对网红的粉丝存量与增量的盘活，带动粉丝进行销售，并由此反推供应链，对供应链体系进行下单，以确保利润水平的稳定。

通过三个模块的标准化建设，带来了稳定的定岗、定编、定员，也带来了标准流程与KPI考核体系，实现了具有可测算能力的投入产出机制。

其次，建立复制模型。单一的体系建立成功，后续就是快速地进行复制。网红电商的关键点在于如何围绕着网红的数量增加实现规模的扩张，并实现每个单一体系的独立核算。

为了实现网红的阶段性规模扩张，提出了六步法。

①梳理网红数据库，寻找潜在的合作对象。

②分析每个潜在网红的数据，分析其服装产业发展的关键点，从款式、价格、性格、粉丝画像等多方面形成数据报告，为网红合作提供事实支撑。

③与网红建立以子公司为导向的合作体系，为网红配置标准化运营团队，从品宣到供应链到运营体系，完全实施阿米巴经营的模式，以便于各自独立核算与网红店铺的利润分配。

④复制团队形成扩张，以标准工作规范为基础，实现团队的统一复制，人力资源部完全

按照标准规范进行招募，同时也采用内部推荐机制，进行内部扩张，在短期内，迅速建立起网红服务专业团队，实现新的销售体系的建立和完善。

⑤统一各网红团队同岗位考核标准，实现岗位管理的标准化。将HRBP（人力资源业务伙伴）建立在各个职能体系中，进行全面督导和管理，加大各个岗位标准化建设，形成人员的专业化与同岗位流通化的实施。

⑥统一文化认知，对企业价值、使命进行系统培训，形成各个岗位的有效学习，并最终自发创造更优秀的形式，以满足不断发展的业务需求。

经过系统打造后，企业发展进入了快车道，在短短的六个月时间内，企业人员从百人团队升级为700人团队，企业拥有了超过40位网红，各个团队之间既能形成独立运作，也能在关键时刻进行协同运作，各个团队之间既有业绩的相互比拼，也有专业体系的相互指导。企业因此形成了良性的标准化复制的特征，带动了企业的快速发展。

第 8 章

培训指导

知识目标

1. 了解组织培训工作开展要求与技巧
2. 了解考评体系的建立方法
3. 了解专业技能指导的考评方法
4. 了解培训效果评估方法

技能目标

1. 能组织开展培训教学工作
2. 能建立培训考评体系
3. 能评估培训效果

职业素养

1. 培养沟通交际能力，做事灵活应变
2. 培养团队合作精神

8.1 组织培训工作开展要求与技巧

（1）企业组织培训工作的理论基础

根据杨国安老师在《组织能力的杨三角：企业持续成功的秘诀》一书中关于组织能力的描述，当企业的战略被确定之后，企业成功的关键就与组织能力有非常重要的关系。组织能力分成三个层面，分别是员工思维模式层面（员工愿不愿意做）、员工能力层面（员工会不会做）和员工治理方式层面（企业容不容许员工做），如图8–1所示。

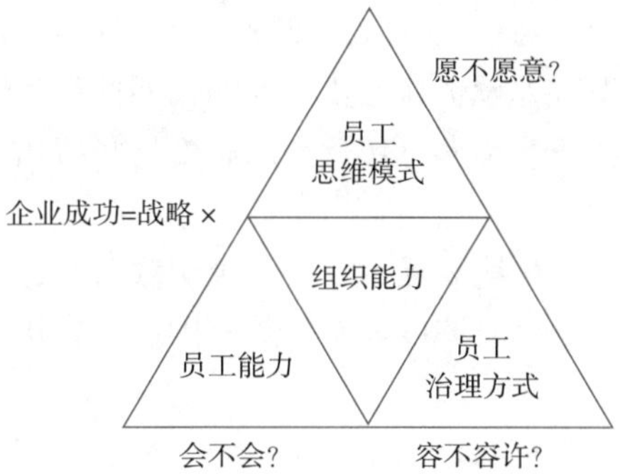

图8–1　组织能力的杨三角

按照杨国安老师的杨三角理论，培训主要是解决员工能力层面的问题（员工会不会做），而且从某种程度上讲，这个层面的问题起着比较关键的作用。培训会对员工思维模式层面的问题（员工愿不愿意做）有一定的影响，但并不是决定性的影响。培训主要作用的领域是员工的态度、知识和技能，通过改变员工的行为，旨在提高企业的绩效。培训的作用包括以下内容。

①培训对企业的长期作用。培训能够让企业文化和价值观在企业内有效地传递和延续，能够满足企业长期的战略发展需要，能够让企业的战略目标传递至各个岗位，能够传递企业的管理制度和运营标准。

②培训对企业的短期作用。培训能够将企业的年度计划传递至各岗位，能够解决某类特定的、难以解决的问题，能够协助某类新项目的推广，能够传递企业的某种信息。

③培训对岗位和个人的作用。培训能够改变员工的观念和态度，让员工达到岗位需要的素质、知识和技能要求，能够满足员工职业发展的需要。培训本质上是一个信息传递的过程，它传递的是对企业来说有价值的信息，通过信息的传递，最终为企业创造价值。培训在企业中解决问题和发挥作用的全过程如图8–2所示。

缺失	培训	应用	习惯	价值
缺乏某种态度、知识或技能的员工	参加这种态度、知识或技能的培训，并获得该态度、知识或技能	认同培训内容，将获得的态度、知识或技能应用于工作中	经过对培训所得的持续应用，形成习惯，并发生某些变化、产生某种效果	通过培训后应用产生的效果，产生有益于企业和员工的某种价值
乏	知	行	变	益

图8-2　培训在企业中解决问题和发挥作用的全过程

（2）企业培训工作组织原则

①战略原则。培训的战略原则包括两层含义：其一，企业培训要服从或服务于企业的整体发展战略，最终目的是实现企业的发展目标。其二，培训本身也要从战略的角度考虑，要以战略眼光去组织企业培训，不能只局限于某一个培训项目或某一项培训需求。

②长期性原则。员工培训需要企业投入大量的人力、物力，这对企业的当前工作可能会造成一定的影响。要正确认识智力投资和人才开发的长期性和持续性，要用“以人为本”的经营理念来做好员工培训。企业要摒弃急功近利的态度，坚持培训的长期性和持续性。

③按需施教、学以致用原则。企业组织员工培训的目的在于通过培训让员工掌握必要的知识技能，以完成规定的工作，最终为提高企业的经济效益服务。培训的内容必须是员工个人的需要和工作岗位需要的知识、技能以及态度等。因此，在培训项目的实施中，要把培训内容和培训后的使用衔接起来。

④全员教育培训和重点提高相结合原则。全员教育培训，就是有计划、有步骤地对所有在职员工进行的教育和训练，它的对象应包括企业所有的员工；重点教育培训对企业的发展起着关键作用的领导人才、管理人才和工作骨干，优先教育培训急需人才。

⑤主动参与原则。要调动员工接受教育培训的积极性，使培训更具针对性，就要促使员工主动参与。

⑥严格考核和择优奖励原则。严格考核是保证培训质量的必要措施，也是检验培训质量的重要手段。只有培训考核合格，才能择优录用或提拔。激励是调动组织成员为实现组织目标共同努力的主要动力。

⑦投资效益原则。员工培训是企业的一种投资行为，和其他投资一样，也要从投入产出的角度考虑效益大小及远期效益、近期效益等问题。

⑧统筹兼顾原则。要协调好培训管理工作和日常的生产经营活动之间的关系，不能为了搞培训影响正常的生产或经营。在时间上，要避开生产经营的高峰期，在培训项目的安排上，要根据企业的能力作出妥善的安排。不需要同时进行过多的培训项目，要从企业整体出发，综合考虑、分清轻重缓急，使培训管理工作与正常经营两不误。

（3）企业培训体系构建

①建立和健全激励员工参与培训的机制。虽说现在流行“培训是企业给员工最好的福

利”这一说法，但并不是所有的员工都积极欢迎这种福利的，因为学习毕竟是一项需要付出时间和精力的事情。尤其是我国现有的很多大型零售企业中，有相当一部分的员工并未意识到提升自我竞争力的重要性。所以，如何帮助员工完成从“要我培训”到“我要培训”的观念转变，是首先需要解决的问题。机制约束是提高员工参与积极性的一个有效方法。下列制度对于培训体系的运行是必需的。

a．培训计划制度。把培训工作纳入公司工作的总体计划中，制订公司长期、中期和短期的培训计划，并有专门人员定期检查培训计划的实施执行情况，根据公司发展的需要适时调整培训计划。

b．培训上岗制度。制定先培训后上岗的持证上岗制度，规定新进员工、新提拔员工、到新岗位工作的员工必须首先通过培训。不合格者不得上岗。

c．培训奖惩激励制度。把培训结果与奖惩挂钩，把是否接受培训以及受训学习结果的好坏作为晋级、提薪的重要依据。对达不到培训要求的受训者给予一定的行政降级和经济处罚或岗位调整。形成“培训、考核、使用、待遇”一体化的激励机制，保证“参与培训与不参与培训不一样，学得好与学得差不一样”，从而激发员工学习知识、学习技术、学习管理、自我锻炼的积极性。

d．培训课时考核制度。规定所有员工每年都要参加一定学时的培训，根据员工岗位特点、工作性质和要求的不同，制定不同的培训时间标准。规定员工培训期间待遇同上班期间待遇一样。

e．培训经费单列制度。培训要有一定的经费保证。要对员工的人均培训经费、培训经费占公司全部支出的比例作出明确的规定。培训经费要随着公司的发展、利润的增长而逐步提高。

②重视培训考评和训后质量跟踪。企业的培训注重行为导向，也就是说，看培训的质量高不高，效果好不好，主要看培训的内容在员工的日常工作行为中落实得多不多。这也是通常所说的：培训中要有“触动”，培训后要有“行动”。所以，在培训体系的运作中，培训考评和训后质量跟踪是很重要的一环。要先制定考核标准，并严格按照标准进行培训，训后进行各种形式的考核。考核成绩全部填入专门的人事管理档案，作为量才录用、晋级提拔的重要依据和参考资料。

③完善培训管理责任制。任何制度的推行，都必须把管理责任落实到人才会有效。为了保证企业培训体系的良性运行，企业要考虑建立相应的责任制，如推行培训指标与部门经理经济利益挂钩制，在年终进行综合考评，凡培训工作开展不好的单位，对主管领导进行一定的经济处罚，只有真正地将培训指标同基层领导的经济利益挂钩，培训工作才能见效。

④加强培训费用的合理控制。培训经费的管理要做到专款专用，履行培训经费预算决算制度，确保各项培训项目的经费保障。应按项目单列计划，同时也要考虑适当的机动经费。要科学调控培训的规模与速率。培训工作的规模、速度和水平质量受培训经费的制约，也就是说，要根据经费的情况，在不影响培训质量的前提下，科学合理安排培训类别及规模等次，实施有计划有步骤的培训。培训经费的使用要与培训工作的总体思路统一起来。在培训经费相对紧张的情况下，如何利用现有的资金办出超效益的事情来，关键是要分清主次，突出重点。把培训经费的使用与培训的效益结合起来考虑，避免人力、物力及财力的浪费。

（4）企业培训计划制订

根据企业或者部门实际情况，培训计划可分为周/双周/月度/季度/半年度/年度等。

①培训目的：明确具体培训目的，即经过培训后员工要达到的目标。

②培训内容：职业品质培训，主要是员工手册培训（企业文化、管理理念、职业态度，责任感，职业道德，职业行为规范等）；职业技能培训，主要是专业知识技能、管理技能、职业规划、社交技能等。

③参加培训人员：中高层管理者、基层管理人员、专业技术人员、普通员工的培训。

④培训类型：岗前培训、新员工集训，一般时间1～2天，由综合部组织实施，主要内容为公司概况、企业文化、基本政策与制度、工资福利等；用人部门培训，使新员工能更快地适应工作环境和工作职责，主要内容是部门的工作职责、环境、本部门的特殊规定、介绍同事等；在岗培训，各部门主要负责人或经验丰富的老员工对部门员工进行定期或不定期的培训，主要通过以下方式进行：定期举行会议宣贯公司制度和理念、现场培训（及时发现问题及时对员工进行教育的培训）、师徒制培训、工作轮换等，综合部负责监督培训进程和效果；脱岗培训，主要有集训和外培两种方式，由综合部负责组织实施；员工业余自学，自费学历教育、自学进修、职业资格考试、网上自学。

⑤培训方式：采用讲授法、案例分析法、角色扮演法、研讨会、拓展训练、军训等。

⑥培训预算：每年针对培训的内容预测培训的费用，主要有讲师费、场地费、交通费、教材资料费、住宿费、餐饮费等其他培训费用支出。

⑦培训讲师的选择：内训主要以公司中高层管理者为培训讲师，根据培训内容的不同，选择不同部门的主要负责人作为培训讲师。

⑧内部讲师制度建设：选拔内部讲师主要以公司高层管理者、部门主要负责人为主，兼顾竞争上岗的方式（确保讲师的充裕）；讲师的培训主要有外部培训机构、外派、寻找教材网络自学等方式。

明确讲师的职责有：a. 制定培训教材；b. 授课（每年的授课时数达到一定要求）；c. 按综合部的要求修改和完善培训教材，并将教材交予综合部存档；d. 按综合部要求定期或不定期参加讲师的培训。

另外，确定内部讲师的激励方式：a. 晋升制度（助理讲师、讲师、中级讲师、高级讲师）；b. 物质激励（授课按课时数、学员满意度调查表等给予日工资1～2倍的报酬）；c. 内部讲师考核：根据当年培训的效果和满意度调查进行年终考核，与当年的奖金直接挂钩。

⑨培训档案管理：公司所有培训都要上报组织部（人力资源部），经审核后才能开展培训，每次培训都要有人员记录的签到表，所有培训资料和培训形成的文本送交综合部存档；建立员工培训档案，保存培训相关资料以及培训费用的登记，采用培训积分制，以此作为员工晋升或奖罚的依据。

⑩培训的评估及反馈：培训的评估及反馈主要是为了增强培训效果，改进员工的绩效，促进培训成果的转化，辅之以考核的方式，对员工培训的效果进行激励或惩罚。评估方式主要有：a. 员工培训满意度调查表；b. 培训签到表；c. 培训后考试；d. 询问员工直属领

导；e．培训后的月度绩效考核。以上b～e项与员工考核奖金挂钩。

通过培训体系的科学化建立和实施，可以帮助企业向学习型组织转变，同时提高员工满意度，为企业的创新管理打好基础。

（5）组织培训考评体系建立的综合案例实践

案例

某企业新员工培训的操作流程

为提升企业人力资源管理效率，促进新员工适应环境，培养新员工从业能力和爱岗敬业精神，在尽可能兼顾到员工自我成长意愿的同时保住人才、用好人才，特设计本流程。新员工入职管理的周期定为2年，具体分为0～2周、2周～3个月、3～6个月、6个月～1年、1～2年5个阶段，起始时间从员工入职之日起（表8-1）。

表8-1　新员工入职每个周期的内容和定位

周期	内容和定位
0～2周	主要为新员工提供入职培训和教育。培训目标是为新员工提供正确的、相关的企业及工作岗位信息，鼓舞新员工的士气；让新员工了解企业所能提供给他们的工作岗位相关情况及企业对他们的期望；让新员工了解企业历史、政策，企业文化；缓解新员工初进企业的紧张情绪，使其更快适应企业；让新员工感受到企业对他的欢迎，体会到归属感 新员工入职一周内，培训部门组织实施下列培训：企业概况、企业文化、规章制度、安全及治安防火、职场礼仪规范。培训结束后，新员工被派遣到各个工作岗位。同时由各门店负责人或指定人员进行以下培训：岗位职责，部门工作流程、部门概况。并且在结束后根据新员工从事的业务，负责人必须指派一名经验丰富的指导者，从工作方法和生活上加以指导和监督。最后填写“新员工部门岗位培训表”上交人事部门
2周～3个月	职业导入期，主题是为了掌握新员工是否已经适应新的工作岗位。试用期届满，部门负责人要和新员工进行正式面谈，形成谈话记录，连同是否留用意见交给区域人事部门 新员工要提交本人试用期小结和员工转正申请表，同时区域人事部门以调查问卷形式了解新员工在试用期的工作情况。通过分析，决定新员工的去留或调整及相关工作的协调改进 此阶段结束后，要求新员工就工作完成情况及工作设想提出自己的需求。同时部门负责人应认真批示，给予鼓励以及指导性的建议，给出具体的期望
3～6个月	部门负责人组织新员工参加绩效考评，将新员工的工作情况与其他员工进行比较，并根据绩效考评结果制订“新员工考评改进计划”，反馈给新员工区域人事部门、培训部门备案 同时培训部门组织新员工了解他们的想法和具体要求，并从中吸收和采纳合理化建议。在制订新一年人力资源工作计划时给“改进计划”提供尽可能的支持
6个月～1年	新员工此时对企业运作流程、定位、与同类企业相比较的优势与劣势，发展前景有了较完整的了解；对自己所从事的业务也能够独立完成，同时也有了自我成长的明确意愿 此时，干部管理部门通过部门责任者向员工下发“新员工自我申告书”，新员工在该申告书中主要表达3个内容：现业务内容、自我职业生涯设计、具体的申告内容，干部管理部门在收到此申告书后将结果整理作为企业中长期人才储备、内部调配资料使用，尽可能满足与协调好申告人的意愿
1～2年	此时新员工各方面的能力得到了很大的提高，对工作、人生有了更加成熟的想法，能够完成工作中比较重大且较难的业务，同时也有了挑战更艰巨任务的要求 此时干部管理部门主要的任务是充分利用企业信息资源平台，在适当的环境和正确引导的前提下组织企业发展论坛、引导新员工参与企业发展的研讨。由培训部门开展各岗位技能竞赛，检验新员工的工作技能，而该员工部门负责人更应从具体工作安排上考虑到其要求工作量上的增加与工作难度加大的特点，适当灵活地加以变化

新员工部门岗位培训表，如表8-2所示。

表8-2　新员工部门岗位培训表

部门		时间	
新员工姓名：			
序号	培训内容	完成确认（负责人签名）	
1	让本部门其他员工知道新员工的到来		
	准备好新员工办公场所、办公用品		
	准备好新员工培训的内训资料		
	为新员工指定工作导师		
2	负责人代表全体员工欢迎新员工的到来		
	认识本部门员工		
3	部门结构与功能介绍，部门内的特殊规定		
4	新员工工作描述，职业要求		
	讨论新员工的第一项工作任务		
5	一周内进行与新员工的非正式谈话，重申工作职责，讨论工作中出现的问题，回答新员工的问题		
指导者对新员工的指导构想			
		部门负责人签名：	

新员工工作记录表，如表8-3所示。

表8-3　新员工工作记录表

姓名		时间	
部门责任者			
序号			
1			
2			
3			
4			
希望得到指点的问题点			

续表

1.
2.
3.
部门负责人指示
部门负责人签名:

新员工绩效改进书，如表8-4所示。

表8-4　新员工绩效改进书

部门		所属部门		岗位	
项目	绩效改进计划安排				
业绩					
能力					
品性					
学识					
员工签字: 部门负责人签字:					

新员工自我申告书，如表8-5所示。

表8-5　新员工自我申告书

姓名		部门		岗位		
学历		专业		入职时间		
自己现任岗位内容	自己现任岗位内容，总结三项主要业务					
	工作难易度	工作量	工作兴趣	工作胜任度	职场人际关系	总体满意度
	1. 偏难	1. 偏多	1. 有兴趣	1. 充分胜任	1. 融洽	1. 满足
	2. 适当	2. 适当	2. 一般	2. 能够应付	2. 平淡	2. 一般
	3. 偏低	3. 不足	3. 无兴趣	3. 不能胜任	3. 紧张	3. 不满足
自我职业生涯设想	1. 你认为从事何种业务最能发挥自己的才能?如管理还是技术?					
	2. 你对自己职业生涯是如何考虑的?					
	3. 你现在具有的能力与特长是什么?					

续表

<table>
<tr><td rowspan="10">具体申告内容</td><td colspan="3">教育培训意愿申告（如有具体培训项目请记录）</td></tr>
<tr><td colspan="3">1.</td></tr>
<tr><td colspan="3">2.</td></tr>
<tr><td>本人申告意愿</td><td>具体申告</td><td>理由</td></tr>
<tr><td>1. 希望保持现状</td><td></td><td></td></tr>
<tr><td>2. 希望在企业内调换部门</td><td></td><td></td></tr>
<tr><td>3. 希望尝试其他岗位的工作</td><td></td><td></td></tr>
<tr><td colspan="3">自由记录栏</td></tr>
<tr><td colspan="3"></td></tr>
</table>

8.2 指导

8.2.1 组织培训、效果评估考核

（1）培训效果评估模型

做培训效果评估，是为了根据培训需求对员工培训效果进行评估与跟踪，以确保培训目标的达成，保证培训效益最大化。四级评估的优势在于从人的行为（反应层）到组织的成果（绩效层）规划了一条完整的价值链，但从实践而言，不是所有的培训都能有效落地到四级，甚至部分企业还有一些基于“福利”“团建”目的的员工培训存在，那就更难以使所有成果都递推到绩效层。为确保企业内培训资源的有效使用，以“柯氏四级评估”为基本框架，建议通用类、领导力类培训通常适用一级至三级评估，技能类培训通常适用一级至四级评估。甚至可以在培训效果评估实施时，结合课程类型、评估时机进行设计，聚焦于评估产出。如表8–6所示的工具表，就是对于四级评估在应用角度的分析及操作建议。

表8–6 从实践角度对“柯氏四级评估”各级优劣势的分析

层级	评估重点	评估内容及方式	优劣势	注意点
一级	学员反应：针对参训学员对培训课程及学习过程的满意度进行评估	内容：课程内容、讲师、教学方法、教材、场地等； 方式：效果评估表、小组座谈、学员访谈等	优势：可操作性强，最基本，最普通的评估方法； 劣势：易出现以偏概全、主观、不够理智的现象	强调评估的目的，要求大家配合，将课程、讲师的评估分开

续表

层级	评估重点	评估内容及方式	优劣势	注意点
二级	学习效果：针对参训学员对知识的掌握程度和效果进行考试或操作实践实施评估	内容：掌握知识和技能的程度，如学员吸收/会操作的程度等 方式：测试、现场实操、课后行动改善计划等	优势：对学员有压力并促使认真学习；对讲师有压力并促使其更负责地准备培训课程 劣势：压力大，可导致报名不踊跃	针对不同的培训课程采用不同的评估方法
三级	行为改变：针对参训学员回到工作岗位后，其工作行为是否因培训而有预期中的改变而进行评估	内容：训后行动跟进，学员训后工作行为的改变； 方式：上级、同事、下属等通过观察评估；学员自我评估等	优势：直接反映培训效果；让领导看见效果 劣势：耗费时间和精力；问卷设计得到配合较难，员工行为易受其他因素影响	课程需适合该方式，选择合适评估时间，充分利用专业讲师和咨询公司的力量
四级	绩效提升：针对参训学员训后工作绩效改善情况进行评估	内容：是否对企业的经营结果产生了直接的影响，如操作技能的培训所带来的次品率的下降 方式：通过特定指标衡量，如事故率、次品率、生产率以及客户投诉率等	优势：详细、信服的数据，实现最优的投入产出比 劣势：短期内安逸的结果；缺乏准确的技术和经验；对数字意义不大	必须取得管理人员的支持，得到培训的相关数据 分析与课程有关的结果，并分析在多大程度上有关系

在本表中，请重点关注以下几点。

①“学员反应”级评估中，是有主观因素的，因此，不可全信，需要综合多个样本考量。

②“培训效果评估表”的设计过程，注意将“课程”“讲师”的评估分开，这样能够分别看到课程、讲师不同的改进项。

③“学习效果”维度，不一定所有的培训都要安排考试，专业培训安排考试效果最好，通用和领导力培训通过一些测评或案例模拟的手段去实现。

④“行为改变”维度，受训者的直属领导是个非常重要的抓手，很多时候可以直接从他们身上挖掘到所需要的反馈内容。

⑤“绩效提升”维度为四级评估的终极维度，但不是所有培训都适用，建议主要在专业技能（如技术、营销等角度）课程类使用，通用素质及领导力类课程不一定都要做到“绩效提升”维度。

众所周知，培训是通过一定的手段（课堂授课、案例研讨、评价中心法、角色扮演、情景模拟等）使员工在知识、技能和态度方面达到改进并取得绩效提升的一个过程，包括培训需求分析、课程设计、培训实施、培训师队伍建设及后续培训效果的评估，以及带来的相关的行为改善和绩效提升的一系列动作行为。

反应评估（Reaction）：受训学员对培训的感觉如何。

反应评估，反映的是学员在培训过程中及结束后对培训过程的直接感受，即学员感觉培训如何。

事实上，有一个基本过程，培训课程是培训讲师通过课程呈现、课程控制、沟通影响等行为和动作而进行培训。为了收集受训学员对培训的感觉如何，通常可以借助问卷调查或直接进行访谈全体受训学员或抽样调查部分学员等方式来进行评估。问卷调查和访谈，实际上是调查学员对培训效果反应层级的评估，一定是所有参与培训评估调查受训学员评估的平均值；如果综合的平均值趋势高的话，说明培训的反应层级的效果相对好。

在设计培训反馈表时，一般会考察受训学员对培训内容、培训讲师、讲师讲解、课堂呈现、培训案例、培训环境、培训组织等多个方面的反应，培训效果反应层综合的反馈是培训内容、培训讲师、培训组织、培训环境、培训后勤支持等多个方面的汇总。有时候，为了更加有针对性地对课程设计、培训讲师等方面进行反应层级评估，在评估时，可以分别对它们进行评估，采用加权法或区分课程相关、环境相关分别进行数据汇总，有区分、有对比，才能更有效地了解相关方面的反应评估的有效性如何。

学习评估（Learning）：受训学员学到了什么。

学习评估，反映的是受训学员参加培训后知识、技能、态度、行为的提升和改变，即学员学到了什么，相比培训前，哪些能力得到了提高，提高到什么程度。

培训课程结束后的学习层级评估，更多是通过测试（考试）来反映学员在培训后能力的提高情况，而不仅仅是反映层级受训学员的直观感受，这是和反应评估最大的不同。

行为评估（Behavior）：受训学员在受训后有哪些行为改变。

行为评估，是受训学员将培训所学知识、技能运用到工作上，所发生的能力的提升和行为的改变的情况。

反应层级评估、学习层级评估在实际评估中是不跟受训学员的实际工作相结合的。从行为层级评估开始，培训课程就同实际工作相结合，反映的是学员在实际工作中运用培训内容的情况，行为层级评估不仅评估了培训课程在实际运用中的有效性，也评估了学员运用培训内容的能力。

进行反应层级评估时，罗列出培训课程中可以运用的知识点或技能。由于培训内容涉及的知识点一般都比较广，有些能够用到工作中，有的用不到工作中。培训要进行反应层级评估，培训管理者需要定义在工作中运用到的知识点，并考察这些运用到的知识点所带来的行为变化。实质上无论是概念类、操作类和综合素质类的培训课程都应该找出可运用点，因为所有的概念、方法、心态、技能最终都会反映到行动中来。如果找不到这些运用点，原因可能在于培训课程本身的实用性和针对性不强，或培训组织者的课程分析能力和培训管理能力弱。

结果评估（Result）：组织或受训学员的绩效是否有所提升或改进。

结果评估，是受训学员参加培训后带来的实际收益，培训对工作改进有帮助吗？培训对绩效有驱动吗？绩效有所提升或改进吗？

四级评估是所有评估中最难的，收集数据最困难、评估的周期较长，其主要的难点是要找出绩效改变提高和培训课程的直接关联性到底有多大。绩效的改变提高有多方面的因素，除了个人能力的提升、行为的改变，还受组织流程改变、市场环境变化、产品品牌、同行竞争、顾客需求、市场环境、技术环境、国家行业政策等多种情况影响。结果层级评估的一个关键问题是：绩效虽然提高了，有多少提高的点跟培训有直接关系呢？

实践中，企业要解决：绩效虽然提高了，有多少提高的点跟培训有直接关系这个问题。

①选定要评估的课程：由于结果层级评估是要和业绩和绩效挂钩的，所以要进行四级量化评估，就要选择和绩效有直接关联的课程。不是所有课程都适合做四级量化评估。一些与

绩效没有直接关联的课程，就不适合做四级评估，因为不仅进行四级评估有难度，而且评估起来也没有效果。

②先进行行为层级评估：由于是要评估培训给绩效带来的改进，因此在做结果层级评估前，一定要进行行为层级评估，因为只有运用了才会有改进，只有行为改变了才会有结果，也印证了“行为产生结果”这句话。行为层级评估的结果直接影响到结果层级评估。所以，结果层级评估的结果一定要和行为层级评估相结合。

③将培训前后绩效数据进行对比：培训前后的绩效数据是有变化的，在进行结果层级评估时，当企业得到了学员三级评估的行为改变值和培训前后的绩效改变值后，将绩效改变值和行为改变值构建一个函数关系，可以得到结果层级评估的结果。

实践中，绩效改变的原因，一是由培训行为转变带来的改变；二是由非培训因素带来的转变，比如产品、市场、人员、流程、环境、技术、行业、顾客需求的变化等。要把一些非培训因素尽量给剔除出来，可以分别计算相关或不相关因素的影响程度，但在实际工作中，很难定义出绩效改变究竟是培训的因素，还是非培训的因素以及它们两者之间的比重是多少。但是，企业可以转变思维，抓住结果层级评估的核心是评估课程的有效性，是评估培训给绩效带来的变化，而非定义绩效改变中培训占了多大的比重。当然也可以通过构建相应的曲线图进行相关数据的对比分析。

（2）培训效果评估原则

①客观性原则。在评估过程中，评估指标的设计、权重的确定以及具体的定性、定量分析，都应尽量避免评估人的主观因素对评估结果的影响，不仅要由有关专家或专业管理者、培训人员进行打分和评判，还需将接受培训者的意见纳入评估的考察范围，在采用定性、定量相结合的评估方式时，要适当增加可量化指标权重，淡化评估的主观性。

②综合性原则。即评估体系在目标考核层面不仅要评估预期目标的实现情况，由培训效果产生的非预期目标也应在评估结果中得以反映；不仅要评估培训方案制定者的目标实现情况，还要与接受培训者的需求相结合，评估培训活动是否有助于实现接受培训者的预期目标。

③灵活性原则。要根据评估的目标和评估对象以及评估周期确定评估方法的采用。同时，接受评估者应享有对评估方案的话语权，评估制定者应在广泛采纳评估对象意见的前提下根据具体情况制定出科学的评估方法，并通过在实践中的运用收集反馈信息以改进评估方案。

④科学规范原则。确定评估层次和评估方法要保持规范化和一致性，不得任意减少评估层次和增删评估调查项目。

⑤评估类型、评估层次、评估方法相适应的原则。对培训项目进行效果评估，应根据培训项目类型，确定培训效果评估层次，选择相适应的评估方法，确保培训效果评估的科学性、公正性、有效性。

（3）培训效果评估方法

实操过程中，常见需求分析方法可以归类为8种，这8种不同培训需求分析方法的功能与适用性比较如表8-7所示。

表8-7　培训需求分析方法

需求调研方法	员工参与度	管理层参与度	所需时间成本	量化时间成本
绩效分析法	中	高	中	高
小组访谈法	高	低	高	中
小组讨论法	中	中	中	中
问卷调查法	高	低	低	高
工作观察法	中	低	高	中
关键事件法	高	低	高	高
档案资料法	低	低	低	中
专项测评法	高	低	高	高

①绩效分析法。该法是通过部门或员工的绩效结果表现出来的问题，根据绩效的薄弱环节，找到某类员工对应的知识或技能需求，获取培训需求。

绩效分析法的优点是以绩效为导向，对绩效问题的改变针对性强；缺点是绩效更多代表着结果，而培训主要影响的是过程，从过程到结果需要因果关系的判断，而因果关系并不容易直接判断。

②小组访谈法。该法是通过组织访谈小组和被访谈人面对面地交流和谈话来获取培训需求的信息，还有一种访谈法是不经过小组的单独访谈。不论是小组访谈还是单独访谈，要注意把问题摸清，过程中最好利用录音笔，并在访谈过程中做好文字记录，以备后续进一步的整理分析。

小组访谈法的优点是小组成员之间在访谈过程中可以沟通、讨论，可以减少对同一信息理解上的误差，缺点是时间成本相对较高。单独访谈的优点是时间成本比较低，缺点是可能存在个人信息理解上的误差。

③小组讨论法。该法是成立一个关于培训需求分析的专题小组，在小组内部正式或非正式地讨论培训需求。小组讨论法中的小组成员最好针对某一类人群或某一类问题进行聚焦，选择聚焦在某一个层级的人员。如果要把不同层级的人混在一起讨论，培训管理者要注意谈论过程中对主题和节奏的控制和把握。

小组讨论法的优点是能够通过头脑风暴快速地查找、发现问题，通过过程中的意见碰撞，在聚焦问题的同时能够快速地形成解决方案；缺点是如果层级较高的人员只通过小组讨论聚焦培训需求，可能会有脱离实际的情况。

④问卷调查法。该法是很多企业经常用到的方法。这种方法是设置一个标准化的调查问卷，让员工根据调查问卷进行打分或选择。调查问卷的对象可以是针对某一类人的，也可以是针对某一个部门的。

调查问卷的形式可以用纸质的问卷，也可以用电子的问卷，还可以通过电话调查的方式。问卷调查法的优点是可以同时针对很多人，资料的来源比较广泛而且节省调研人的时间；缺点是很难保证调查问卷结果的真实性和准确性。填写调查问卷的人可能并不能了解调查问卷背后的真实意图，培训管理者没有办法去澄清问题，容易造成人们在填写的时候产生误解。

⑤工作观察法。该法是培训管理者到员工实际的工作岗位上进行调研和观察，过程中可

以和员工一对一地交流沟通，了解员工的问题和需求。对某一类岗位实施工作观察法的时候，最好找一位对这类岗位比较熟悉的人一起，便于培训管理者快速理解岗位。

工作观察法的优点是培训管理者能够最直观、最直接地了解到岗位的实际情况，针对实际问题，聚焦培训需求；缺点是工作观察法通常只能代表较微观层面的需求，而且这种方法聚焦培训需求的效果受限于对该岗位的理解。

⑥关键事件法。关键事件是指能够影响企业战略目标或业务开展的、比较关键的、起到一定积极或消极作用的事件。当企业发生这些事件时，可以收集到需求信息。比如当企业某类产品受到客户的严重投诉时，针对这一事件，培训管理者可以了解事件背后潜在的培训需求。

关键事件法的优点是培训管理者能够根据对企业有较大影响的事件改进企业的运营流程，与企业经营发展的相关性较密切；缺点是一些关键事件的分析过程往往是比较复杂的，可能很难短时间内得出结论，也很难短时间内实现有效的改善。

⑦档案资料法。该法是利用企业现有的资料进行培训需求分析。比如对高层的会议纪要或者战略指导书等文件进行分析就是一种档案资料法。分析员工的岗位说明书、任职资格、岗位阶段性报告等同样属于档案资料法。

档案资料法的优点是不需要管理层和员工的参与，减少培训需求分析占用部门和员工的时间成本；缺点是没有沟通交流，只通过文字的资料可能会与实际情况有所偏差。对资料的解读需要具备一定的信息基础、认识基础、能力基础及经验基础。

⑧专项测评法。该法是针对某一个具体的问题或领域，利用某一套标准，形成一套标准的统计分析量表。通过这套量表对需要调研员工的某种技能、某个观念或某项素质进行定向的测评。通过得到的结果，进行培训需求分析。比如胜任能力评估就是专项测评法的一种。

专项测评法的优点是专业度较高，如果能有效地运用，测评的结果往往具备一定信度和效度；缺点是因为这种方法的专业度高，需要培训管理者具备一定的能力基础，否则无法得出准确的结果。

（4）组织培训效果评估

①培训效果评估时机及操作方式（表8-8）。

表8-8　培训效果评估时机及操作方式

层级	实施时间	建议形式	评估产出
一级	课程结束时	现场组织学员填写“培训效果评估表”	培训效果评估表
二级	课程结束时	组织学员考试、测评或者现场实操、设置课后作业（试卷/题目由培训师设计和评定）	学员成绩单 作业成果文件
三级	训后 3~6个月	课程结束时组织学员制订训后行动计划，人力资源部与学员上级实施行为变化跟进，跟进时间3~6个月 学员行动计划提交上级并报人力资源部备案，学员上级负责相关的行为评价与辅导	训后行动计划实施与跟进报告
四级	训后 6~12个月	课程结束时组织学员制订训后具体绩效改善计划，人力资源部与学员上级实施改善跟进，跟进时间6~12个月 学员改善计划提交至上级并报人力资源部备案，学员上级负责相关的绩效评价与辅导 人力资源部对比学员训前与训后的绩效转变情况，进行效果评估	学员绩效总结报告

②企业课程效果评估表（样例）（表8-9）。

表8-9　企业课程效果评估表

评价维度	评价点	评分及标准		满分	评价
第一部分　课程评分（满分70分）					
课程设置	我的预期	7～10分	符合预期，收获不少	10分	—
		3～6分	基本符合预期，有一定收获		—
		1～2分	与预期不符，兴趣不大		—
		0分	无预期，被硬性安排来的		—
	预定长度	3～5分	适中，配合课程的分量	5分	—
		1～2分	不当，需加长/缩短		—
	选择时间	3～5分	适合，能静下心学习	5分	—
		1～2分	不当，与工作冲突		—
课程内容	框架流程	6～10分	框架严谨，流程明确	10分	—
		1～5分	框架混乱，流程不清晰		—
	理论观点	7～10分	准确，且与课题紧密结合	10分	—
		4～6分	准确，但与部分课题脱节		—
		1～3分	理论缺乏依据，观点难以信服		—
	案例	10～15分	准确，且与课题紧密结合	15分	—
		6～9分	具有启发性，但行业关联度有待提高		—
		1～5分	启发性浅或过于笼统，无法思考		—
	教材编排	10～15分	制作精良，值得借鉴	15分	—
		6～9分	制作较好，形式多样		—
		1～5分	制作一般，形式单一		—
第二部分　讲师评分（满分100分）					
仪态	仪表	1～2分	着装规范得体，适合讲课氛围	2分	—
		0分	着装不规范		—
	精神状态	1～3分	精神集中，情绪饱满	3分	—
		0分	无精打采，心不在焉		—
内容呈现能力	现场内容呈现	8～10分	能清晰呈现要点，深入浅出，结合课堂情况，适应学员要求	10分	—
		5～7分	能清晰呈现大部分要点，但无视学员实际需求，重点不突出		—
		1～4分	思路混乱，重点不突出		—
	现场展示材料	1～2分	能够配合课程展示	2分	—
		0分	无材料，或材料与主题无关		—

续表

评价维度	评价点	评分及标准		满分	评价
内容呈现能力	表达流畅、准确性	6～8分	讲解过程中可以脱离准备教材，内容不跑题，挥洒自如	8分	—
		3～5分	讲解顺畅，能引申，无明显差错		—
		1～2分	照本宣科，有个别明显差错		—
表达呈现能力	肢体语言运用	3～5分	较好地利用各种肢体语言，提高讲课效率	5分	—
		1～2分	不适当的肢体语言		—
	声音和语速	7～10分	清晰适中并有起伏变化，有吸引力	10分	—
		4～6分	清晰适中，但缺乏变化		—
		1～3分	含糊不清，令人听不清或厌倦		—
课堂控制	灵活运用多种授课方法	10～15分	清晰适中并有起伏变化，有吸引力	15分	—
		6～9分	采用多种授课方式，课堂气氛轻松活泼		—
		1～5分	采用灌输式，培训为讲师一言堂		—
	应对学员提问	6～10分	能够引导提问，解释合理并激发思考	10分	—
		1～5分	不能正确应对提问		—
	教具	3～5分	熟练，恰当	5分	—
		1～2分	使用生硬，影响效果		—
	时间进度把控	10～15分	按时结束，流程清晰	15分	—
		6～9分	按规定讲完要点，时差不超过30分钟		—
		1～5分	重点未讲完，并延长或提前结束半小时以上		—
	控制课堂能力	10～15分	能较好控制学员情绪，收放自如	15分	—
		6～9分	能较好控制学员注意力，可以缓解突发事件		—
		1～5分	不能有效保持学员注意力，难以应对突发事件		—
第三部分　学员建议					
1	对于课程内容和讲师的建议				
2	印象最深的课程点				
3	对其他或相关课程的需求				
4	是否希望定期举行此类培训				
5	对于此次培训的形式、组织、培训方式上的建议				
6	对于培训的后续工作建议和想法				

③IDP个人发展计划。

表8-10是基于第三级评估的《IDP个人发展计划》（IDP全称为Individual Development Plan），包括“岗位价值分析（自评）”“基于SMART的个人发展计划”，供大家参考。

表8-10　IDP个人发展计划

<table>
<tr><td colspan="3">第一步——岗位价值分析
你的岗位在未来一年中最关键的价值是什么？
在展现这些关键价值上，报告中反映了你的领导力明显的优缺点是什么？
有什么可能的盲点（你和其他人的认识有很大差异的）？
要面对你岗位上的挑战及岗位的关键要求，你应该优先提升什么能力或者改善什么行为？</td></tr>
<tr><td colspan="3">第二步——基于SMART的个人发展计划</td></tr>
<tr><td colspan="3">行动目标（符合SMART原则）</td></tr>
<tr><td colspan="3">行动计划（结合你的改变内容，给出行动计划，如何衡量、什么时间、需要的资源等）</td></tr>
<tr><td>步骤</td><td>完成日期</td><td>衡量标准</td></tr>
<tr><td></td><td></td><td></td></tr>
<tr><td colspan="3">1个月后自查与行动结果：

3个月后自查与行动结果：

6个月后自查与行动结果：</td></tr>
</table>

以上是对于四级评估在应用角度的一些建议和工具表单，希望能帮助大家思考。

（5）组织培训效果评估案例实践

案例

某企业根据培训需求调研和培训资源分析，制订年度培训计划内容

企业年度培训计划：依据20××年度企业发展战略、职能定位、培训需求调查、部门访谈以及建立专业高效团队的精神，为确保每项工作的能力需求因素被识别，使本次组织的培训活动具有明确的行动方向，人力资源部特制定了培训原则、方针和要求，用以指导全年培训管理工作的开展。

①培训原则、方针和要求：本着实用性、有效性、针对性的原则，以企业文化为基础，以提高员工实际岗位技能和工作绩效为重点，建立全员培训机制，全面促进员工成长与发展和员工队伍整体竞争力提升，确保培训对企业战略实施的推进力。

②年度培训的工作目标：

a. 在集团范围内形成学习氛围，初步建立学习型组织。

b. 提升中高层管理团队业务与领导能力，进而提高组织整体竞争力。

c. 提升员工基本职业素养，打造职业化的工作团队。

d. 建立与不断完善企业培训组织体系与业务流程，确保培训管理工作高效率运作。

e. 传递和发展企业文化，建立员工（尤其是新员工）对企业的归属感和认同感。
f. 所有在岗员工年内至少平均享有×小时的业务或技能培训。
g. 进一步完善培训课程体系，确保培训内容和企业文化的一致性。
h. 建立并有效管理内外部培训师队伍，确保培训师资的胜任能力与实际培训效果。
③培训体系建设是年度培训管理体系建设的主要任务，如表8-11所示。

表8-11　年度培训管理体系建设计划

序号	任务	作用和措施	备注
1	编撰培训管理手册	规范培训管理工作。主要包括的内容有：培训管理程序，培训活动管理与效果评估指南，培训时的管理规定，培训课程开发与采购管理规定，培训费用管理规定，培训档案管理规定，员工职业生涯发展与管理规定等	—
2	继续“周末学校”培训活动	增加了企业的凝聚力和影响力，促使企业内部产生重学习、爱学习的文化氛围；“周末学校”培训活动计划每一个月发布一次，让员工依据自己的需要选择课程	—
3	建立内外部讲师队伍	提高培训管理水平，降低培训成本 在20xx年年底，人力资源部将通过甄选、培训、考核和评定，开发15位内部培训讲师，而且年授课量不低于25小时；另外与约20位外部独立讲师建立联系，科学筛选重要、必需的课程	—
4	实施多样化的培训方式	提高培训的灵活性和有效性，使得员工可以自由安排培训时间，长期出差的员工也有参加培训的机会， 具体包括开展读书活动、互联网培训、光盘教学、建立学习小组等	—
5	建立品牌课程和巡回演讲机制	打造“中层干部管理技能培训”和“人力资源团队专业技能培训”两个品牌课程，在集团内部大范围地推广，以提升集团全体中层管理者及人力资源专干的管理素质和技能；20xx年度，集团内巡回演讲次数不低于6次	—
6	建立员工职业生涯发展系统	建立以企业全体正式员工为基础，以业务主管/骨干及其以上人员为重点的职业生涯发展系统；为每个员工建立培训档案和企业内职业发展规划，制定与职位升迁相关的必须参加的培训项目列表，完善职务晋升所必需的培训管理体系	—

④培训需求分析结果，如表8-12所示。

表8-12　培训需求分析结果

需求分析	目的	需求点	需求内容
战略层	确定哪些方面需要培训	企业战略和未来发展对管理者的领导决策能力和对团队、业务的管理能力提出更高要求 企业须通过持续不断地改善生产制造来提高生产效率、降低成本	高效管理团队的建立，管理者管理技能的提升和后备管理者的培养 精益生产和IE（工业工程）工作改善
任务层	决定培训内容是什么	企业成长所需要的各种业务技术和管理能力与现有团队工作能力之间的差距	各业务部门核心能力的建设与提升（财务管理、人力资源管理、市场营销与营销管理）
个人层	决定谁应该接受培训和需要什么培训	员工工作表现不佳的原因分析（不愿做/不会做） 员工职业发展	新员工试用期培训 员工职业素质培训 岗位技能进阶培训 关键岗位人员培养

⑤培训资源分析。集团现有培训资源不足，不能有效支撑集团、事业部、基地的培训项目正常开展，具体表现在以下方面：内部讲师缺乏，成功的经验和技术不能得到有效分享和传承，造成人力资源的浪费；尚未建立外部讲师专家对应服务专长（如领导力、财务管理、生产管理等）的资源库，对讲师的选择缺乏统一的标准；集团及各职能部门缺乏系统规范的课程体系以保证员工具备相应的工作知识和技能，导致新员工成长缓慢，不能尽快适应岗位工作要求，在职员工缺乏明确的学习目标和学习热情。培训组织（集团、事业部、基地）职责分工不清，不能对培训管理工作的推动达成共识，严重影响了培训各项工作的有效执行。

⑥培训管理工作重点，可分为培训项目重点和资源开发重点。

培训项目重点：管理者的能力提升（高管团队领导决策能力培养开发、中层管理技能提升、基层督导能力提升）；建设各职能部门的业务管理能力；精益生产和IE工作改善；全员职业素质提升。

资源开发重点：培训组织的共识达成和能力建设；内部、外部讲师的开发；集团及各职能部门的标准课程库建立。

⑦培训管理工作的开展思路，如表8-13所示。

表8-13　培训管理工作的开展思路

类别	项目名称	重点内容		培训安排
培训项目	管理者能力提升	高层	领导力、决策力、影响力、个性化需求、文化研讨	每季度一次课程/一次读书活动
		中层	管理业务、管理团队、文化的理解和认同	每两个月一次课程/每季度一次读书活动
		基层	业务能力、自我管理、员工督导、文化的理解和认同	每两个月一次课程，课堂学习与工作实践相结合（内训为主，外训为辅）
培训项目	各职能部门核心业务能力	从解决现有问题切入，有侧重、有步骤地开展业务系统培训，以提升整体业务水平		以外训为主，逐步转化为内训 依据各部门实际需求和外部课程安排，原则上由部门主管和骨干员工参加
		财务管理	内容控制与风险管理，现金流量与运营资本管理、成本分析与控制	以外训为主，逐步转化为内训 依据各部门实际需求和外部课程安排，原则上由部门主管和骨干员工参加
		人力资源	平衡计分卡，素质模型的建立、绩效管理	
		销售管理	产品推介与市场开发，卓越的客户服务与管理、大客户的战略营销	
		供应链管理	采购与供应商管理，仓库管理实务	
	全员职业素质提升	员工职业化、职业礼仪、团队合作、时间管理		每季度选定一个主题在集团/事业部/基地循环授课 每个主题前两次外训，第三次内训

续表

<table>
<tr><th>类别</th><th>项目名称</th><th colspan="2">重点内容</th><th>培训安排</th></tr>
<tr><td rowspan="5">培训资源开发</td><td>培训组织建设</td><td colspan="2">职责与分工，共识达成</td><td></td></tr>
<tr><td rowspan="3">内、外部讲师开发</td><td>讲师来源</td><td>管理干部、人力资源管理者、技术专家、外部讲师</td><td rowspan="4">内部讲师参加TTT培训上下半年各一次，采取外请内训的方式进行</td></tr>
<tr><td>培训方式</td><td>TTT（培训培训师）、内部经验交流、外派学习</td></tr>
<tr><td>开发目标</td><td>管理类3～5位，通用类8～10位，专业技术类5～8位，外部长期合作的专家讲师5位</td></tr>
<tr><td>标准课程库的建立</td><td colspan="2">管理学院建立一套集团通用类（基础知识、管理知识）课程清单，各职能部门依据岗位工作要求开发出对应的应知应会类课程，为后续的任职资格认证和评定开展作前期的积累</td></tr>
</table>

⑧培训课程计划。培训课程计划按照高管团队、中层管理者、基层管理者、核心业务人员等类别展开。

高管团队：高管团队的培训是以领导决策能力提升为重点的培训课程，如表8–14所示。

表8–14　高管团队培训课程

<table>
<tr><th>时间</th><th>课程类别</th><th>课程名称</th><th>培训对象</th><th>培训方式</th><th>培训讲师</th><th>培训地点</th><th>培训时间</th><th>费用预算</th></tr>
<tr><td>—</td><td rowspan="4">管理系列之高级领导力、决策力、影响力</td><td>领导力研修</td><td rowspan="5">—</td><td>外请内训</td><td>待定</td><td>—</td><td>3天</td><td>—</td></tr>
<tr><td>—</td><td>企业战略与执行</td><td>外请内训</td><td>待定</td><td>—</td><td>2天</td><td>—</td></tr>
<tr><td>—</td><td>卓越的领导力</td><td>外请内训</td><td>待定</td><td>—</td><td>2天</td><td>—</td></tr>
<tr><td>—</td><td>管理教练</td><td>外请内训</td><td>待定</td><td>—</td><td>2天</td><td>—</td></tr>
<tr><td>—</td><td>企业文化</td><td>文化主题研讨</td><td>内训</td><td>董事长</td><td>—</td><td>1天</td><td>—</td></tr>
</table>

中层管理者：中层管理者的培训是以技能提升为重点的培训课程，如表8–15所示。

表8–15　中层管理者培训课程

<table>
<tr><th>时间</th><th>课程类别</th><th>课程名称</th><th>培训对象</th><th>培训方式</th><th>培训讲师</th><th>培训地点</th><th>培训时间</th><th>费用预算</th></tr>
<tr><td>—</td><td rowspan="4">管理系列之中级团队管理、业务管理</td><td>非人力资源经理的人力资源管理</td><td rowspan="5">—</td><td>内训</td><td>—</td><td>—</td><td>2天</td><td>—</td></tr>
<tr><td>—</td><td>绩效管理</td><td>视频学习</td><td>—</td><td>—</td><td>2天</td><td>—</td></tr>
<tr><td>—</td><td>部属培育与启发</td><td>外请内训</td><td>—</td><td>—</td><td>2天</td><td>—</td></tr>
<tr><td>—</td><td>建立高绩效团队</td><td>视频学习</td><td>—</td><td>—</td><td>2天</td><td>—</td></tr>
<tr><td>—</td><td>企业文化</td><td>文化理解与认同</td><td>内训</td><td>—</td><td>—</td><td>1天</td><td>—</td></tr>
</table>

基层管理者：基层管理者的培训同样是以督导技能提升为重点的培训课程，如表8-16所示。

表8-16　基层管理者培训课程

时间	课程类别	课程名称	培训对象	培训方式	培训讲师	培训地点	培训时间	费用预算
—	管理系列之基层自我管理、员工督导	工作计划	—	内训	—	—	2天	—
—		工作教导		外请内训	—	—	2天	—
—		工作改善		外请内训	—	—	2天	—
—		工作关系		外请内训	—	—	2天	—
—	企业文化	文化理解与认同		内训	—	—	1天	—

核心业务人员：核心业务人员的培训是以核心业务管理能力为重点的培训课程，如表8-17所示。

表8-17　核心业务人员培训课程

时间	课程类别	课程名称	培训对象	培训方式	培训讲师	培训地点	培训时间	费用预算
—	业务系列之供应链	采购与供应商管理、仓库管理实务	集团及事业部供应链系统人员	外请内训	待定	—	4天	—
—	业务系列之销售与市场	产品推介与市场开发、大客户的战略营销、卓越的客户服务与管理	集团及事业部营销系统员工	外请内训	待定	—	4天	—
—	管理培训之财务管理	成本分析与控制、现金流量与运营资本管理	集团及事业部财务系统员工	外派公开课	—	—	依据财务部安排确定	—
—	管理培训之人力资源管理	基于战略的KPI设计、素质模型的建立	集团及事业部人力资源系统员工	外派公开课	—	—	依据人力资源部安排确定	—
—	业务系列之精益生产	精益生产管理	集团及各事业部高管层	内训	—	—	依据人力资源部安排确定	—
—			各事业部中层	内训	—	—	2天	—
—		IE现场改善	基地现场主管	外请内训	待定	—	3天	—
—		生产现场的八大浪费	基地现场主管、员工	外请内训	待定	—	2天	—

续表

时间	课程类别	课程名称	培训对象	培训方式	培训讲师	培训地点	培训时间	费用预算
—	业务系列之精益生产	6σ[①]	事业部及基地总经理、技术、质量及生产系统的中高层人员	内训	—	—	4天	—

全员基本职业素质：对全员基本职业素质的培训课程，如表8–18所示。

表8–18　全员基本职业素质培训课程

时间	课程类别	课程名称	培训对象	培训方式	培训讲师	培训地点	培训时间	费用预算
—	通用系列之基础职业技能	员工职业化	集团总部、事业部、基地工程师级	外请内训	—	—	4小时	—
—		职业礼仪		内训	—	—	2小时	—
—		团队合作		外请内训	—	—	4小时	—
—		时间管理		外请内训	—	—	4小时	—
—	通用系列之企业文化	企业文化理念培训	集团及事业部所有员工	内训	—	—	4小时	—

内部培训讲师：对内部讲师队伍建设与能力提升的培训课程，如表8–19所示。

表8–19　内部讲师队伍培训课程

时间	课程类别	课程名称	培训对象	培训方式	培训讲师	培训地点	培训时间	费用预算
—	通用系列之基础职业技能	TTT初级培训（2批）	集团所有内部讲师	外请内训	待定	—	2天	—
—	通用系列之基础职业技能	TTT中级培训（2批）	集团所有内部讲师	外请内训	待定	—	2天	—

新员工培训：对新员工培训的课程，如表8–20所示。

① 即六西格玛管理法，是一种改善企业质量流程管理的技术。

表8-20 新员工培训课程

时间	课程类别	课程名称	培训对象	培训方式	培训讲师	培训地点	培训时间	费用预算
—	—	企业文化和发展历史	—	内训	—	—	4小时	—
—	—	员工行为规范与要求	—	内训	—	—	2小时	—
—	—	企业业务和相关概要知识	—	内训	—	—	2小时	—
—	—	员工礼仪	—	内训	—	—	2小时	—
—	—	人事、财务和财务制度概要	—	内训	—	—	2小时	—
—	—	劳动安全制度	—	内训	—	—	2小时	—
—	—	岗位职责培训和指导	—	内训	—	—	2小时	—
—	—	员工试用期职业辅导计划	—	内训	—	—	2小时	—

除以上集中面授培训，表现优秀的员工可依据企业需求和个人成长要求参加学历学习［研究生、MBA（指工商管理硕士，也可特指工商管理专业）等］或个性化专业技能外派培训。

为确保培训目标的达成，培训实施应重点关注以下两个方面。

a. 季度培训计划的制订：以季度为单位，制订培训管理工作计划，对培训管理工作的开展进行管控。每季度的第三个工作日由管理学院制订培训计划并提交至集团董事长或执行总裁，待他们批准后在集团范围内公告。

b. 各项目工作流程的建立与标准化：针对开展的培训项目建立对应的工作流程，并逐步标准化、固定化，以作为后续类似工作开展的依据，其中流程包括新员工培训流程、外训流程（外出培训、外请内训）、培训项目组织实施流程、内部讲师认证流程。

为保证培训效果的达成及培训资源投入的有效性，原则上所有培训项目均需进行考核。针对不同的培训类别，考核要求设定如表8-21所示。

表8-21 培训考核方式

培训类别	示例	考核要求	备注
知识类	新人入职培训、职业素质等、TPM①等	满意度调查、心得报告、笔试	具体考核方式视实际开展的培训项目目标和企业要求而定

① TPM为Total Productive Maintenance的英文缩写，意为“全员生产维护活动”。

续表

培训类别	示例	考核要求	备注
专业技能	工作流程、岗位技能、精益生产工具方法等	现场实操、工作专案参与	具体考核方式视实际开展的培训项目目标和企业要求而定
管理类（团队管理、业务管理）	中层管理技能提升（部属教育，团队建设）等、基层督导能力训练（工作教导、工作关系等）、各职能模块业务管理类课程	心得报告、工作改善报告、转化为内训课程	

⑨培训总结与检讨改善。为不断改善和优化培训业务，提高培训管理工作的专业性和有效性，要求对外请内训的培训项目和企业内部的重要培训专案在培训开始前计划，在结束后形成书面报告，总结经验和改善不足，具体工作如下。

a. 月度工作计划和费用预算：培训管理负责人每月末将次月培训计划和相应的费用预算提交人力资源总监审核。

b. 月度工作总结：每月月初对上月培训管理工作进行总结，提交月度培训管理工作总结。

c. 在每周周末，提交周课程培训计划，并将培训计划通知相关人员。

d. 人力资源部与部门培训管理者就部门内部培训活动的开展进行及时沟通。

e. 培训与员工的绩效挂钩，促使员工完成年度最低×小时的培训任务。

f. 阶段性的培训管理工作总结报告交由人力资源部总裁审定后发事业部、人力资源部学习分享。

8.2.2 技师培训工作开展指导

（1）二级培训工作指导

①培训的目标：a. 二级技师能够指导三级/高级工及以下级别人员工作；b. 提高二级技师的工作能力，更好地胜任现在的日常工作及未来的工作任务；c. 提高二级技师的职业技能，通过学习更广博的相关知识来完善自己，并且通过知识来提高企业的竞争或者服务能力。

②培训需求分析结果，如表8-22所示。

表8-22　培训需求分析结果

工种	技能要求	共同技能要求	相关知识要求	共同相关知识要求
选品员	做好产品规划，做好选品	做好团队管理；能制订培训计划，讲授专业的基础知识和技能要求	产品检测的流程与知识、方法	设计考核标准方法，建立评价体系；用专业技能指导方法，培训指导规范编写方法
直播销售员	能够制定直播间搭建方案及个人品牌方案		直播间搭建技巧和个人品牌塑造方法	
视频创推员	能制定视频制作的流程、能制造及传播热点话题、能编制投放预算		投放效果数据分析方法	

③培训管理工作开展思路，如表8-23所示。

表8-23　培训管理工作开展思路

类别	项目名称	参训人员	重点内容	培训安排
培训项目	管理者能力提升	工作中能力突出者 有晋升意愿者	团队管理课程	每两个月一次课程/每季度一次读书活动
	各职能部门核心业务能力	选品员	产品分析 选品策划	以外训为主，逐步转化为内训；根据各部门实际需求和外部课程安排，原则上由部门主管和骨干员工参加，配合持续改善委员会按计划推动；每季度选定一个主题在集团/事业部/基地循环授课；每个主题前两次外训，第三次内训
		直播销售员	直播间搭建 制定个人品牌方案 直播规划	
		视频创推员	视频制作 视频推广	

（2）三级培训工作指导

①培训的目标：a. 为适应企业发展的需要，全面提高企业员工的职业素养和整体素质，使企业管理更加规范化、制度化、科学化；b. 通过培训使得员工通过有计划地、连续地系统学习而获得知识、技能，使其能够按照企业预期的标准或者水平完成将要承担的工作，提升竞争力。

②培训需求分析结果，如表8-24所示。

表8-24　培训需求分析结果

工种	技能要求	共同技能要求	相关知识要求	共同相关知识要求
选品员	产品信息收集，定期跟踪，整理产品数据，竞品分析	做好宣传准备；设备、软件和材料准备；制定风险管理奖惩制度	产品销售数据的整理、产品选择方法、价格分析方法；产品和竞品价格、功能对比的方法	售后的工作报告及技巧；数据维度和分析标准的制定方法；数据采集操作流程的制定方法
直播销售员	组织团队进行直播预演，并根据预演结果调整营销方案；售后与复盘		直播间搭建技巧和个人品牌塑造方法；处理好售后问题，并且制定数据维度和分析标准	
视频创推员	提炼产品关键点及卖点，运用多种拍摄手法展示产品；确定投放目标，实时监控投放数据并根据实际情况进行调整		设计创意方案；使用专业的拍摄设备；数据监控工具的使用方法	
平台管理员	能制定现场设备管理方案及团队协作规则；动态查看网络舆论监控数据并提供产品实时数据		掌握设备管理要求；提供实时数据	

③培训管理工作开展思路，如表8-25所示。

表8-25　培训管理工作开展思路

类别	项目名称	参训人员	重点内容	培训安排
培训项目	管理者能力提升	工作中能力突出者 有晋升意愿者	团队管理课程	同二级培训安排相同
	各职能部门核心业务能力	选品员	直播前准备及风险评估 市场信息管理及市场信息分析	
		直播销售员	团队配合技巧 个人情绪管控技巧 直播间气氛调动技巧	
		视频创推员	拍摄所需要的专业设备 拍摄的方法 投放及数据监控工具的使用方法	
		平台管理员	如何管理设备 提供实时数据与团队打好配合	

（3）四级培训工作指导

①培训的目标：a. 培训能够帮助公司员工提升工作水平，逐渐接近本职工作需要的知识、技能、态度、经验等要求，使得公司员工能够更加清晰地完善其职业生涯规划；b. 培训不但能够提升员工的业务能力，有得到更高收入的机遇，还可以大大增加与组织的黏性，也可以把它看作是一种企业福利。

②培训需求分析结果，如表8-26所示。

表8-26　培训需求分析结果

工种	技能要求	共同技能要求	相关知识要求	共同相关知识要求
选品员	做好市场调研，包括对产品信息的收集，对竞品的调研；根据产品进行用户调研	做好宣传准备（包括产品素材搜集计划，宣传素材、跨平台宣传计划等）；设备、软件和材料准备	产品销售数据的整理、产品选择方法、价格分析方法；产品和竞品价格、功能对比的方法	售后分析和汇总异常的数据，建立标准工作流程；对售前预测数据进行复核并提出优化方案
直播销售员	编写团队直播脚本；能用营销技巧介绍产品的特点，还有平台优惠以及产品折扣等信息		直播间搭建技巧和个人品牌塑造方法；处理好售后问题，并且制定数据维度和分析标准	
视频创推员	制定拍摄方案，对拍摄素材进行分类管理及剪辑；能用推广工具增加视频观看、互动等指标		设计创意方案；使用专业的拍摄设备；会投放，数据监控，数据监控工具的使用方法	
平台管理员	能根据直播计划整理设备清单；能排除现场设备故障；能在直播界面配置功能		掌握设备管理要求；提供实时数据	

③培训管理工作开展思路，如表8-27所示。

表8-27 培训管理工作开展思路

类别	项目名称	参训人员	重点内容	培训安排
培训项目	管理者能力提升	工作中能力突出者 有晋升意愿者	团队管理课程	同二级培训安排相同
	各职能部门核心业务能力	选品员	如何选品 提炼产品卖点 提出相关产品及合作建议和方案	
		直播销售员	如何写直播脚本、设计直播流程 如何快速记住产品及其卖点	
		视频创推员	制定拍摄方案及拍摄脚本素材剪辑方法	
		平台管理员	设备选择的要求 直播间功能配置方法	

（4）五级培训工作指导

①培训的目标：a. 提高员工素质，满足公司发展和员工发展需求；b. 员工通过培训，可在工作中降低因失误造成的损失。同时，通过培训获得新方法、新技术、新规则，提高员工的技能，使其工作质量和工作效率不断提高，从而提高企业效益；c. 通过不断提高员工的知识水平、工作能力和技能，把因员工知识、能力不足而造成的人力成本的浪费控制在最小幅度。

②培训需求分析结果，如表8-28所示。

表8-28 培训需求分析结果

工种	技能要求	共同技能要求	相关知识要求	共同相关知识要求
选品员	做好市场调研 样品搜集产品的确定与规划	做好宣传准备（包括产品图文信息、网络搜索工具等）；直播设备、软件和材料准备；做好直播中的风险评估与预备方案	产品图文素材搜集方法 网络搜索工具使用方法 产品图文信息发布技巧	售后服务（发货查询，客投处理）；复盘（数据采集、统计软件使用方法）
直播销售员	能将产品特性整理成直播脚本；能汇总产品的优缺点；能根据产品特点编写产品介绍；能商议产品的报价		直播脚本编写方法 直播彩排方案制定方法 销售产品的展示方法 引导用户下单的技巧	
视频创推员	能在拍摄过程中呈现产品的特征；能按照平台要求发布视频；能通过社交工具等方式推广视频内容		手机软件拍摄方法 产品特征呈现技巧	
平台管理员	技术支持（包括网络与直播设备的测试）；评论互动管理（及时评论，回复）		网络环境测试方法 直播设备测试方法 产品链接设置方法 用户沟通原则 后台管理操作方法	

③培训管理工作开展思路，如表8-29所示。

表8-29　培训管理工作开展思路

类别	项目名称	参训人员	重点内容	培训安排
培训项目	管理者能力提升	工作中能力突出者 有晋升意愿者	团队管理课程	同二级培训安排相同
	各职能部门核心业务能力	选品员	选品分析 样品收集 产品的确定与规划	
		直播销售员	如何将产品特性整理进直播脚本 如何介绍产品及其卖点 如何引导用户下单	
		视频创推员	拍摄过程中呈现出产品的特征 通过社交工具等方式推广视频内容	
		平台管理员	直播前流程测试 直播中用户互动 直播后用户维护	

参考文献

［1］毕雪，吕华，张丽华，等．商品学［M］．北京：中国人民大学出版社，2017.

［2］毕思勇．市场营销［M］．3版．北京：高等教育出版社，2014.

［3］张宁．电子商务［M］．北京：北京理工大学出版社，2005.

［4］任康磊．培训管理实操入门到精通［M］．北京：人民邮电出版社，2019.

［5］何欣．重新定义培训：让培训体系与人才战略共舞［M］．北京：中国法制出版社，2018.

［6］斯蒂芬·P. 罗宾斯．组织行为学［M］．孙健敏，等，译．14版．北京：中国人民大学出版社，2012.

［7］杨国安．组织能力的杨三角：企业持续成功的秘诀［M］．2版．北京：机械工业出版社，2021.